微观经济学

孙斌艺 著

上海人民出版社

目　　录

前　　言

在生活中,人们会说我这件产品在生产中花费了非常多的心思,投入了许多原材料,比别人花费了更大的代价获得生产要素,配备了比别人更先进的配件,耗费了比其他企业更多的成本,因此我的价格就应该更高,但为什么我的销售量无法上去呢? 人们还常听到的一个说法就是,某房地产开发企业 10 年获得一块土地,目前市场价格是这块土地价格的 10 倍,认为该企业获取了暴利,应该征这家企业暴利税。看上去这两种常见的说法有些道理,似乎也符合人们的常理,但是细细一想,就会发现消费者会不会因为一家企业以最耗费资源的方式生产出某种商品就更愿意购买这种商品? 答案是:不,消费者总是选择最能够节约资源的方式满足自己的特定需求。类似地,对于第二种说法,生产者会不会因为历史投入较低就愿意以较低的价格在当前出售相关产品? 答案同样是不,生产者总是选择将资源用于最佳的用途,其他条件相同时,与投入生产较低价格的产品相比,投入生产较高价格的产品意味着生产这种产品更符合资源有效利用的原则。

上述两种说法的分析中涉及了需求、供给、成本、收益、市场、价格等诸多经济学基本概念,其中并没有特别高深晦涩的理论,是将人们经济生活中的直觉用系统化的方式表达出来而已,能够帮助人们在面对经济问题作出恰如其分的决策。

从表述和分析方式方面来看,学习经济学的人印象最为深刻的莫过于教材中满眼数学公式和图表了,因为害怕数学、害怕模型而放弃经济学的人举不胜举,因为数学模型把经济学看作最沉闷的科学的人也不在少数。其实,这些恐惧仅只是从外表看问题,全然忽视了经济学内在的、本质的内容。事实上,经济模型并不神秘,它是指运用从经济现象中抽象出来的关键特征及其相互关系构造的理论分析结构,是对丰富多彩的经济现象的抽象。日常生活中,我们无时不刻在使用模型,它是引导我们简化分析、把握现实的有效工具,也是生活在纷繁复杂的世界中节约交易成本的有力武器,我们不应当将其神秘化。例如,手机短信

1

中经常运用":"和")"两个符号表示笑脸,即":)",这就是一个模型,是对人"笑"的一种抽象,为表达这一现象,我们不需要将面部所有肌肉的运作机理都表达出来。

本书是两部经济学教材的其中一部,主要介绍微观经济学,以单个经济行为主体,如个人、家庭、厂商以及单个产品或劳务市场作为考察对象,研究单个经济行为主体的经济行为以及相应的经济变量的决定条件。本书按照微观经济学的基本逻辑体系进行写作。我个人将微观经济学归纳为四个词、八个字,即"需求、供给、价格、市场"。这四个方面具有内在的联系,需求和供给是市场的两极力量,其共同作用决定了市场价格,而在不同的市场结构中,价格决定又存在差异。因此,微观经济学根据市场受控制程度的差异分为完全竞争市场、垄断竞争市场、寡头垄断市场和完全垄断市场四种市场类型,分别研究了在这四种市场中价格和产量决定的问题。微观经济学研究的中心在于市场价格的决定问题,所以一般又把微观经济学称为均衡价格理论或价格理论。根据理论重点的不同、范围的差异等情况,本书依次介绍了消费者行为理论、生产理论、成本理论、市场结构理论、要素市场理论、福利经济学和一般均衡理论等内容。

本书中的部分内容属于中级微观经济学层次,难度较高,需要有一定的数学基础,教师在教学中可以根据学生的情况加以取舍,通常在只有40学时的课程中,可以略去第十一章理论分析部分和第十二章一般均衡和福利经济学部分,除非教师感觉有必要,在短期课程中可以删掉数学推导部分。为节约篇幅、控制教材价格,本书中除了结合相关的分析提供了一些例证外,没有特意附加教学案例,教师可以根据相关教学内容在网络上搜寻实例,使学生能够将理论与实践联系起来。

本书是我近二十年微观经济学教学工作的反映,写作中参考了国内外许多专著和教材,书后的参考文献列出了相关目录,在此深表谢意。

在本书写作期间得到许多人的支持、帮助和鼓励,在此表示深深的谢意。当然,囿于个人学识水平,本书一定还存在许多错误,恳请读者提出宝贵意见,以便修订再版时改进。我的电子邮件地址是:bysun@dbm.ecnu.edu.cn。

孙斌艺

2013 年 8 月 12 日

‖ 第一章 ‖

导　　论

日常生活中,每个人都在不停地进行经济决策。通俗地说,就是在不停地盘算,以期用最小的付出获得最大的回报,而不管这种回报是以产品、劳务、金钱、名誉、地位,还是以虚荣心表现出来。经济学始终伴随着我们,只不过有时不自知罢了。

——题记

学 习 目 标

通过本章的学习,你应当能够:

1. 理解经济学的基本含义。
2. 了解微观经济学的基本框架。
3. 熟悉经济学的几种主要研究方法。
4. 了解学习和研究微观经济学的意义。

资源往往具有多种用途,相对于人们的需求而言,一个社会的资源总是不足的,这样就产生了不同用途的资源如何配置的问题,以及如何才能提高资源配置效率的问题。这正是经济学产生和发展的基本驱动力。本章主要说明经济学的基本含义、微观经济学的总体框架,在此基础上就经济学的基本研究方法进行一般性的说明,最后简要地分析学习和研究微观经济学的意义。

第一节　经济学和微观经济学

一、经济学的定义

在日常生活中,人们也常常用到"经济"一词,从大的方面说,可以称为"经国济世",而从小的方面看,与"合算"、"划算"实际上是同义词。人类要想生存,就必须消费各种产品(goods)和劳务(service),而提供这些产品和劳务就需要耗费各种经济资源。由于资源存在着稀缺性,人们就不得不进行权衡取舍,以选择能够最大限度地满足人们需要的产品和劳务以及满足需求的方式。当各种资源可以无偿获得,不受任何限制时,人们就不需要进行选择,从而就不存在经济问题,更不需要经济学理论去指导人们的实践。

从定义上说,经济学是指"探讨人类社会如何经济地利用自然、社会及信息资源以达到某种目标或满足某种欲望的科学。更一般地说,经济学研究人类个体和集体在生产、消费、交换等社会活动中的理性行为,以及他们在这些活动中的相互关系"[①]的一门学科。其核心在于面对稀缺的经济资源,即相对于人们的欲望而言,人们必须进行选择,经济学是一门关于人们如何有效作出选择的社会科学。人们的选择主要包括以下几个方面:

(1) 生产什么? 生产多少?

这是指在资源稀缺的情况下,一个经济社会生产的某种产品或劳务较多时,必然要减少其他产品或劳务的生产量。资源有限性限制了我们同时增加所有产品和劳务的生产量,必须进行权衡,从而决定一个社会的产品和劳务品种结构,以及各种产品和劳务的数量。

(2) 如何生产?

"如何生产"涉及选择什么生产技术的问题,即采取劳动密集型技术、资本密集型技术还是知识密集型技术。解决如何生产问题首先是一个物质关系问题,其次是一个重要的经济问题,即使用何种投入组合的生产成本较低。注意,技术选择更多地应当考虑成本问题,而不能把资本和知识密集型看作是优于劳动密集型的生产方式。当某个经济社会的劳动力较为充裕、劳动力成本较低时,应当采取劳动密集型技术。因此,劳动和资本密集型技术并无优劣之分,关键要看一个经济社会各种生产要素间的相对成本关系,何种要素成本较低,则使用该要素密集型的技术较为有效。

(3) 何时生产?

"何时生产"涉及生产时间的选择问题,也涉及消费与投资的权衡抉择。通常,当前消费量较低,可以积累较多的资本,从而使将来的生产能力提高,进一步提高消费水平。但当前消费量不能太低,劳动力资源要依靠消费来维持。消费与投资要在时间上达到平衡。

---

① 周惠中:《微观经济学》(第三版),格致出版社、上海三联书店、上海人民出版社2012年版,第1—2页。

（4）为谁生产？

"为谁生产"是指一个社会生产出来的产品和劳务在社会成员间的分配关系，反映了收入分配是否公平合理。

不同经济社会解决这四个基本经济问题的机制是不同的，根据解决这些问题方式的差异，存在着三种不同的方式。一是运用市场机制，是主要由个人和私人企业为主体进行经济决策的经济制度，市场价格提供了解决这些问题的基本机制，如企业采取成本最低的生产技术解决了如何生产的问题，企业从利润最大化的角度出来选择生产何种及多少产品和劳务，个人依靠向市场提供生产要素获取收入，个人提供生产要素的种类和数量决定了其收入的多寡。二是运用计划机制，在这种情况下，政府充当经济的决策主体，运用行政命令的手段作出关于生产什么、生产多少、如何生产、何时生产和为谁生产的所有决策。三是市场和计划的某种混合，即在某些场合主要运用市场来解决上述问题，而在另一些场合则由政府主导进行相关经济决策。或者经济生活中初级层次由市场决定，政府对市场运行的结果进行干预。当然，第三种方式是介于前面两种方式的中间形式，实际经济生活中各国可能更偏向市场机制，也可能更偏向计划机制或行政干预程度较强，这之间没有严格的区分。此外，现实经济生活中采取纯粹市场或纯粹计划机制来解决选择问题是很少的，目前大多数国家采取市场和计划混合方式（混合程度和方式存在差异）来解决上述四个基本经济问题。

二、微观经济学的总体框架

现代经济学主要包括两部分，即微观经济学和宏观经济学，本书主要介绍微观经济学的主要内容。微观经济学以单个经济行为主体，如个人、家庭、厂商以及单个产品或服务市场，作为考察对象，研究单个经济行为主体的经济行为以及相应的经济变量的数值的决定条件。例如，个人或家庭如何在给定收入限制的情况下选择能够使其满足程度最大化的产品和服务的组合。厂商（企业）如何选择各种生产要素的投入，使得在给定成本情况下达到产量最大，或者在给定产量情况下达到成本最小。一个市场上买方（需求者、消费者）和卖方（供给者、生产者、厂商）如何相互作用以决定该市场上产品或服务的均衡价格和均衡产量等。

综合来看，微观经济学主要解决两个问题：一是在产品或服务市场上，消费者对各种产品和服务的需求与生产者对产品或服务的供给如何决定着每种产品或服务的价格和销售量；二是在生产要素市场上，消费者作为生产要素的所有者向要素市场提供生产要素，而生产者作为生产要素的需求者向消费者购买生产要素，二者的相互作用决定了各种生产要素价格如工资、利息、利润和地租。因此，无论在产品或服务市场还是在要素市场，微观经济学研究的中心在于市场价格的决定问题,所以一般又把微观经济学称为均衡价格理论或价格理论。根据理论重点的不同、范围的差异等情况,微观经济学的主要内容包括价格理论、消费者行为理论、生产理论、成本理论、市场结构理论、要素市场理论、福利经济学和一般均衡理论。其中除了福利经济学外,微观经济学主要是一种实证经济学,即研究经济现象到底是什么的问题,旨在对经济现象提供一种合理的解释。而福利经济学是微观经济学中的规范部分,即确定经济现象应该是什么的问题。

微观经济学的框架大致可以概括为四个词、八个字,即需求、供给、价格和市场,见图1.1。这四个方面具有内在的联系,需求和供给是市场的两极力量,其共同作用决定了市场价格,而在不同的市场结构中,价格决定又存在差异,因此,微观经济学根据市场受控制程度的差异分为完全竞争市场、垄断竞争市场、寡头垄断市场和完全垄断市场四种市场类型,分别研究了在这四种市场中价格和产量决定的问题。

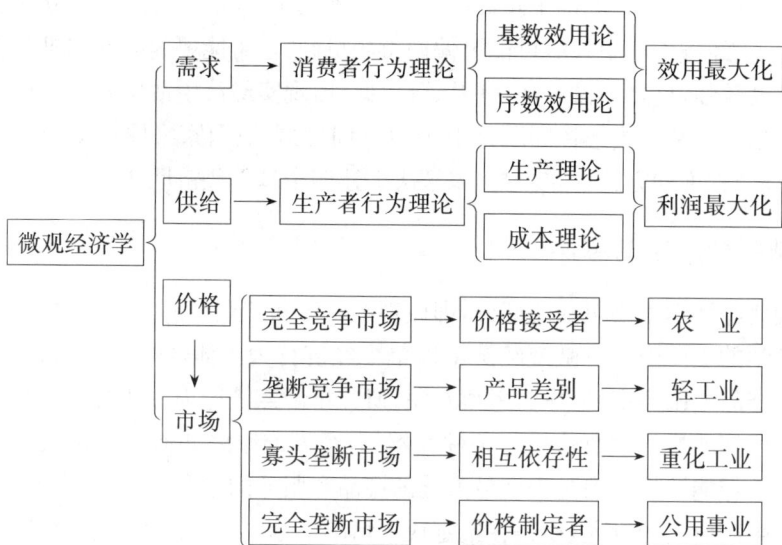

图1.1 微观经济学的基本框架

本书的写作体系就是按照上述基本框架进行的。第二章主要介绍了需求、供给、价格和市场的基本概念。第三章结合需求和供给概念研究了价格变动的定量效应,介绍了弹性理论。第四章研究需求背后起决定作用的消费者行为理论,分别运用基数效用论和序数效用论研究了消费者选择问题,基本结论是消费者效用最大化行为决定了他愿意并能够在市场上购买的产品和劳务的数量,消费者群体的行为决定了对某种产品和劳务的需求。

第五章和第六章研究了供给背后起决定作用的生产者行为,一方面从物质技术角度研究了反映投入和产出关系的生产理论,另一方面从经济(合算的含义)角度研究了成本理论。生产理论反映了在成本给定的情况下,生产者(厂商)寻求产量最大化,成本理论反映了在产量给定的情况下,生产者(厂商)寻求成本最小化。这两个方面都反映了厂商在特定条件下的利润最大化行为,正是这种行为决定了厂商愿意并且能够向市场提供的产品和劳务的数量,即供给。

第七章至第十章分别研究了在不同的市场结构下价格和产量决定的问题,这是整个微观经济学的核心内容。以上部分侧重于从产品市场的角度出来,这时消费者是市场需求者,生产者是市场供给者,第十一章研究了生产要素市场的价格决定问题。在要素市场上消费者作为生产要素的所有者,成为要素的供给者,生产者则成为生产要素的需求者,二者的角色发生了变化,但行为方式和分析方法与前面类似。

前面指出,微观经济学侧重于研究单个经济行为主体的行为以及单个市场的运作机制。不过,习惯上把涉及整个市场达到均衡的一般均衡分析也纳入微观经济学的体系,主要是因为一般均衡分析仍沿用微观经济分析的基本方法和思路。此外,尽管微观经济学主要是一种实证经济学,但仍不乏规范分析的成分,主要体现在福利经济学方面。这些内容构成了本书的第十二章。

上述章节的分析中隐含着一些重要的假定,即信息是完全的、行为主体的成本和收益是对等的,不存在外部性问题、所有的产品和劳务都是私人物品,没有考虑在信息不完全、存在外部性以及公共物品情形下经济行为主体的行为变化。然而,在实际经济生活中正是由于这些因素的存在,才使市场无法有效地调节资源配置,出现市场失灵,对此需要采取一定的微观经济政策加以矫正,本书第十三章对这些问题进行了深入分析。

第二节　经济学的研究方法

一、实证分析和规范分析

所谓实证分析是指在经济学研究中,仅仅分析和描述经济现象是什么,这种经济现象是如何形成的,受哪些因素的影响,当某个或几个因素发生变化后经济事物会如何变化,会对经济活动的参与者产生何种影响,如此等等。至于其中所产生的影响是否符合经济行为主体的意愿,对其是好是坏,有无价值,则不去分析。实证分析是站在第三者的立场上,客观、超然地对经济事物进行分析,不带任何价值判断和主观好恶,因此,实证分析及实证分析中得出的命题具有正确和错误之分,是能够根据经济事物的客观现实加以证实或证伪的。

规范分析则是指在经济学研究中,对经济事物的状况、发展变化及相关影响作出"应该是什么"的判断,即好与坏的判断。一旦我们对经济事物进行好坏的评价,势必涉及评判的标准问题,这时标准就会因人而异,某一经济事物对一部分人可能是合意的,作出好的判断;而对另一部分人来说则是不合意的,进而作出坏的判断。这种价值判断往往与作出判断者的生活背景、知识水平、社会阅历、所处社会阶层等相关,也就是说作出价值判断时,每个人都是"戴着自己的有色眼镜"去看待事物的,所处情境不同,必然会得出不同的观点。

例如,对于增加高收入者的个人所得税,实证分析会分析和描述采取这项政策以后,高收入者的行为会如何变化,政府收入有何变化,对社会收入分配结构会产生何种影响,高收入者会利用哪些渠道避税等。而规范分析则要说明这项政策对高收入者是好还是坏,对社会全局会产生有益还是有害的影响。

事实上,试图将实证分析和规范分析截然分开是不可能的,在实证分析中选取哪些数据、采取何种分析结构也涉及某种价值判断,在规范分析中阐述对经济主体好坏的判断也要建立在实证分析的基础上,没有实证依据很难对之作出价值判断。正如英国著名哲学家大卫·休谟所指出的,"人能认识对象的感觉,而不能认识感觉的对象"。这句话可以这样理解,人们能够认识的仅仅是某个对象(例如一幢房屋)在人的各种感觉器官中留下的影像,至于这个对象的真实情形到底如何,人们是没有办法认识的。从逻辑上来看,大多数人看到一棵树是绿色的并不能证明这棵树一定是绿色的。休谟的观点反映了人们价值观、知识背景等在人们作出相关判断时无时无刻不在起作用,纯粹客观是难以做到的。

二、均衡、局部均衡和一般均衡

均衡(equilibrium)概念是经济学中最重要的概念之一。这一术语来源于物理学,是指当一物体同时受到大小相等、方向相反的两个外力的作用时,或者一个物体受到多种力的作用,其合力为零时,该物体处于静止或匀速直线运动状态,这时称该物体处于均衡状态,当物体的受力状况不变时,该物体就会保持这种状态。在经济分析中,一个经济变量或一种经济事物会受到各种力量的作用,当这些对立的、变动着的力量处于一种力量相当、相对静止、不再变动的状态,则称这一经济变量或这种经济事物处于均衡状态。经济变量达到均衡包含两层含义:一层是如果各影响因素没有变化,经济变量将处于这一状态不变;另一层含义是当实际状态不同于均衡状态时,经济中自发的力量会使其回到均衡。

日常生活中我们都可以看到均衡现象。例如,假定某超市共有 5 个收银台,某消费者付款时会观察各收银台前队伍的长度,通常他会排在其中最短的一队后,每个消费者都希望自己排队时间最少的动机使得 5 个收银台前的队伍长度相差不大。当队伍长度产生差异时,位于较长队伍中后面的消费者有动机转移到较短的队伍中,从而使队伍长度差异消失,实现了均衡。当然上述分析假定每个消费者购物量、收银员的效率和态度等条件相同,当这些条件不同时,队伍长度会有差异,但消费者排队时间一般差异较小。一般我们也会观察到,消费者排队时还要考虑队伍前面的消费者购物车的货物多还是少,就此决定是否排在某个队伍中。

　　由于经济现象受到许多因素的影响,在分析某种经济现象时,如果将所有因素都包括进来要么是不可能的,要么分析难度会大幅度增加,反而冲淡了要分析的主题。因此,在经济学分析中最常见的是运用局部均衡(partial equilibrium)的分析方法。所谓局部均衡分析法是假定其他条件不变的情况下,来分析某一经济事物达到均衡状态所需要具备的条件。"其他条件不变"的表述是指除了选择出来要分析的因素以外所有的因素都是固定的,类似于从整个经济世界的图卷中切割下一小块进行分析。例如,第二章中分析均衡价格决定时运用的就是局部均衡分析方法,在其他条件不变的情况下,需求曲线和供给曲线给定,则两条曲线交点所对应的价格就是均衡价格,所对应的产销量就是均衡产销量。当市场实际价格不等于均衡价格时,市场内在的力量会使其向均衡价格趋近。

　　一般均衡(general equilibrium)分析则是将"其他条件不变"的假定去除掉,分析当所有因素同时起作用时,经济事物如何变化,研究所有经济行为主体、所有市场同时达到均衡状态时需要具备的条件。由于经济现象之间存在着或直接或间接,或强或弱的相互联系,当一个条件发生变化后,会传递到整个经济世界。例如,在研究所有市场达到均衡的一般均衡状态时,要研究市场与市场之间的各种联系,像苹果市场与彩电市场的联系,一般体力劳动市场与软件工程师市场的联系等等,表面上看起来相差甚远的市场都会牵涉到。因此,一般均衡分析相当复杂,在理论分析中非常重要,为了简化分析实践中通常使用局部均衡分析方法。

三、静态、比较静态和动态分析

　　经济学中还有一类分析方法是静态分析(static analysis)、比较静态分析(comparative static analysis)和动态分析(dynamic analysis)。

　　简单地说,静态分析就是静止地分析问题,分析经济现象在均衡状态下的基本特征,以及维持均衡状态需要满足的条件。静态分析可以视为一个静止点的分析,忽略掉了经济现象变化的前因后果及其时间过程。

　　比较静态分析是对两个或多个静止点的情况进行比较,本质上仍然是静态分析,只是它分析的是经济现象从一个均衡状态变化到另一个均衡状态后,对变化的起点和终点进行比较分析。例如,第二章中对当需求、供给或需求和供给同时发生变动,对均衡价格和均衡产销量的影响,就是一种比较静态分析,侧重于对两个均衡点的价格水平和产销量水平的比较,而没有分析从一个均衡点变动到另一个均衡点的时间过程。

动态分析也称为过程分析,这种分析方法研究某个经济现象从一个均衡点变化到另一个均衡点的连续时间进程,可以视为"线段"的分析。

通常情况下,经济学分析中静态和比较静态分析较为常见。例如,微观经济学中均衡价格的决定和变动,不同市场结构中厂商的短期和长期均衡分析。宏观经济学中均衡国民收入决定、均衡利率的决定、均衡价格水平的决定等等。经济学中只在少数领域运用动态分析方法,例如微观部分中的蛛网模型、宏观部分中的经济周期和经济增长分析等。

四、经济模型

无论是在微观经济学还是宏观经济学中,经济模型(economic model)是最常见的术语,也是让学生望而生畏的词汇。事实上,经济模型并不神秘,它是指运用从经济现象中抽象出来的关键特征及其相互关系构造的理论分析结构,是对丰富多彩的经济现象的抽象,一般为了简单、明确,通常使用数学方法构建。可以说,经济模型是现实经济现象被形式化了的骨架。

具体而言,经济模型可以使用文字说明的方式构造,也可以使用表格、图形、数学方程式予以表达。例如,第二章中的需求表、供给表等就是用表格表达需求量和供给量与价格之间的关系,需求曲线和供给曲线则是使用图形表示需求量和供给量间的关系,进一步需求函数和供给函数用数学方程式反映了影响需求和供给的因素与需求和供给的关系,如此等等。

通常情况下,根据所分析问题的不同,每一个经济模型都是在特定的假定条件下进行分析的,这样,除了模型的相关参数外,涉及两类变量,内生变量(endogenous variables)和外生变量(exogenous variables),前者是由模型本身的结构所决定的,是模型要解释或求解的变量,后者则是可以直接测定出来,或者在假定中假设的已知条件,本身不受模型结构的影响。

需要注意的一点,不少人认为经济理论模型是对现实的抽象,是脱离现实的,因此用处不大。这是一种错误的理解。实际上,如果我们不进行抽象,而将经济现象的所有细节都表现出来,那么,我们会陷入细枝末节而不能自拔,没有办法理解经济现象的关键特征和关系,更没有办法对经济现象进行预测,从而无法指导我们的实践活动。例如,地图就是关于地理信息的理论模型,从旅行的角度看,当我们构造一幅 $1:1$ 的地图时,这幅地图就是地球本身,对我们是毫无用处的,实际地图中只用一个点表示一幢大楼,用一条线表示一条马路,对于我们旅行已经足够了。

第三节 学习和研究微观经济学的意义

一、微观经济学与企业经营管理

从本质上说,微观经济学是一门描述和解释微观经济现象的学科,它并不能够提供任何现成的、可以拿来就用的结论。但是微观经济学为企业经营管理决策提供了许多有益的视角,也为企业提供了许多进行最优化决策的工具。

例如,现代企业决策中经常要进行市场研究,以了解特定细分市场中消费者的需求水平、行为特征、市场总体的供应状况、竞争对手的情况等,其核心就在于供求分析。供求分析方法既能为企业提供关于现实市场环境的基本态势,也能够为企业确定市场价格变动方向的指南。再如,企业生产决策中决定生产多少某种产品?雇用多少员工?什么情况下能够达到利润最大化?在不同的市场环境下应当采取何种竞争策略、定价策略?推行产品差异化有利可图吗?在目前市场情况下提高价格能否提高总收入水平?本企业两种相互替代的产品如何定价才不会影响总收入水平?如此等等。微观经济学都能提供不错的解决思路,促进企业提高决策水平。

二、微观经济学与个人理性决策

人们在日常生活中自觉或不自觉地在使用微观经济学原理进行决策,只是有些时候没有明确表达出来而已。学习微观经济学可以使个人进行各种经济决策时能够更加理性,也更能注意到经济现象背后的含义。

例如,个人投资股票时应当注意什么问题?经济繁荣时期应当如何操作?经济衰退时期呢?自行创业一定比"为别人打工"更好吗?你上大学的机会成本是什么?是否应该不读大学直接去工作?房价为什么会暴涨暴跌?房价上涨时你该怎么办?这些问题都与人们日常决策密切相关,可以说,微观经济学不会给你提供现成的药方,但会使你进行相关决策时更为全面和理性。

归纳起来,学习微观经济学对个人而言会带来如下几方面的利益:

(1)改善经济决策思维,既能看到经济现象表面的东西,也能看到其背后隐藏的影响;

(2)提高经济预测能力,更好地判断不同行业未来的发展前景,从而有助于勾画职业生涯蓝图；

（3）理解各种报刊出现的经济名词,掌握一种看待事物的新的思维方式。

习题一

1. 经济学主要涉及（　　）。

A. 货币　　　　　　　　　　　　B. 资产价格决定

C. 公司的利润和分配　　　　　　D. 稀缺资源的配置

2. 下列哪一项属于经济物品？（　　）

A. 公海上的海水　　　　　　　　B. 新鲜空气

C. 名贵的服装　　　　　　　　　D. 明媚的阳光

3. 下列关于经济学的基本问题的说法,哪一个正确的？（　　）

A. 稀缺性

B. 生产什么、生产多少、如何生产和为谁生产

C. 土地、劳动和资本

D. 以上所有选项

4. 市场经济中解决经济学基本问题的主要机制是（　　）。

A. 集中计划　　　　　　　　　　B. 价格机制

C. 计划和市场的混合手段　　　　D. 个人决策

5. 当我们要考察某个条件变化后经济均衡点变化的情况时,运用的经济学研究方法称为（　　）。

A. 个量分析　　　　　　　　　　B. 比较静态分析

C. 局部均衡分析　　　　　　　　D. 经济模型

6. 经济学中静态分析方法存在什么缺陷？

7. 微观经济学研究的主要问题是什么？为什么这些决策是重要的？

8. 有人认为经济模型是对现实经济的抽象,与实际存在很大的差异,因此,经济模型无法解决实际经济问题。对此,你有何看法？

9. 有人提出"对高收入者征税然后补贴低收入者有利于经济增长",这是一种规范分析还是实证分析？为什么？而有人认为"对高收入者征税拉低其收入,可以使其与低收入者的差距变小,这样做提升了整个社会的和谐度,是值得采取政策促进的",这是一种规范分析还是实证分析？为什么？

10. 有人提出政府要大力促进保障性住房的建设以解决低收入者的住房困难问题,日常生活中人们对这一观点有何看法？从经济学来看这种观点是否存在问题？为什么？

第二章

需求、供给和均衡价格概述

尽管不合法,假文凭也存在一个市场,决定假文凭价格的主导力量仍是需求和供给的相互作用。其实,消除假文凭市场并不难,只要我们抑制了对文凭的需求,不再以文凭作为衡量一个人真实才能的指标就行了。

——题记

学 习 目 标

通过本章的学习,你应当能够:

1. 掌握需求的含义和需求规律;

2. 掌握影响需求的主要因素;

3. 构造适用于经济分析的需求函数;

4. 理解需求量的变动和需求的变动;

5. 掌握供给的含义和供给规律;

6. 掌握影响供给的主要因素;

7. 构造适用于经济分析的供给函数;

8. 理解供给量的变动和供给的变动;

9. 理解经济分析中的均衡、均衡价格和市场价格的含义;

10. 理解均衡价格的形成;

11. 掌握当供求发生变动时均衡价格和均衡产销量变动的基本规律;

12. 理解均衡价格理论运用,并能运用该理论分析支持价格和限制价格。

供求分析是微观经济学的核心方法,几乎所有的经济和管理决策问题与供求关系及其变化有关。例如,理解和预测生产技术、市场环境变化之后,市场价格的变化;评估某项政府政策对企业管理的影响;当经济开放程度大幅度提高后,各种关税和非关税壁垒对企业经营环境的影响;当企业拟新设一座工厂,大幅度提高本行业产品的生产能力后,对行业供给进而对市场价格和企业利润水平的影响;本企业拟定一项新的增长战略以后,行业的竞争对手如何反应,对行业的总的供求关系会产生何种影响;等等。

　　本章主要是为读者提供一种概要的认识,阐述需求、供给、市场和价格等基本概念。本书将把市场看作为供求两极力量相互影响、相互作用的一种机制,这种机制可能是有形的,如农村的集贸市场,也可能是无形的,如股票的电话委托交易。首先从需求方或称买方出发,介绍需求的含义、影响需求的主要因素、需求函数以及需求的变动和需求量的变动。其次,介绍供给方或称卖方,阐明供给的含义、影响供给的主要因素、供给函数以及供给的变动和供给量的变动。再次,将供给方和需求方结合起来,研究均衡价格的决定及其变动。最后,将供求双方的作用放置于某一具体的市场结构中,简略地分析其行为的主导方面,在此基础上,结合经济学和管理学的理论和实践对实际经济活动中企业的目标和行为问题进行初步的分析。

第一节　需求及其变动

一、需求的含义

　　简单地说,需求(demand)是指在一定的时间段内,面对某一商品的各种价格,消费者愿意并且能够购买的数量。

　　在这个定义中有两个要点,涉及两个变量。所谓两个要点是指消费者的意愿和支付能力,二者缺一不可,有购买某种商品的意愿而没有支付能力不是经济学中的需求,反过来,有支付能力而没有购买意愿也不是经济学中的需求。例如,一个大学刚刚毕业的学生,有购买小轿车的意愿但缺少支付的能力,那么确定轿车市场需求的调研人员就不能把该学生的意愿计算为对轿车的需求。与此相反,如果某人发明了一种可以使人长眠不醒的药物,价格极低,虽然大多数人有支付的能力,但没有消费和购买的欲望,那么这也不构成需求的一部分。

　　需求概念涉及的两个变量是商品的价格及与该价格相对应的购买数量,需求反映了人们购买的商品数量与商品价格这两个变量之间的相互关系。这里要说明的一点是,在消费者作出某种购买决策时,有多种因素在同时起作用,如商品本身的价格、消费者的收入、消费者偏好、对未来价格的预期、各种商品相对价格关系等等,这些因素在后面将详细分析。不过,为了简化分析,便于抓住经济现象或经济变量之间的最主要的关系,经济学家常常忽略某些相对次要的因素,在假定这些次要的因素给定的情形下,分析价格和购买量之间的关系。

二、需求的表达

从日常生活经验中,我们可以得到:当某种商品或劳务价格较高时,消费者购买的量会少一些,反之,则多一些。例如,当理发的价格为 20 元/次时,某消费者每两个月理一次发,假定理发的质量、服务等条件不变,价格为 5 元/次时,该消费者可能每月理两次发。同时,当价格降低时,尽管某个消费者不会增加理发的次数,但原来对理发评价较低的消费者现在愿意进入市场理一次发,即当价格降低时会使进入市场的人数增加。

对需求量和价格之间这种反方向变动的关系,在经济学中可用多种方式来表达,最为常见的是需求表(demand schedule)、需求曲线(demand curve)和需求函数(demand function),本处主要说明需求表和需求曲线,需求函数将在下文中说明。

所谓需求表是指运用表格的形式描述在每一可能的价格水平下,消费者愿意并且能够购买的商品量,如表 2.1 所示。

表 2.1　甲消费者运动鞋的需求表

运动鞋价格(元/双)	120	100	80	70	60	50
运动鞋购买量(双/年)	1	3	4	5	6	8

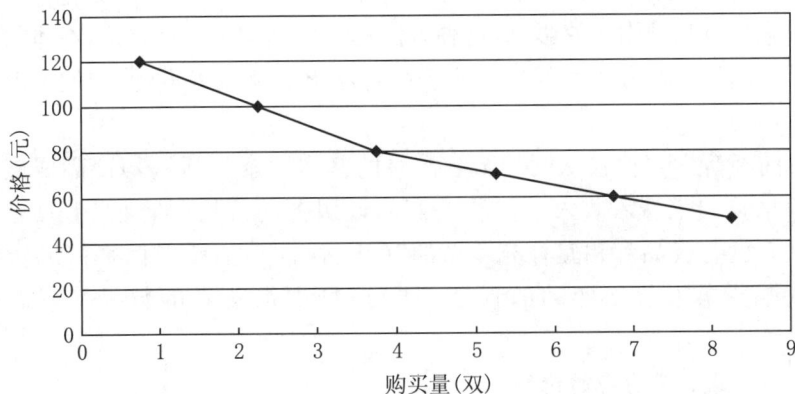

图 2.1　甲消费者运动鞋的需求曲线

当我们将价格与购买量之间的一一对应关系用图示的方法描述出来,就可以得到一条需求曲线。如图 2.1 所示,横轴表示消费者对运动鞋的购买量,纵轴

13

表示运动鞋的价格,由此可得一条向右下方倾斜的曲线,这条曲线就是甲消费者对运动鞋的个人需求曲线。

图 2.1 所示的个人需求曲线实际上是关于价格和购买量的散点图,从理论上来说,当价格和数量可以无限细分的情况下,我们可以得到一条平滑的向右下方倾斜的曲线。在数学处理上,平滑的曲线比较方便,由此得出的函数具有连续性,便于进行增量分析(求导、微分等)。当然,对单个消费者来说,许多商品是按单位值来消费和购买的,这样的理论假定不太现实也没有太大的分析意义,但如果考虑到一种产品市场上有许多个消费者或买者的情形,则无限细分的理论假定有着非常重要的分析意义。当我们说某一个消费者今年理发为 8.4 次,最后的 0.4 次可能无法解释,意义也不太大,如果说在目前的市场价格下,某一群消费者平均每年理发 8.4 次就具有重要的决策意义。此外,经过对衡量标准的适当处理也可以对变量进行无限细分,例如,说完成某项工作需要 7.8 个工人显得不太现实,当衡量标准换为工作时间就可以细分了。

三、影响需求的基本因素

前面讲到,经济学家常常忽略某些相对次要的因素,在假定这些次要的因素给定的情形下,分析某个或几个重要因素的作用和关系。通常所说的需求曲线就是在假定其他条件不变的情况下,对价格和购买量之间的关系的一种表达。在实际经济分析中,当我们分析了在决定消费者购买量决策的最重要因素——价格后,对"假定不变的其他条件"也要进行深入的分析,以分离出影响市场需求的因素。在经济学中,为了简化分析,常常采取假定其他因素不变的办法来分析某种因素的影响,这种方法称为局部均衡分析方法,在本书中我们将沿用这种分析方法。下文在分析影响需求的某一因素时,即假定其他因素保持不变。

目前经济学家比较认同的影响需求的基本因素包括:(1)商品或服务自身的价格;(2)消费者收入;(3)相关商品或服务的价格(如消费上具有相互代替关系的替代品和相互补充关系的互补品);(4)消费者偏好;(5)人们对商品或服务未来价格变动的预期;(6)市场中消费者的数量。下面分而述之。

1. 商品或服务自身的价格

当商品价格降低时,消费者愿意并且能够购买更多的产品,而当价格上升时,情况正好相反。价格与需求量之所以呈现一种负相关关系,是因为当该商品价格变动时,引起了该商品与其他商品之间相对价格的变化,这种效应称为替代效应(substitution effect)。当该商品价格上升时,消费者倾向于从一种商品转向另一种目前相对来说较为便宜的商品。反之,当该商品价格下降时,消费者的注意力就会更多地从其他相对较贵的商品转移到这种商品上来。因而,当其他的因素不变时,商品的价格会对商品的需求量产生负向的影响。

另外,当该商品价格变动时,还会引起消费者的实际收入发生变化(消费者的实际收入等于名义收入除以物价水平,这里假定名义或货币收入是不变的),即当该商品价格提高时,消费者用同样的名义收入只能购买到较少的商品,而当该商品价格提高时,消费者用同样的名义收入能购买到更多的商品,这种效应称为收入效应(income effect)。收入效应的作用使得消费者对某种商品的需求可能产生正向的影响也可能产生负向的影响。关于替代效应和收入效应将在第四章中详细分析。

2. 消费者收入

收入水平的提高既可能提高,也可能降低消费者对某种产品的需求。当消费者收入增加会增大消费者对某种商品或服务的需求,此类商品为正常品(normal good)。对正常品来说,收入下降也会使消费者对这种商品的需求下降,例如牛肉、彩电、冰箱等。市场上有些商品或服务,当消费者的收入上升时,对它的市场需求反而会下降,这类商品被称为低档品(inferior good)。对低档品来说收入提高,消费者将降低对它的需求,收入下降将刺激需求,例如旧车、修鞋服务等。

3. 相关商品或服务的价格

消费者通常同时消费许多商品和服务,当其中的一种商品或服务的价格变动时,会对我们考察的这种商品或服务的需求产生重要的影响。一般当某种商品与另一种或几种商品在某些方面都能满足人们的某种需求时,这对或这组商品互称为替代品(substitute goods),如可口可乐和百事可乐,又如苹果手机和三星手机等。如果两种商品是替代性的,那么一种商品价格的上升会增加消费者对另一种商品的需求,当苹果手机价格上升,而三星手机价格保持不变时,更多的消费者购买三星手机。反之,当一种替代商品价格下跌时,消费者会减少对另一种商品的需求。

当一些商品总是被共同使用才能满足消费者的一定需要时,这组商品互称为互补品(complement goods)。例如苹果手机和 App Store 上的应用软件,汽车和汽油,打印机和硒鼓等。苹果手机的降价会提高人们对 App Store 上的应用软件的需求。汽油价格提高会导致人们对汽车的需求下降。道理很简单,当我们汽车价格给定时,汽油的价格提高后,使得使用汽车的成本上升,那么人们将减少汽车的购买量;反过来,当汽油的价格降低后,使用汽车的成本下降,人们将会增加汽车的购买量。

4. 消费者偏好

消费者偏好的变化同样会影响对商品或服务的需求,而且人们偏好会随着时代的变化而变化。当消费者对一种商品或服务偏好的增加,会提升市场上对这类商品或服务的需求,消费者偏好的降低,会导致这种商品或服务市场需求的减少。例如,近年来人们对产品安全、健康和环保越来越重视,对有益于满足消费者这方面需求的商品和服务的需求水平大幅度提高。如当人们认为软质床垫不利于健康时,人们就会减少这种商品的需求。人们偏好的变化常常会受到各种媒体的影响,例如,媒体披露食品添加剂过度使用的食品,会极大地损害人们的健康,则这类食品的需求会大幅度降低。有些厂商的广告侧重点就转向了改变消费者偏好,取得了非常显著的效果。可能攻击竞争对手的产品含有不利于健康的成分的广告行为不道德或违法,但可以极大地改变消费者的偏好,减少对竞争对手产品的需求。

5. 人们对商品或服务未来价格变动的预期

在经济生活中,人们常常会发现这样一个有趣的现象:当大多数人预测某种商品价格将如何变化时,这种商品的价格确如人们的预期,即当大多数人预期猪肉的价格上涨时,猪肉的价格确实会上涨,这样人们的预期实现又会加强这种预期,价格还会进一步上涨。

这种现象背后的原因是,消费者对未来商品价格的预测,会改变其当期的购买决策和行为。当消费者预测价格会上升时,消费者会在现在多购买一些商品,以避免今后涨价可能造成的损失,由此当期对该商品的需求会上扬,在当期供给不变的情况下,该商品的价格水平会提高。如我国 1988 年人们预期物价放开后,价格水平会大幅度提高,许多人当时的反应就是囤积大量的日用品。反过来,当消费者预测未来价格下降时,许多消费者就会推迟当期对该商品的购买,等待价格下降,因而当期的需求就会下降,在供给不变的情况下,价格确如人们所料会下降。如 20 世纪 90 年代后期的家电价格大战,当某厂商宣布降低某种家电价格下降时,人们预期价格还会下降,许多人便推迟了当期的购买,各种家电价格持续下滑。

6. 该商品或服务市场中消费者的数量

当该商品或服务市场中消费者数目的增加时,同样会引起市场需求的上升,消费者数量减少时,则会引起市场需求的下降。在消费者数量处于上升阶段的市场中,例如,外来人口大幅度增加的城市中对小面积住宅的需求会上升;又如,随着人口增长率的下降,对小学教育的需求会下降。

四、需求函数

如果我们用函数表达式将需求和影响需求的基本因素表达出来,就称为需求函数,其一般形式如下:

$$Q_d = f(P_x, I, P_y, F, P_e, N, \cdots)$$

式中,Q_d表示该商品或服务的需求;P_x表示商品或服务自身的价格;I表示消费者收入;P_y表示相关商品或服务的价格;F表示消费者偏好;P_e表示人们对商品或服务未来价格变动的预期;N表示市场中消费者的数量;省略号表示其他在此没有考虑的影响需求的因素。

上述需求函数是最一般意义上的需求函数,它表达到所有影响某种商品或服务需求的因素和需求之间的函数关系。在实际运用中,各种不同因素的重要程度及与需求之间的关系可能是千差万别的,这时就要对各种因素的重要性进行分析,以确定不同因素在需求函数中的地位,同时还要确定需求与影响因素之间关系的具体形式,如采用线性的还是非线性的函数关系形式。例如,需求函数可能采取下列的线性形式:

$$Q_d = a_1 P_x + a_2 I + a_3 P_y + a_4 F + a_5 P_e + a_6 N + b$$

其中,Q_d、P_x、I、P_y、F、P_e、N等字母的含义同上,a_1、a_2、a_3、a_4、a_5、a_6代表各因素的影响参数,b代表其他没有列入需求函数的因素的影响。例如a_2代表当消费者收入发生一个单位的变化时,需求将会变化a_2的量。当然,a_2的值越大,意味着消费者收入对需求的影响越大,当a_2的值为零时,意味着消费者收入对需求没有影响。又如,如果a_3的系数为正意味着当其他商品的价格提高时,该种商品的需求量将增加,这两种商品之间为相互替代的关系,当a_3的值为负时,意味着当其他商品的价格提高时,该种商品的需求量将减少,这两种商品即为互补的关系。

微观经济学中具体运用的需求函数形式往往要借助定性分析和统计分析的办法来确定。定性分析可以确定某种因素是否对需求产生影响以及影响的大小,统计分析则可以确定某种因素的重要性。例如,当我们分析某地区轿车市场的需求时,在现实情况下,消费者数目往往变动不大,可以忽略这一因素。从目前研究和分析的需要出发,消费者的偏好和预期相对而言是稳定的,也可以看作是给定值。这样,影响轿车市场需求的主要因素就可以只归纳为三种,即轿车的价格、消费者收入和其他商品如汽油的价格。轿车市场需求函数可以表达为下述形式:

$$Q_d = a_1 P_x + a_2 I + a_3 P_y + b$$

在这一形式中,消费者数目、消费者偏好和预期等因素的影响通过常数项 b 来体现。

在微观经济学的实际应用中,一般可以采取简单线性函数的形式:

$$Q_d = aP + b$$

其中,P 代表商品自身的价格,a 和 b 是参数,a 值为负。

这一表达式其实就是前面需求表和需求曲线表达的内容,只不过这里运用数学函数式的形式罢了。由于从图形上说,需求函数表现为一条向右下方倾斜的直线,这种关系具有普遍的意义,因此通常将之称为需求规律(law of demand),这一规律的含义前已述及,即商品价格上升,需求量减少,商品价格下降,需求量增加。

五、需求量的变动和需求的变动

为了便于区别和说明分析的重点,通常将商品自身的价格所引起的需求量的变化,称为需求量的变化,在图形上表现为在一条既定的需求曲线上点的位置移动,如图2-2所示。假设其他条件不变,在需求曲线 D 上,随着商品价格的变动,点 a、b、c 之间的位置移动,即为需求量的变动。

当商品自身的价格不变时,由于其他几种因素发生变动而引起的需求量的变化,称为需求

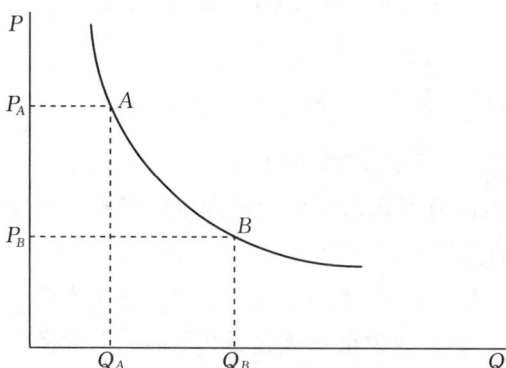

图 2.2　需求量的变动

的变动。需求的变动在图形上表现为整条需求曲线的移动。如图2-3所示,假设商品本身的价格保持为 P_0,由于消费者对该种商品更加偏好,或者消费者的收入增加等使原来的需求曲线 D_0 右移至 D_1,表明需求增加。反之,需求曲线从 D_0 左移至 D_2,表明需求减少。

根据影响需求的基本因素,

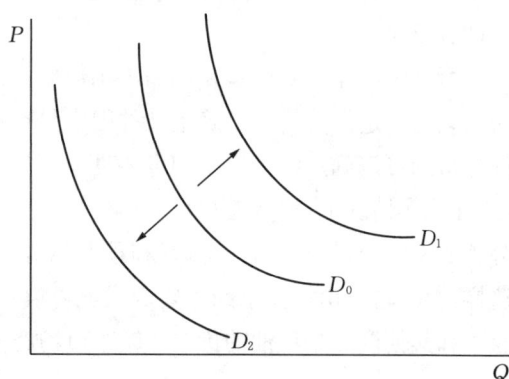

图 2.3　需求的变动

我们可以逐一分析引起需求变动的因素及其变化方向,表 2.2 总结了需求变动的基本变化方向。

表 2.2　需求变动的基本方向

影响需求的基本因素		需求增加 需求曲线向右上方移动	需求减少 需求曲线向左下方移动
收入(I)	正常品	增加	减少
	低档品	减少	增加
相关商品价格(P_y)	替代品	提高	降低
	互补品	降低	提高
消费者偏好(F)		增强	减弱
价格变动的预期(P_e)		提高	降低
消费者的数量(N)		增加	减少

第二节　供给及其变动

一、供给的含义

供给(supply)是一个市场中另一极的重要力量,是从卖方的角度而言的,它是指生产者或称厂商在一定时期和一定价格水平下愿意而且能够提供的某种商品或服务的数量。

与需求概念相似,供给的定义也有两个要点,涉及两个变量。这一定义的两个要点是:作为经济学中所述的供给,必须同时具备愿意出售和有可供出售的商品或服务两个方面,二者缺一不可。当某种商品或服务显示出有利可图,但如果一个厂商缺少生产这种产品或提供这种服务的技术、工厂、专利或人员时,厂商的这种愿望并不是经济学意义上的供给。同样,一个厂商拥有提供某种产品所要求的全部条件,但市场价格过低,厂商如果生产连变动成本都无法弥补时,厂商照样不会向市场提供这种产品,也不构成为市场供给。

供给概念涉及的两个变量是商品或服务的价格及与该价格相对应的供给量。因此,供给反映了厂商的供给量与商品价格这两个变量之间的关系。

二、供给的表达

用来描述厂商在一定的价格水平下愿意并能够提供的某种商品量,同样可以用表格、曲线或数学函数等形式来表达。供给表(supply schedule)是指描述在每一可能价格下商品的供给量的表格,如表 2.2 所示。如果用图形将表 2.2 的关系表达出来就是供给曲线(supply curve)。供给函数(supply function)则是表达上述关系的数学函数形式,具体内容将在后文中说明。

表 2.3　某种品牌彩电的供给表

价　格	1	2	3	4	5	6	7	8
供给量	3	6	7	9	10	12	15	20

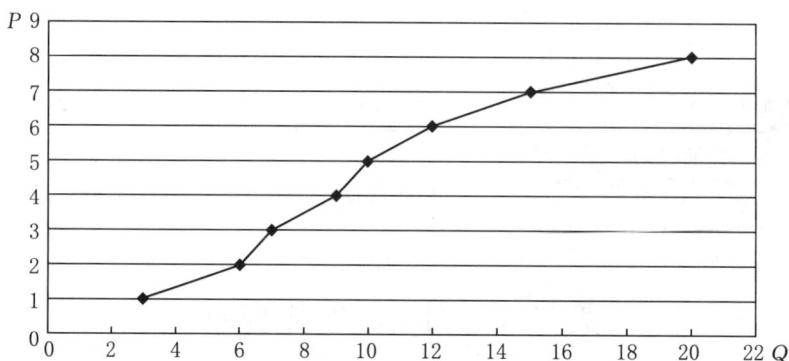

图 2.4　某种品牌彩电的供给曲线

三、影响供给的基本因素

供给研究的是厂商一方的行为,厂商或企业行为的内容将在本章第四节中详细说明。在此需要注意的是,影响厂商行为的因素多种多样,加之厂商向市场上投放自己生产的产品数量,要受到厂商对未来经济形势判断的影响,未来的经济形势如何变化又存在极大的不确定性,而将不确定性纳入当前的分析十分困难,这样会使对供给及其影响因素估计的准确性大受限制,本书将在后面研究厂商在风险和不确定性情况下的决策问题。

总括而言,影响供给的因素主要有以下几个方面:(1)商品自身的价格;(2)生产要素和中间投入品的价格,即用于生产此种产品而投入的其他产品的价格;(3)相关产品的价格;(4)技术和管理水平;(5)生产者们对产品未来价格的预期;(6)市场中生产这种产品厂商的数目。下面逐一进行分析。

1. 商品自身的价格

当保持其他因素不变时,某种商品价格的变化对其供给量会产生同方向的影响。即商品价格升高,其他的条件不变,意味着厂商面对的利润空间扩大,厂商愿意提供的商品或服务的数量就增大。相反,当价格降低时,厂商所愿意提供的商品或服务的数目就会减少。当其他条件不变时,某种商品价格变化以后,各种商品和服务间的相对价格发生了变化,由此各种商品和服务可获利润水平也相应发生变化。当价格提高时,厂商会将生产资源从其他方向转向生产这种提价的商品,反之,则将生产资源从这种商品转移出来,生产其他的商品。由此,商品或服务自身的价格与其供给量之间呈现负相关的关系。

2. 生产要素和中间投入品的价格

当一种或者多种用于生产这种商品的生产要素和中间投入品价格变化以后,厂商生产这种商品的成本会发生变化。一般地,原材料等生产要素和中间投入品价格上升,会提高这种商品的生产成本。当产品的市场价格给定时,成本上升将导致该商品的盈利性下降,厂商们所愿意提供的产品的数量也就会下降。相反,中间投入品价格下降导致成本降低时,该商品的盈利性就会增强,厂商在同等的价格下也就愿意生产更多的产品。例如,液晶面板价格上涨后,彩电的供给量就会出现明显的下滑。又如,石油价格提高后,石化工业的各种产品的供给量均出现下滑。所以,生产要素和中间投入品价格的变动与某种商品的供给量呈现反方向变动的关系。

3. 相关产品的价格

相关产品的价格涉及两种类型,其一是本厂商所拥有的资源可以生产两种或更多种类的产品,当资源用于其中一种产品时,必然要减少另一种或几种产品的生产,称为生产上的替代品。其二是本厂商在生产过程中生产某种产品会连带地生产出另一种产品,可以称之为连带产品。在前一种情况下,当商品 X 的价格相对于商品 Y 上升时,厂商会增加 X 的产量而降低 Y 的产量,例如,当家用空调价格上升而工业用空调的价格保持不变时,厂商就会将资源由生产工业用空调转向生产家用空调,这样工业用空调的供给量就会下降。在后一种情况下,当一种产品的连带产品的价格上升时,厂商就会将生产资源转而投向这种产品的生产中去,即我们考察的产品称为 X 产品,连带产品称为 Y 产品,当连带产品 Y 的价格提高时,会导致 X 产品供给量增加。例如,原油和天然气的开采通常是在同一处进行的,它们常常是互为副产品。当石油的价格上升时,采油公司就会增大对石油的开采量,这样天然气的开采量也会增加。

4. 生产技术和管理水平

在经济学意义上,技术是指生产某种产品或服务的所有手段和方法的知识总和。技术不仅仅是指科学理论的应用,由于多数情况下技术往往先于科学理论,许多生产中使用的方法还无法运用精确的科学理论加以解释,但在实践中可能已经运用了相当一段时间。此外,技术除了指生产产品和服务的方法外,组织和管理的方法和技能也是技术的表现形式。当技术水平的提高时,会降低产品的制造成本,从而增加这种产品的市场供给量。在管理技术方面,当厂商发明了一种新的分销方式,也能大大地降低生产和营运成本,从而增加这种产品的市场供给量。

5. 生产者对产品未来价格的预期

由于厂商的生产是面向未来的,所以预期对厂商当前决策的影响更为直接和重要。一般也会出现当大多数厂商预期某种产品价格上涨时,这种产品的价格确实会上涨的现象。这是因为,当厂商预期其所生产的某种产品的价格将会上升时,厂商就会囤积一部分产品以待产品价格上涨时获利,从而会使当期的市场供给水平下降,当然这时厂商还要考虑价格的涨幅能否弥补仓储的成本和占用资金的利息。相反,如果厂商预期未来价格水平将下降,厂商会希望尽早出售以免遭受损失,这时会增加当期的供给量。

6. 市场中生产这种产品的厂商的数目

当每一个厂商的生产能力给定时,市场中同类厂商的数目增加时,在任意的价格水平上都将会有更多商品或服务进入市场。反之,在其他因素不变时,厂商数目减少,市场中这类产品的供给量就会下降。

四、供给函数

如果我们把影响供给的所有因素作为自变量,把供给作为因变量,则可以用函数关系来表达两者之间的依存关系,称为供给函数(supply function),可用下列形式来表达:

$$Q_s = g(P_x, F_p, P_y, T, P_e, N, \cdots)$$

式中,Q_s 表示该商品或服务的供给;P_x 表示商品或服务自身的价格;F_p 表示生产要素和中间投入品的价格;P_y 表示相关产品的价格;T 表示技术和管理水平;P_e 表示生产者对产品未来价格的预期;N 表示市场中生产这种产品厂商的数目;省略号表示其他在此没有考虑的影响供给的因素。

与研究需求函数相似,在实际确定供给函数时,也要对各种影响因素的重要性进行分析,以确定不同因素在函数中的地位,同时也要确定供给与影响因素之间关系的具体形式。例如,供给函数可能采取下列的线性形式:

$$Q_s = c_1 P_x + c_2 F_p + c_3 P_y + c_4 T + c_5 P_e + c_6 N + d$$

其中,Q_s、P_x、F_p、P_y、T、P_e、N 等字母的含义同上,c_1、c_2、c_3、c_4、c_5、c_6 代表各因素的影响参数,d 代表其他没有列入供给函数的因素的影响。同样,c_1 代表当商品自身的价格发生一个单位的变化时,供给将会变化 c_2 的量。这里的分析与对需求函数的分析相似。

由于价格是影响供给量的主要因素,通常只单独研究某种商品的供给与其价格之间的关系,这样供给函数可记作:

$$Q_s = cP + d$$

其中,c 是供给曲线的斜率,$c > 0$,供给曲线向右上方倾斜。此外,供给函数中,d 即线性供给函数的截距为负值,其经济含义是供给曲线与价格轴在大于零处相交,这一点所代表的价格是厂商愿意并且能够生产的最低价格,当价格小于这一水平时,厂商就会停止营业。

五、供给量的变动和供给的变动

同样,为了区别说明影响供给的各种因素,一般将商品本身价格变动所引起的供给量的变化,称为供给量的变动。供给量的变动在图形上表现为在一条既定的供给曲线上点的位置移动。如图 2-5 所示,假设其他条件不变,在供给曲线 S 上,随着商品价格的变动,点 a、b、c 之间的位置移动,即为供给量的变动。

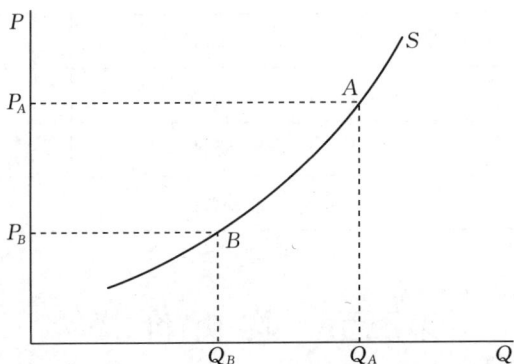

图 2.5 供给量的变动

当商品本身的价格既定时,由于其他因素的变动引起的供给量的变化,称为供给的变动。供给的变动在图形上表现为整条供给曲线的移动,如图 2-6 所示,假设商品本身的价格保持为 P_0,当生产技术水平提高时,会使原来的供给曲线 S_0 右移到 S_1,表示供给增加;当生产该种商品的生产要素价格如劳动者工资水平提高,则供给曲线从 S_0 左移到 S_2,表示供给减少。表 2.4 总结了当影响供给的基本因素发生变动后,供给曲线移动的基本方向。

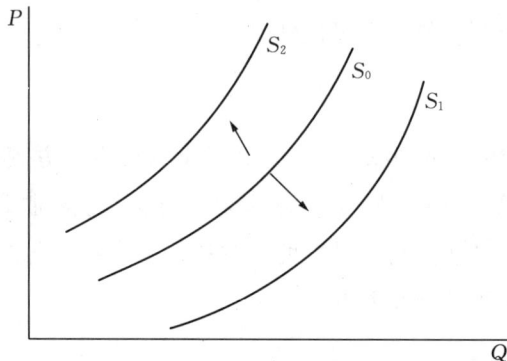

图 2.6　供给的变动

表 2.4　供给变动的基本方向

影响供给的基本因素		供给增加 供给曲线向右下方移动	供给减少 供给曲线向左上方移动
要素和投入品价格(F_p)		降低	提高
相关商品价格(P_y)	替代品	降低	提高
	连带产品	提高	降低
技术和管理水平(T)		提高	降低
预期价格水平(P_e)		降低	提高
厂商的数目(N)		增加	减少

第三节　均衡价格

一、均衡价格和市场价格

　　前面两节,我们分别分析了在一个市场上,消费者决定了对某种商品或服务的需求,生产者或厂商决定了对某种商品或服务的供给,当市场上这两极的力量处于相当的状态下,这一市场即处于均衡状态。市场均衡时,表示在这一价格下,消费者愿意并且能够购买的商品量正好等于生产者愿意并且能够出售的商品量,这时的价格就称为均衡价格(equilibrium price),这时的产量(消费者的购买量和生产者的出售量)称为均衡产量(equilibrium quantity)。

在现实经济生活中,我们常见的各种商品和服务的价格称之为市场价格(market prices)。值得注意的是,市场价格可能与均衡价格相等,也可能与均衡价格不相等,这与均衡的概念并不矛盾,而正是市场机制作用的表现。对此,我们可以得出的结论是,其他因素保持不变,当市场价格与均衡价格相等时,市场价格不会变动;当市场价格与均衡价格不相等时,市场中自发的供求关系的作用会使市场价格趋近于均衡价格,只要两者存在差异,市场力量就会自动填平这种差异。当然,不同的产品和服务市场上,市场力量弥补这种差异的时间千差万别,后面将会对此进行详细分析。

二、均衡价格的形成

当我们把需求曲线(用 D 表示)和供给曲线(用 S 表示)放入同一个坐标系中,反映了面对各种可能的价格,消费者愿意并且能够购买的产品量和生产者愿意并且能够出售的产品量之间的相互作用。在两条曲线的交点 E,市场达到均衡,即这一点的组合,价格 P_E 的情况下,消费者的需求量和生产者的供给量都等于 Q_E,在其他条件给定时,市场价格和产量不再有进一步变动的趋势(如图 2.7 所示)。

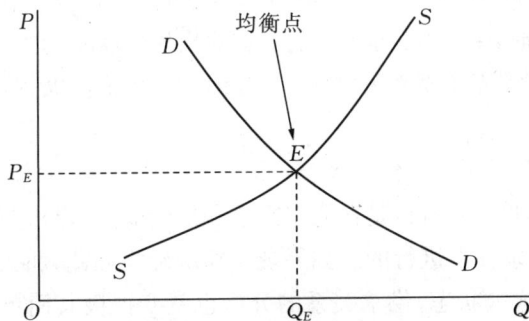

图 2.7 市场均衡

当实际的市场价格不同时图 2.7 所示的 P_E 价格时,受市场中自发力量的作用,市场价格会发生变动,趋近于 P_E。如图 2.8 所示,如果某一商品初始的市场价格为 P_1,高于均衡价格 P_E,那么,与 P_1 相对应的供给量 P_1G 就大于此价格水平下的需求量 P_1F,存在超额供给或称需求缺口 FG。在这种情况下,厂商为了将自己的产品销售出去展开激烈竞争,只有愿意索取较低价格的厂商才能将其产品销售出去,这样,竞争的结果使价格逐渐下降。从而,供给量逐渐减少,需求量逐渐增加。这个过程一直持续进行下去,直到价格降到均衡价格 P_E,需求量和供给量都等于Q_E时为止。

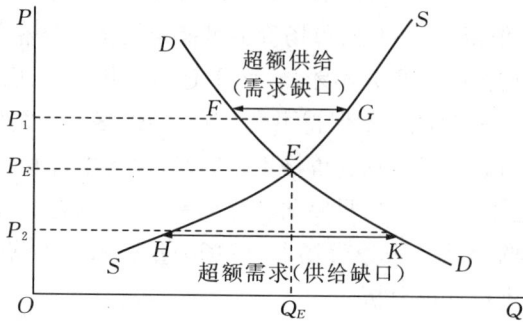

图 2.8　均衡价格的形成

相反,如果某一商品初始的市场价格为P_2,低于均衡价格P_E。那么,与P_2相对应的需求量P_2K就大于此价格时的供给量P_2H,因而有部分消费者不能在此价格购买到想要的商品,存在超额需求或称供给缺口HK。在这种情况下必然会导致消费者之间的竞争,只有愿意支付更高价格的消费者才能购买到所需要的商品,即竞争的结果使价格逐渐上升。从而,需求量逐渐减少,供给量逐渐增加,直到价格上升到均衡价格P_E,供给量和需求量都等于Q_E时为止。

达到均衡状态时,超额供给和超额需求都将等于零,消费者能够购买到其所愿意购买的商品,同时,生产者也能够出售其愿意出售的商品,也就是说,所有在此情况下的市场供给量都被消费者吸收,因此,这时的均衡价格也称为市场出清价格。

三、市场均衡的变动

上述对市场均衡的分析,是在假定需求和供给既定,需求曲线和供给曲线给定、不发生移动的条件下进行的。如果现实经济确实如此,那么均衡价格和均衡产量也会稳定在这一状态,供求关系的分析也就变得极其简单,此时,生产者只需要按既定的市场状况年复一年地生产既定的产品就可以了。不过,现实中,厂商并没有这么幸运,供给和需求及影响供求的因素不断地发生变化,而且大多数的时候,我们无法区分鉴别出到底是哪一个或哪一类因素发生了变化,供求分析显得极为复杂。如果厂商能在这样的情形下比竞争对手更好地把握供求关系及其变动方向,将获得显著的成功。

市场均衡的变动可能来源于需求的变动,也可能来源于供给的变动,还可能来源于供给和需求的同时变动,下面分而述之。

1. 供给给定,需求变动

假定某种商品的供给状况不变,由于消费者收入水平提高,需求会增加,即需求曲线向右上方移动。如图2.9所示,新的需求曲线D_1D_1与原供给曲线相交于E_1点,由此,决定了新的均衡价格为P_1,均衡产量为Q_1。比较新的均衡与原来的均衡,可以发现,均衡价格比原来提高了,均衡产量也增加了。反之,如果供给不变,而需求减少,则新的均衡价格将下降,均衡产量将减少,将图2.9从另一方向来看,即将需求曲线D_1D_1看作是原来的需求曲线,D_0D_0看作是消费者收入降低后的需求曲线即可。如果这里给出的是具体的需求和供给函数,则可以解出原来的以及变动后的均衡价格和均衡产量值(习题中有具体的例子,读者可自行解答)。

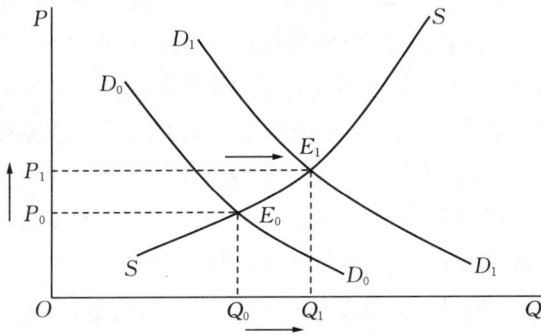

图 2.9　供给给定,需求变动

2. 需求给定,供给变动

假定某种商品的需求状况不变,当厂商的生产技术和管理水平提高,或者生产要素如石油价格下降,都会引起供给曲线移动。如图2.10所示,新的供给曲线S_1S_1决定了新的均衡价格为P_1,均衡产量为Q_1,这时,均衡价格下降,均衡产量增加。反之,如果需求不变,而供给减少,则新的均衡价格将上升,均衡产量将减少,这种情况可由图2.10反方向变动显示出来,即假定变化后的供给曲线为S_0S_0时即可。

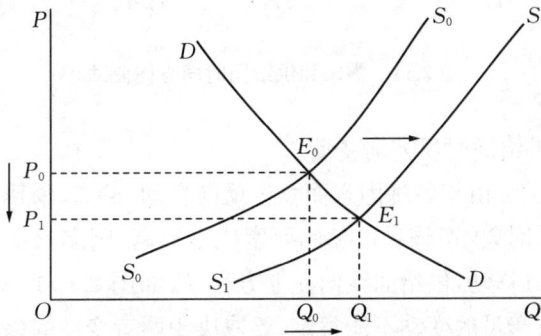

图 2.10　需求给定,供给变动

3. 需求和供给同时变动

需求和供给同时发生变动的情况比较复杂,需求和供给可能同时增加或同时减少,还可能需求增加而供给减少或者需求减少而供给增加,同时两者变动程度的差异都可能对均衡价格和均衡产量产生不同的影响。

(1) 需求和供给同时同方向变动。

假定需求与供给由于各种因素而同时增加,例如,消费者对该种商品的偏好增加,与此同时,该种商品的投入要素价格水平下降,那么需求曲线将向右上方移动,而供给曲线向右下方移动,如图 2.11 所示。需求和供给增加后,首先可以明显看到均衡产量增加了,但是均衡价格的变动却不能肯定,图 2.11 所示的是一种特殊的情况,均衡价格保持不变,如果需求变动的幅度大于供给变动的幅度,均衡价格水平会提高,反之,如果需求变动的幅度小于供给变动的幅度,均衡价格水平则会下降。究其原因,这是因为当需求增加是一种使均衡价格上升的因素,而供给增加则是使均衡价格下降的一种因素,两种影响有相互抵消的作用,均衡价格的实际变动取决于两者对其影响的程度。所以,在需求和供给同时增加时,均衡产量必然增加,但均衡价格的变动不能确定,可能上升、下降或者保持不变。同样地,如果需求和供给同时减少,均衡产量必然减少,均衡价格也不能确定,在图中将变动方向反转就能得到。

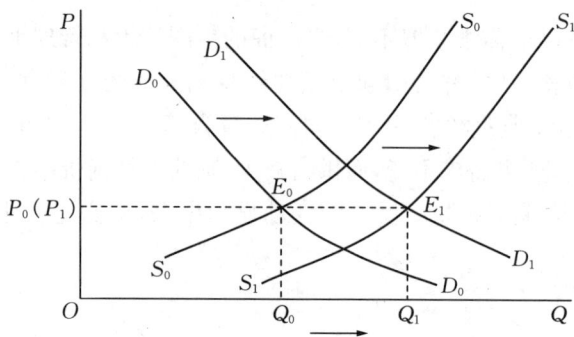

图 2.11　需求和供给同时同方向变动

(2) 需求和供给同时反方向变动。

假设需求与供给由于各种因素而发生反向变动,例如,消费者预期商品未来价格水平提高,同时,生产该种产品的要素成本提高,则需求增加,供给减少,即需求曲线向右上方移动,供给曲线向左上方移动,如图 2.12 所示。这时,均衡价格提高,但是均衡产量的变动不能肯定,要取决于两者变动的幅度。如果需求增加的幅度比较大,则均衡产量将增加。如果供给减少的幅度比较大,则均衡产量将减少。如果两者变动的程度一样,则均衡产量保持不变。之所以如此,同样是因为需求增加有提高均衡价格和均衡产量的作用,供给减少有提高均衡价格而降低均衡产量的作用,这样需求增加和供给减少相互作用,其相互加强使得均衡价格提高,其相互抵消使得均衡产量如何变化不能确定。由此可得,需求增加,供给减少,均衡价格必然上升,但均衡产量的变动不能确定,可能增加、减少或者保持不变。同样地,需求减少,供给增加,均衡价格必然下降,均衡产量也不能确定。

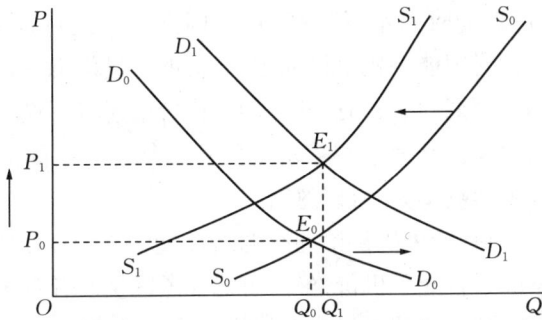

图 2.12　需求和供给同时反方向变动

总结上述分析,可以得出如下的结论:可用以分析和判断供求变动对市场均衡的影响,即一方面均衡价格和均衡产量与需求呈同方向变动,另一方面均衡价格与供给呈反方向变动,而均衡产量与供给呈同方向变动,如表 2.5 所示。

表 2.5　市场均衡变动对均衡价格和均衡产量的影响

需　　求	供　　给	均衡价格	均衡产量
D —	S ↑	P^* ↓	Q^* ↑
D —	S ↓	P^* ↑	Q^* ↓
D ↑	S —	P^* ↑	Q^* ↑
D ↓	S —	P^* ↓	Q^* ↓
D ↑	S ↑	P^* 不确定	Q^* ↑
D ↓	S ↓	P^* 不确定	Q^* ↓
D ↑	S ↓	P^* ↑	Q^* 不确定
D ↓	S ↑	P^* ↓	Q^* 不确定

注:向上箭头(↑)表示增加,向下箭头(↓)表示减少,横线(—)表示不变。

四、均衡价格的应用

1. 产品价格变动方向的预测

一个消费者为了获得资产收益或为了避免资产损失，经常要对某些重要产品的价格变动的方向进行判断，下面可以对智能手机价格变动方向的预测来说明均衡价格理论的应用问题。

首先，我们可以鉴别出各种对智能手机需求的影响因素，除了智能手机价格外，有两个因素对智能手机价格的影响可能是相对重要的。一是随着国民经济的发展，我国个人可支配收入水平提高，这一因素对会使对智能手机的需求增加。二是近些年人们对智能手机价格的预期，智能手机价格一轮轮的下跌，逐渐印证并强化了人们的预期，当人们预期智能手机价格还将下跌时，会使人们对智能手机当期的需求减少。其他影响需求的因素如其他产品的价格，在智能手机价格变化这一问题上影响不大，可以忽略。

接着，我们分析对智能手机供给的影响因素，也可以鉴别出影响当前智能手机供给的主要因素除了智能手机价格外，可能要考虑生产者对未来价格的预期、市场中生产智能手机的厂商的数目和中间投入品价格的变化三个因素。其他如技术和管理水平的变化、其他商品的价格等的影响可以忽略。目前生产者对智能手机价格的预期较为悲观，认为其还可能下跌，这会促使厂商增加当期供给量。而由于历史、政府等因素的影响，尽管目前智能手机生产厂商数量极大，但退出本行业受到限制。中间投入品如屏幕面板的价格时有波动，但方向不太确定，可能会使供给增加也可能使其减少。

最后，可能综合分析影响智能手机需求和供给的各个因素，最终即可以得出智能手机价格变化的基本方向来。

2. 政府管制价格及其影响

现实的经济生活中，许多日用的、占人们总支出较小的一些产品和服务的价格往往是由市场来决定的，市场受政府干预的程度较小，这时市场价格比较接近于均衡价格，即使市场价格偏离了均衡价格，偏离程度也不会很大，市场自发的力量会在短时间内使其回到均衡水平。不过，由于某些经济的、社会的、政治的因素介入，有相当一部分产品和服务的价格会干扰市场均衡的形成，从而使均衡状态无法达到，实际的市场价格不同于均衡价格。常见的由政府等干预的现实价格主要有支持价格和限制价格。

（1）支持价格。

所谓支持价格，是指政府为了扶持某一行业的生产，对该行业产品规定的高于均衡价格的最低价格。例如，我国的农产品保护价。支持价格的影响如

图 2.13 所示。

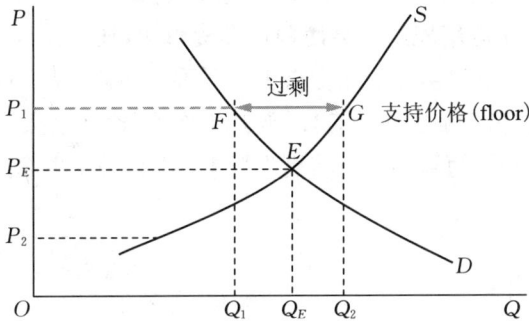

图 2.13　支持价格及其影响

图 2.13 中,在没有政府干预的情况下,该产品的均衡价格为 P_E,均衡产量为 Q_E。实行支持价格 P_1 后,与此相对应的需求量为 P_1F,供给量为 P_1G。由于供过于求,该商品市场上将出现供给过剩,过剩量为 FG。为维持支持价格,这些过剩商品不能在市场上卖掉,如果这部分过剩产品在市场上出售,会使市场价格下降,短期内还会使市场价格降低到现有均衡价格水平之下,这是由于在支持价格下供给有一定程度的放大。对此,政府可以收购过剩商品用于储备。如果长期维持这种价格,经常性出现供过于求的话,政府的财政负担会逐年加重,不堪重负。同时,高于均衡价格的支持价格会使厂商将稀缺的经济资源过度投入在这一产品部门,造成其他社会需要的产品不能生产出来或生产的过少。政府可以采取的第二个办法是对该商品的生产实行产量限制,如图 2.13 可以将生产的数量控制在 Q_1,强制使供、求平衡。但是在这种情况下,涉及政策监督和执行的难题,同时由于高于均衡价格的支持价格会产生一些额外的利益,会使厂商产生寻租行为,并很有可能成为腐败的温床。

（2）限制价格。

限制价格是指政府为了限制某些物品的价格而对它们规定低于市场均衡价格的最高价格。政府采取这样的政策的目的是为了稳定经济生活,保护消费者的利益,不过实际实施结果往往会违背政府政策的初衷。限制价格政策的影响如图 2.14 所示。

图 2.14 中,在没有政府干预的情况下,该商品的均衡价格为 P_E,均衡产量为 Q_E,实行限制价格 P_2 后,这时,在这一价格下,供不应求,该商品市场将出现短缺,市场就可能出现排队、走"后门"、抢购和黑市交易等现象。此外,在市场不受控制时,均衡产量为 Q_E,而在限制价格下,需求量变为 Q_2,Q_2-Q_E 部分实际上是由于限制价格而放大的。以保护消费者利益为目的的政策,反而造成消费

者的需求更无法得到满足的现象。在这种情况下,为解决商品短缺问题,政府可以采取控制需求量的措施,如采取配给制,发放购物券。不过,配给制通常只适合在短期使用,长期运用配给制会使购物券货币化,还会出现黑市交易,同时也会挫伤厂商的生产积极性,使短缺变得更加严重。随着经济环境的变化,限制价格将会逐步累积价格上涨的压力,这时放开价格后,价格上涨的程度会更大。如果从动态的角度来看,短缺的情形将更为严重,限制价格对需求的放大作用也会越来越明显。

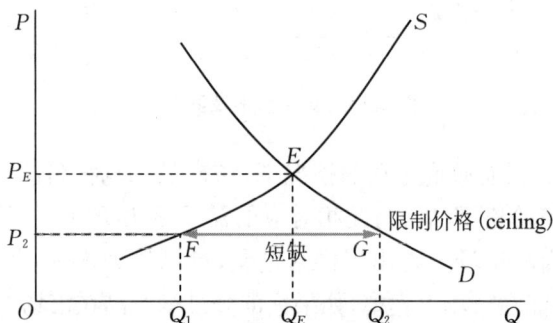

图 2.14　限制价格及其影响

习题二

1. 需求量和价格之所以呈反方向变动,是因为(　　)。

A. 收入效应的作用　　　　　　B. 替代效应的作用

C. 收入和替代效应同时作用　　D. 以上均不正确

2. 某种商品价格下降对其互补品的影响是(　　)。

A. 互补品的需求曲线向左移动　　B. 互补品的需求曲线向右移动

C. 互补品的供给曲线向右移动　　D. 互补品的价格上升

3. 当需求和供给同时减少的情况下,将出现(　　)。

A. 均衡价格下降,均衡产销量减少

B. 均衡价格下降,均衡产销量无法确定

C. 均衡价格无法确定,均衡产销量减少

D. 均衡价格上升,均衡产销量减少

4. 下列哪一种不能决定供给曲线的位置?(　　)

A. 技术　　　　　　　　　　B. 生产要素成本

C. 消费者收入　　　　　　　D. 政府税收

5. 当消费者收入提高后,市场均衡价格发生了变化,那么,在原来均衡价格水平存在着( )。

A. 短缺 B. 过剩 C. 均衡 D. 超额供给

6. 下面什么情况属于需求量的变动?什么情况属于需求的变动?

(1) 沿着同一条需求曲线的移动;

(2) 在其他条件不变时,价格下降,需求量增加;

(3) 苹果的价格提高时,人们对梨的需求增加;

(4) 当苹果的价格提高时,人们对苹果的需求量增加;

(5) 当人们的收入水平提高时,人们对苹果的需求增加。

7. 某市有谣言说最近在市场上销售的蔬菜被检测出农药超标,你认为对蔬菜市场价格会产生什么影响?是通过何种渠道影响的?

8. 某广告声称其保健产品经过三个权威部门的认证,并运用大量的例子说明消费该产品对人体健康有利,你认为该广告对消费者需求会产生什么影响?如果人们就此对该产品的需求增加,你认为是通过哪个渠道对消费者产生影响的?

9. 预期因素对消费者和生产者的行为影响巨大,你能举出一些实际生活中的例子并加以说明吗?

10. 如果你是某公司的管理者,你认为下面哪些事件会影响你对智能手机的定价?如何影响?

(1) 另一家公司同档次智能手机价格下降;

(2) 国外手机厂商准备在中国投资建立新厂;

(3) 中国的经济增长率提高;

(4) 住宅价格提高;

(5) 由于发生了智能手机爆炸事件,政府提高了智能手机的安全标准;

(6) 几家屏幕面板生产企业结成了一个价格同盟,占有了80%的市场份额;

(7) 研究人员发现近些年家庭小型化趋势日益明显。

11. 假设某城市自来水的价格为每吨0.2元时,城市经常出现水荒,自来水公司不得不采取分时供水的办法,现在市政府决定将水价提高到每吨2元,这时自来水公司取消了分时供水。你认为这种变化属于需求的何种变化?为什么?

12. 如果某地区A产品的需求曲线为$P=12.4-4Q_d$,其中P为价格,Q_d为需求量,该产品的供给曲线是$P=-2.6+2Q_s$,其中Q_s为供给量,那么A产品的均衡价格和均衡产量为多少?市场价格一定会等于均衡价格吗?为什么?

13. 由于近来发生了大量企业管理人员出具虚假财务报告,你认为对会计专业毕业生的市场需求会产生什么样的影响?对其薪金待遇及就业状况会产生什么样的影响?为什么?

第三章
弹 性 理 论

花费大量时间搜寻减价优惠券的家庭主妇关注商店的每个打折机会,而追求时尚的现代女性对小于四位数的价格不屑一顾。她们对价格的敏感性表现出极大的差异,因此针对不同人群采取的价格策略存在显著的差异。需求和供给的弹性理论对解决这类问题提供了有益的线索。

——题记

学 习 目 标

通过本章的学习,你应当能够:

1. 掌握弹性的含义;

2. 掌握需求价格弹性的定义和计算;

3. 了解需求价格弹性的分类;

4. 熟悉判断需求价格弹性大小的几种定性方法;

5. 理解需求价格弹性和销售总收益之间的关系;

6. 掌握需求收入弹性和交叉弹性的定义和计算;

7. 掌握在不同情况下计算需求弹性和供给弹性的基本方法;

8. 了解需求弹性理论在管理决策中的应用。

生产者经常要进行定价方面的决策,许多人一直持有这样的观念:薄利多销,降价总可以提高销售量,进而提高总利润水平。同样是一种普遍的观念,认为:谷贱伤农,粮食价格下降会使农民的收入减少,因而要采取农产品保护价保护农民的利益。两种观念似乎存在着矛盾,同样是降价,为什么在有些行业会提高总收益,而在另一些行业总收益反而会降低呢?

在一定的条件下,上述两种观念无疑是正确的,但并不总是正确。举例来说,最近几年,民航客票折扣非常透明,而在前些年,民航经常上演政府部门禁止打折、而航空公司偷偷打折的游戏。确实,当民航票价降低时,人们会从铁路、公路、水路等出行方式转向航空,飞机票价虽然降低了,不过乘客数量上升的幅度更大,在民航每班次成本给定的情况下,民航不会因为降价而使利润降低,反而使得利润水平提高。对农民来说,其生产的粮食人们一日都不可缺,但降价后,人们也不会大幅度增加对粮食的消费量。人们对粮食消费增加给农民带来的收入不足以弥补价格下降造成的损失,由此农民的总收入在降价时反而会减少。

前面我们分析了当供给变动、需求变动或者两者同时发生变动,均衡价格和均衡产量会相应地变动,厂商和消费者可以根据供求变动的程度,判断价格变动的趋向,同时结合具体的需求函数和供给函数还可以计算出当某一个变量发生变化后,对厂商总收益(价格乘以产量)及消费者的总支出的影响。不过,上一章的分析更加侧重于定性方面,侧重于供求关系的变动对均衡价格的影响,在本章则侧重于定量方面,侧重于当价格或其他因素变化后对需求的影响。

本章主要介绍关于弹性的基本理论和估算问题,包括需求需求和供给弹性。根据影响需求的因素不同,分别介绍需求价格弹性、需求收入弹性和需求交叉弹性。供给弹性主要分析供给价格弹性。通过需求弹性的分析和估算,可以理解上述的两个例子,也可以更加深入理解为什么有些行业产品的需求对价格变动如此敏感,而有些行业对价格变动显得无动于衷。通过学习弹性理论,生产者可以在定价决策中充分考虑产品的性质,价格变动后对供给量和需求量的影响程度,在一定的条件下到底应该如何决策。

第一节 弹性、需求和供给弹性

一、弹性的含义

一般意义上的弹性概念是指某一变量对另一个变量变动的敏感程度的度量。弹性最初是一个物理学的概念,是指当对某一物体施加一个外力,该物体产生的形变程度。由于经济变量间相互作用,一个经济变量发生一定程度的变化会对另一个变量产生一定的影响,那么,在经济学中就用弹性概念来度量这种相互影响的程度。

如果我们设 X 为自变量,Y 为因变量或函数,E 为弹性系数,那么一般意义上的弹性就可用下式来表达:

$$E = \frac{Y \text{ 变动的百分比}}{X \text{ 变动的百分比}} = \frac{\frac{\Delta Y}{Y}}{\frac{\Delta X}{X}} = \frac{\Delta Y}{\Delta X} \cdot \frac{X}{Y}$$

式中，X、Y 分别表示变动前该变量的取值，ΔX 表示 X 变量的变动量，令变动前 X 的值为 X_1，变动后 X 的值为 X_2，则 $\Delta X = X_2 - X_1$。ΔY 表示 Y 变量的变动量，令变动前 Y 的值为 Y_1，变动后 Y 的值为 Y_2，则 $\Delta Y = Y_2 - Y_1$。

二、需求弹性的分类

上面介绍了弹性的一般定义式，在需求弹性中，由于影响需求的因素多种多样，因此可以根据自变量性质的差异，将需求弹性区分为不同的类型。通常由于商品或服务本身的价格、消费者收入以及其他商品或服务的价格对一种商品或服务需求的影响程度较大，因此，一般研究需求弹性包括三种主要类型，即需求价格弹性、需求收入弹性和需求交叉弹性，分别度量商品自身价格、消费者收入和其他商品价格变动后对该商品需求产生的影响程度。顺便说明一点，由于需求的价格弹性在实际应用中较为常见，在没有特别指明的情况下，讲到需求弹性往往就是指需求价格弹性。

三、供给弹性的分类

在供给弹性中，结合前面所分析的影响供给的基本因素，同样可以构造出各种供给弹性，例如可以构造供给价格弹性、供给交叉弹性、供给预期价格弹性、供给中间产品价格弹性等。即只要把影响供给的主要因素发生变动的情况与供给的相应变化联系起来，就可以通过弹性的概念表达出来，以反映其中某个因素变化对供给的相对影响程度。

第二节　需求价格弹性

一、需求价格弹性的定义和计算

1. 需求价格弹性的定义

需求价格弹性可以从几个角度定义，一是可以定义为价格变动对需求量产生的影响程度，二是可以定义为需求量对价格变动的反应程度，另一个操作性的定义是价格变化 1% 所引起的需求量变化的百分比。用 E_d 表示需求价格弹性系数，用 P 和 ΔP 分别表示变动前的价格和价格的变化量，用 Q 和 ΔQ 分别表

示变动前的需求量和需求量的变化量,可得下列定义式:

$$E_d = \frac{需求量变化的百分比}{价格变化的百分比} = -\frac{\dfrac{\Delta Q}{Q}}{\dfrac{\Delta P}{P}} = -\frac{\Delta Q}{\Delta P} \cdot \frac{P}{Q}$$

这里,由于需求量和价格呈反方向变化,因此当价格提高时,需求量降低,价格降低时,需求量增加。所以,需求价格弹性系数为负值。不过,通常为了叙述方便,习惯上提到需求价格弹性系数时用绝对值,由此可以在需求价格弹性系数前加一个负号,将其转化为正值。

下面可举一个例子说明需求价格弹性的计算。

例如,某商店出售一种饮料,当价格为 10 元/瓶时,饮料的需求量[①]为 100瓶,当价格降低为 5 元/瓶时,饮料的需求量为 300 瓶。根据上述数据,可得:

$$P_1 = 10, \ P_2 = 5, \ \Delta P = P_2 - P_1 = 10 - 5 = -5$$
$$Q_1 = 100, \ Q_2 = 300, \ \Delta Q = Q_2 - Q_1 = 300 - 100 = 200$$

则该种饮料的需求价格弹性为:

$$E_d = -\frac{\Delta Q}{\Delta P} \cdot \frac{P}{Q} = -\frac{200}{-5} \cdot \frac{10}{100} = 4$$

该结果表明,当该种饮料价格变化 1% 时,其需求量将变化 4%。

2. 弧弹性的计算

上述例子中,我们是以变化前的价格和需求量为基数计算的,如果将计算基数改为变化后的价格和需求量,就会得出一个完全不同的值,重新计算一下,可得:

$$E_d = -\frac{\Delta Q}{\Delta P} \cdot \frac{P}{Q} = -\frac{-200}{5} \cdot \frac{5}{300} = 0.667$$

新的结果表明,当该饮料价格变化 1% 时,其需求量将变化 0.667%。与前面的计算出现了较大的差异。这种差异产生的主要原因即在于计算的基础是不同的,此外,价格及需求量变化的幅度也较大。如图 3.1 所示,第一种计算是以 A 点的价格和需求量组合为基础的,而第二种计算则是以 B 点的价格和需求量组合为基础的。由于价格和需求量的变化在两种计算中都相同,但基础点上位于公式中分子和分母的价格和需求量值差异较大,从而造成最终计算出的弹性

---

① 有时,由于需求量表达的是消费者在每一给定价格下愿意并且能够购买的某种商品的数量,在实际操作中往往无法直接得到,这时可用在此价格下的销售量近似替代。

系数差异较大。

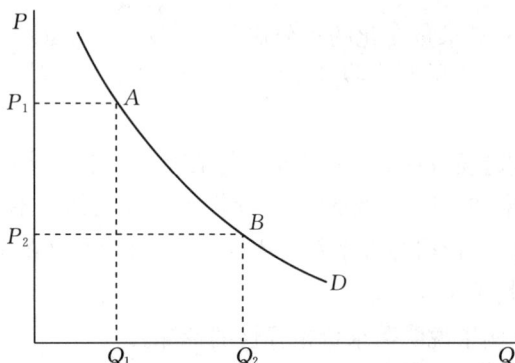

图 3.1　弧弹性计算

如果图 3.1 中 A 和 B 点靠的足够近,上述两种计算得出的弹性值相差不会太大。当 A 和 B 点相距较远时,差异就会相当明显,为了修正这种缺陷,实践中通常采用价格和需求量变化前后的算术平均数来计算弹性系数。其基本计算公式是:

$$E_d = -\frac{\dfrac{\Delta Q}{\dfrac{Q_1+Q_2}{2}}}{\dfrac{\Delta P}{\dfrac{P_1+P_2}{2}}} = -\frac{\Delta Q}{\Delta P} \cdot \frac{P_1+P_2}{Q_1+Q_2}$$

用上述公式来计算前面例子中的弹性系数可得:

$$E_d = -\frac{\Delta Q}{\Delta P} \cdot \frac{P_1+P_2}{Q_1+Q_2} = -\frac{-200}{5} \cdot \frac{(10+5)}{(100+300)} = 1.5$$

即当该饮料价格变化 1% 时,其需求量将变化 1.5%,这一结果比较准确地度量了该饮料价格从 10 元到 5 元变化所引起的需求量变化程度。从图 3.1 也可以看出,上述公式度量了需求曲线上 A 点到 B 点间这一段曲线的弹性强度,因此上式称为弧弹性公式,表示需求曲线上某两点之间的平均弹性值。

3. 点弹性的计算

当存在连续可导的需求函数时,我们还可以运用点弹性公式来计算需求价格弹性系数。这一公式可由微分的办法得到:

$$E_d = \lim_{\Delta P \to 0} -\frac{\Delta Q}{\Delta P} \cdot \frac{P}{Q} = -\frac{\mathrm{d}Q}{\mathrm{d}P} \cdot \frac{P}{Q}$$

当需求函数($P = P(Q)$)的形式①给定时,上式中$-\mathrm{d}Q/\mathrm{d}P$就是需求曲线上在点(Q, P)的切线斜率的倒数,P/Q比值实际上确定了要考察的点的位置。如果我们使用的是线性的需求函数,则其斜率只有一个,这样只要给定一个点的位置,就可以通过与其斜率的负值相乘而得出该点的需求价格弹性值。例如,某商品的需求函数为$Q_d = 30 - 2P$,可得:

$$\frac{\mathrm{d}Q}{\mathrm{d}P} = -2$$

$$E_d = -\frac{\mathrm{d}Q}{\mathrm{d}P} \cdot \frac{P}{Q} = -(-2) \times \frac{P}{30 - 2P} = \frac{P}{15 - P}$$

上述关系确定后,在每一个价格水平上(当一个价格给定,代入需求函数,相应的需求量也给定了),都可以计算出相应的弹性系数值。例如,当$P = 5$时,$E_d = 0.5$;$P = 10$时,$E_d = 2$;$P = 12$时,$E_d = 4$,等等。

二、需求价格弹性的分类

从需求价格弹性的定义式中可以得出,需求价格弹性系数的取值范围为零到无穷大,根据弹性系数值的大小可以将需求价格弹性划分为以下几种类型:

(1)需求完全无弹性,$E_d = 0$。这时需求曲线是一条起始于数量轴的垂线,见图3.2(a)。从定义式中可知,当价格发生变化后,需求量不发生任何变化时,需求价格弹性系数就等于零,即ΔP不为零时,ΔQ等于零。这种情况较为少见,通常在现实生活中某些关系到人的生命的商品,或者基本上不存在替代品时才会出现,例如特效药、沙漠中的水等等。

(2)需求完全富有弹性,$E_d \to \infty$。这时需求曲线是一条起始于价格轴的水平线,见图3.2(b)。即当价格稍微发生一点变化,需求量就会发生极大的变化,需求对价格的变动极为敏感。后面在研究完全竞争市场中,单个厂商所面对的需求曲线时就是水平线,意味着对单个厂商来说,这时价格具有外在于厂商的性质,不受单个厂商行为的影响。

(3)需求单元弹性,$E_d = 1$。这时需求曲线是等轴双曲线在第一象限的一

---

① 确切地说,前面所述的需求函数,即形式为$P = P(Q)$,应称为反需求函数,这是因为我们将价格看作自变量,而将需求量看作因变量,在作出需求曲线图时,需求量(函数、因变量)应当放置在纵轴,价格(自变量)应放置在横轴。但习惯上把价格置于纵轴,而把需求量置于横轴,这样表达出来的需求函数是把价格看作因变量,需求量看作自变量。不过,尽管存在上述差异,不进行严格区分也不会影响分析的准确性。

个分支,见图 3.2(c)。在这种情况下,当价格发生 1% 的变化时,需求量也发生 1% 的变化。

(4) 需求缺乏弹性,$E_d < 1$。 这时需求量变化的百分比小于价格变化的百分比,较大的价格变动只能引起较小的需求量的变化。通常,现实生活中的必需品就属于这种类型,如日常调味品、大米、面粉等。反过来,我们也可以把需求缺乏价格弹性的商品和服务称为必需品。

(5) 需求富有弹性,$E_d > 1$。 这时需求量变化的百分比大于价格变化的百分比,较小的价格变动就能引起较大的需求量的变化。通常,现实生活中的奢侈品就属于这种类型,如,桑拿浴、保龄球、酒店餐饮和高档美容等。反过来,我们也可以把需求富有价格弹性的商品和服务称为奢侈品。

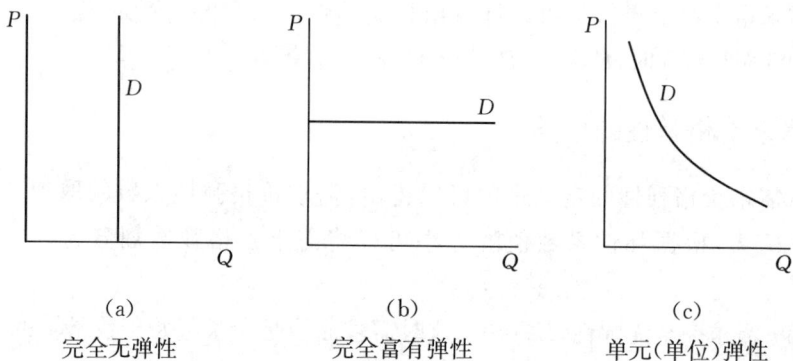

(a)　　　　　　　　　(b)　　　　　　　　　(c)
完全无弹性　　　　　完全富有弹性　　　　单元(单位)弹性

图 3.2　不同需求弹性情况下需求曲线的形状

三、判断需求价格弹性大小的几种定性方法

如果我们得到了具体的需求函数,那么运用点弹性的计算方法,可以很容易地计算出需求价格弹性系数。在没有需求函数,甚至连关于需求量和价格的散点资料也缺乏时,如何来判断某种商品或服务的需求价格弹性的大小呢? 从下述四个方面,我们可以大致确定弹性系数的大小,从而使生产者不至于出现方向性的错误。

1. 该商品或服务的主要用途方面是否存在替代品,替代程度的大小

如果一种商品或服务几乎不存在替代品,那么可以肯定其弹性较小。例如,煤气、电、电话等就是如此。电从照明的角度来说,虽然还有蜡烛等替代品,但从电更多地作为动力源或家用电器的能源方面来看,几乎找不到替代品,由此其弹性系数较小。反过来,如果这种商品或服务存在大量的替代品,则其弹性系数会较大。例如,百事可乐作为一种软饮料,就存在大量的替代品,可口可乐、七喜等

都是其替代品,当百事可乐的价格提高时,消费者很快就会转向其他软饮料品牌。此外,当某种商品或服务存在替代品时,还要考察其替代程度的大小,替代程度越小,弹性系数越小。在上述例子中,电和蜡烛在照明方面有替代性,但蜡烛对电的替代程度很小。而在百事可乐和可口可乐之间替代程度就极大,甚至在没有标识的情况下,人们很难区分这两种饮料。

2. 消费者在该项商品或服务方面的支出占总支出中的比重

消费者在该项商品或服务方面的支出占总支出的比重越大,弹性系数通常越大,例如,许多大件耐用的消费品,弹性系数就较大。事实上,这一点反映了该商品或服务在消费中的重要性程度,当支出比重较大时,价格较小的变化也能对消费者的实际收入产生较大的影响。反之,如果该项支出所占比重很小,则即使价格发生了较大的变化,对消费者的实际收入水平的影响也是微乎其微的,这时弹性系数就小。例如,女性化妆用的棉签,价格从 2 元一包涨到 5 元一包,可能该消费者每月都是使用一包棉签,不会有较大的变化。再如,日常生活中的调味品也是如此。

3. 该商品在消费中的重要性

一般说来,当某种商品或服务对人的生存产生重大影响时,其弹性系数较小,而对人的生存可有可无时,其弹性系数较大。例如,食品、药品等对人的生存影响重大,弹性系数一般较小。反之,如桑拿浴、保龄球等,一个人一辈子不洗一次桑拿浴,不打一次保龄球,对人的生存也没有任何影响,其弹性系数较大。

4. 调节的时间长短

当消费者进行调节的时间较长时,寻找替代品以及进行其他方面的调整也就比较容易,因而需求价格弹性系数较大。而调节时间较短时,消费者一时无法找到相应的替代品,进行其他调整也比较困难,这时的弹性系数较小。突出的例子是石油价格的变化。据美国的经济学家估计,汽油的短期价格弹性系数为 0.2,即短期内价格上涨 1%,需求量仅下降 0.2%,而其长期的价格弹性系数为 0.7。这是因为,在短期内,消费者仍将保留其较为耗油的汽车,取暖也仍会使用燃油。而在长期内,消费者将选择节油效果较好的汽车,取暖也用其他燃料替代,这时的弹性就会变大。

在判断需求价格弹性大小时,还有一点要注意,即考察一种商品或服务的弹性时,其定义范围是较为宽泛还是较为明确狭窄。定义范围越是宽泛,我们越不容易找到替代品,弹性越小,相反,越是明确狭窄,替代品就越容易找到,弹性越大。例如,当我们研究饮料的需求价格弹性时,替代饮料的产品不太容易获得,如果我们研究软饮料时,替代品就会增加,进而,如果我们研究百事可乐时,替代品会多得不可胜数。

四、需求价格弹性和总收益

在本章的引言中曾经提到"薄利多销"和"谷贱伤农"两种观点,事实上这两种观点涉及不同的需求价格弹性情况下,当价格发生一定程度变化时,厂商的销售总收益(相对于消费者来说就是购买总支出)会如何变化的问题。

厂商的销售总收益(total revenue,TR)等于商品或服务的价格乘以需求量,用公式表示为:

$$TR = P \cdot Q$$

其中,P 表示价格,Q 表示需求量或销售量。前面我们曾经提出的需求规律说明,价格和需求量总是沿着需求曲线呈反方向变化。这样,价格变化和需求量的变化对于总收益的影响正好相反。当厂商保持一定的产量水平,当价格发生变化时,对于总收益的影响称为价格效应(price effect)。根据需求规律,当价格发生变化时,销售量不会保持不变,而是向着与价格变化相反的方向变动。销售量会由于价格的降低而增加,由于价格提高而减少。销售数量增加时,如果产品销售价格不变,会使总收益增加,反之,会使总收益减少。我们把这种在某种给定价格水平下,由于销售量的变化而给总收益带来的效应,称为产量效应。价格效应和产量效应总是使总收益向相反的方向变化,总收益将沿着作用更强的方向变动。如果两种效应同样大,总收益将不发生变化。下面我们结合需求价格弹性系数的大小,分别研究价格变化与销售总收益的关系。

1. 需求缺乏弹性($E_d < 1$),厂商提高价格或降低价格

当厂商提高价格时,价格效应为正,可以增加总收益,但价格提高会使需求量减少,产量效应为负,会降低总收益,最终总收益如何变化要看需求弹性的大小。当需求缺乏弹性时,提高价格带来总收益增加的幅度大于由此造成的需求量减少而减少的总收益,对总收益影响的净效应为正,即总收益是增加的。如下所示,当 $E_d < 1$ 时,当价格提高 1%,会带来总收益提高 1%,但价格提高的同时又会带来需求量下降,不过需求量下降的幅度小于 1%,即由此造成的总收益降低幅度小于 1%,从净的效应来看,总收益是增加的。

$$
\begin{array}{ccccc}
\uparrow & & \uparrow & & \downarrow \\
TR & = & P & \times & Q \\
\text{净效应为正} & & 1\% & & <1\%
\end{array}
$$

反过来,厂商降低价格时,价格效应为负,产量效应为正,降低价格带来总收益减少的幅度大于由此造成的需求量增加而增加的总收益,对总收益影响的净效应为负,即总收益是减少的。

2. 需求富有弹性($E_d > 1$),厂商提高价格或降低价格

在此,如果厂商提高价格,价格效应同样为正,可以增加总收益,这时,价格提高又会使需求量减少,产量效应为负,会降低总收益。由于需求富有弹性,提高价格带来总收益增加的幅度小于由此造成的需求量减少而减少的总收益,对总收益影响的净效应为负,即总收益是降低的。如下所示,当 $E_d > 1$ 时,当价格提高 1%,会带来总收益提高 1%,但价格提高的同时又会带来需求量下降,而且需求量下降的幅度大于 1%,由此造成的总收益降低幅度大于 1%,从净的效应来看,总收益是减少的。

$$\downarrow \qquad \uparrow \qquad \downarrow$$

$$\begin{array}{cccc} TR & = & P & \times & Q \\ \text{净效应为负} & & 1\% & & >1\% \end{array}$$

反过来,厂商降低价格时,价格效应为负,产量效应为正,降低价格带来总收益减少的幅度小于由此造成的需求量增加而增加的总收益,对总收益影响的净效应为正,即总收益是增加的。

综合上述分析可得出一条基本的结论,即当需求缺乏弹性时,价格变化方向与总收益变化方向相同,当需求富有弹性时,价格变化方向与总收益变化方向相反(参见表 3.1)。

表 3.1　需求价格弹性和总收益的关系

需求价格弹性 Ed	价格变化方向	需求变化方向	总收益变化方向
$E_d < 1$	上升 下降	下降较少 上升较少	上升 下降
$E_d > 1$	上升 下降	下降更大 上升更大	下降 上升
$E_d = 1$	上升 下降	同比例下降 同比例上升	不变 不变

第三节　需求收入弹性和交叉弹性

一、需求收入弹性

1. 需求收入弹性的定义和计算

需求收入弹性是指当消费者的收入水平变化后对某种商品或服务的需求的影响程度,可以表示为该商品或服务的需求量变化的百分比除以消费者收入变化的百分比。令 E_m 为需求的收入弹性系数,用 M 和 ΔM 分别表示变动前的收入和收入的变化量,用 Q 和 ΔQ 分别表示变动前的需求和需求的变化量,可得下列定义式:

$$E_m = \frac{需求量变化的百分比}{收入变化的百分比} = \frac{\frac{\Delta Q}{Q}}{\frac{\Delta M}{M}} = \frac{\Delta Q}{\Delta M} \cdot \frac{M}{Q}$$

与需求的收入弹性系数一样,计算收入弹性时,也面临着衡量基础选择的问题。当收入和需求变化的幅度较小时,上面的定义式能较好地反映收入对该商品或服务需求的影响,当收入和需求变化的幅度较大时,需要对上式进行修正,同样可以采用变化前后的收入和需求的算术平均值,计算公式如下所示:

$$E_m = \frac{\frac{\Delta Q}{\frac{Q_1 + Q_2}{2}}}{\frac{\Delta M}{\frac{M_1 + M_2}{2}}} = \frac{\Delta Q}{\Delta M} \cdot \frac{M_1 + M_2}{Q_1 + Q_2}$$

例如,某地区统计表明,去年人均收入为 4 000 元,今年将有大幅度增长,可以达到人均 5 000 元,该地区的液晶电视的需求量将从去年的 800 台增加到 1 200 台。根据上述数据,我们可计算出液晶电视的需求收入弹性系数。

设 $M_1 = 4\,000$, $M_2 = 5\,000$, $\Delta M = M_2 - M_1 = 5\,000 - 4\,000 = 1\,000$

$Q_1 = 800$, $Q_2 = 1\,200$, $\Delta Q = Q_2 - Q_1 = 1\,200 - 800 = 400$

则该种液晶电视的需求收入弹性为:

$$E_m = \frac{\Delta Q}{\Delta M} \cdot \frac{M}{Q} = \frac{400}{1\,000} \cdot \frac{4\,000}{800} = 2$$

该结果表明,当人均收入变化 1% 时,其需求量将变化 2%。

上例的计算是以变化前的收入和需求量为依据的,同样可以以变化前后的算术平均数为基础计算,可得:

$$E_m = \frac{\Delta Q}{\Delta M} \cdot \frac{M_1 + M_2}{Q_1 + Q_2} = \frac{400}{1\,000} \cdot \frac{(4\,000 + 5\,000)}{(800 + 1\,200)} = \frac{9}{5} = 1.8$$

2. 需求收入弹性的类别

在其他条件给定的情况下,需求收入弹性系数的取值范围为全体实数,即当收入增加的情况下,需求可能增加也可能减少;反过来,收入减少的情况下,需求也可能增加也可能减少。这样,弹性系数可以为正、为负和为零。

(1) 正常品,$E_m > 0$。这时,随着消费者收入水平的提高,对这种商品或服务的需求随之增加,当消费者收入水平降低时,对这种商品或服务的需求随之减少,收入与需求呈现同方向变化,因此弹性系数为正。此外,对必需品和奢侈品也可以从收入弹性系数的大小来区分,一般而言,当收入弹性系数大于 1 时,该商品或服务为奢侈品,而当收入弹性系数大于 0 小于 1 时,该商品或服务为必需品。

(2) 低档品,$E_m < 0$。这时,随着消费者收入水平的提高,对这种商品或服务的需求反而减少,反过来,当消费者收入水平降低时,对这种商品或服务的需求会增加,收入与需求呈现反方向变化,由此弹性系数为负。具有这种特征的商品或服务称为低档品。

需要注意的一点是,在一定时期、收入区间、国家或区域内收入弹性为正的商品或服务,在另一时期、收入区间、国家或区域其收入弹性可能为负。例如,就我国一些地区来说,在消费者收入水平月均小于 1 500 元时,大米是一种正常品,其收入弹性为正,当消费者的月收入水平提高到 5 000 元时,对大米的消费量反而会下降,大米变成了低档品,收入弹性变成负数。

二、需求交叉弹性

1. 需求交叉弹性的定义和计算

需求交叉弹性是度量一种商品或服务的需求量对另一种商品或服务的价格变化的反应程度,或定义为一种商品或服务的价格变化对另一种商品或服务需求量的影响程度。令 E_{xy} 为需求交叉弹性系数,用 P_x 和 ΔP_x 分别表示 X 商品或服务变动前的价格和价格的变化量,用 Q_y 和 ΔQ_y 分别表示 Y 商品或服务变动前的需求和需求的变化量,可得下列定义式:

$$E_{xy} = \frac{y\ 商品需求量变化的百分比}{x\ 商品价格变化的百分比} = \frac{\dfrac{\Delta Q_y}{Q_y}}{\dfrac{\Delta P_x}{P_x}} = \frac{\Delta Q_y}{\Delta P_x} \cdot \frac{P_x}{Q_y}$$

与前面相类似,当一种商品的价格和另一种需求量变化的幅度较小时,上面的定义式能较好地反映另一种商品或服务对该商品或服务需求量的影响,当价格和需求量变化的幅度较大时,需要对上式进行修正,同样可以采用变化前后的价格和需求的算术平均值,计算公式如下所示:

$$E_{xy} = \frac{\Delta Q_y}{(Q_{y1}+Q_{y2})/2} \div \frac{\Delta P_x}{(P_{x1}+P_{x2})/2} = \frac{\Delta Q_y}{\Delta P_x} \cdot \frac{(P_{x1}+P_{x2})}{(Q_{y1}+Q_{y2})}$$

2. 需求交叉弹性的类别

根据另一种商品或服务价格变化后,该商品或服务需求量变化的方向和幅度,可以得出需求交叉弹性系数可能取正值、零和负值。

(1) 替代品,$E_{xy} > 0$。当需求交叉弹性系数为正值时,意味着 X 商品价格变化方向与 Y 商品需求量变化方向相同,即当 X 商品价格提高时,消费者会从 X 商品转向购买 Y 商品,从而增加对 Y 商品的需求量,由此可得,X 和 Y 商品存在相互替代的关系,交叉弹性系数越大,替代性越强。

(2) 互补品,$E_{xy} < 0$。当需求交叉弹性系数为负值时,表示 X 商品价格变化方向与 Y 商品需求量变化方向相反,即当 X 商品价格提高时,消费者会同时减少 Y 商品的需求量,可得,X 和 Y 商品在消费上存在相互补充的关系,交叉弹性系数的绝对值越大,则互补性越强。

(3) 无关品,$E_{xy} = 0$。当需求交叉弹性系数为零时,表明当 X 商品价格变化时,Y 商品的需求量没有任何变化,或者变化量极小以至于可以忽略不计,即 X 和 Y 商品在消费上不存在相关关系,这两种商品互为无关品。

第四节　需求弹性估算

一、使用需求函数计算需求弹性

通常,为了教学方便以及保留变量系数的经济意义,我们常用的需求函数采取字母形式来表达,如上一章提供的需求函数采取下列形式:

$$Q_d = a_1 P_x + a_2 I + a_3 P_y + a_4 F + a_5 P_e + a_6 N + b$$

或者,采取单变量的线性需求函数。在管理实践中,常常会面临多种因素对需求产生影响的情况,我们可以通过经济计量学的方法回归得到这一函数,这一函数一旦获得,就可以运用数学方法计算出在各种条件的需求弹性值来。下面以一个数字例子来说明,更多的例子参见本章习题。

下式是一个运用回归方法得到的某商品的需求函数:

$$Q_d = -5P_x + 1.87I - 1.26P_y + 0.94F + 1.34P_z + 160.58$$

式中，Q_d表示该商品的需求量，P_x表示该商品自身的价格，P_y表示该商品的互补品的价格，P_z表示该商品的替代品的价格，I表示消费者的收入，F表示消费者的偏好。在此说明一点，由于消费者的偏好是消费者主观态度的表现，很难直接度量，一般可以采取两种方法来量化，其一是分等定分法，其二是替代法。前者是将拟研究商品置于整个市场环境中，通过市场实际调研的办法，与其他相关产品进行比较（如两两比较、排序等），确定该商品的相对位置，并根据相对位置给出该变量的值。后一种方法是用影响消费者偏好的相关变量来替代消费者偏好，例如广告量、商品推广费用等。本处采取的是前一种方法，为便于计算，中位数设为100，最大值为200，最小值为0。

如果今年各变量的取值如下：

$$P_x = 225,\ P_y = 25,\ P_z = 230,\ I = 1\,200,\ F = 100$$

将这些数据代入需求函数，可得：

$$\begin{aligned}Q_d &= -5 \times 225 + 1.87 \times 1\,200 - 1.26 \times 25 \\ &\quad + 0.94 \times 100 + 1.34 \times 230 + 160.58 \\ &= 1\,650.28\end{aligned}$$

从上述结果可得，今年对本商品的需求量为1 650.28个单位。结合给定的数据，我们可以计算下列的弹性值。

1. 计算需求价格弹性

$$E_d = -\frac{\partial Q}{\partial P_x} \cdot \frac{P_x}{Q} = -(-5) \times \frac{225}{1\,650.28} = 0.682$$

即本商品需求缺乏价格弹性，价格变化1%，需求量将变化0.682%。

2. 计算需求收入弹性

$$E_m = \frac{\partial Q}{\partial I} \cdot \frac{I}{Q} = 1.87 \times \frac{1\,200}{1\,650.28} = 1.360$$

即本商品为正常品，收入提高1%，需求量将增加1.36%。

3. 计算需求交叉弹性

由于需求函数中既包括互补品（Y商品），也包括替代品（Z商品），因此要计算两个交叉弹性系数，其中与Y商品的交叉弹性系数用E_{xy}表示，与Z商品的交叉弹性系数用E_{xz}表示。

$$E_{xy} = \frac{\partial Q_x}{\partial P_y} \cdot \frac{P_y}{Q_x} = -1.26 \times \frac{25}{1\,650.28} = -0.02$$

$$E_{xz} = \frac{\partial Q_x}{\partial P_z} \cdot \frac{P_z}{Q_x} = 1.34 \times \frac{230}{1\ 650.28} = 0.187$$

这两个弹性系数值表明,Y 商品与 X 商品的互补性不是很强,而 Z 商品与 X 商品的替代性也比较弱。

计算出上述弹性系数值后,生产者就可以根据弹性值的大小来分析一定的决策对市场需求量的影响。例如,由于本商品的需求价格弹性为 0.682,这样生产者降价会减少总收益水平,而提价则可以提高总收益。又如,本商品的需求收入弹性为 1.36,假如明年消费者收入增加 10% 的话,就可以预测对本厂商的商品的需求水平会增加 13.6%。

二、根据散点资料计算需求弹性

有些情况下,生产者由于时间、经费、市场环境等的限制,不可能获得关于本厂商生产的产品或提供的服务的数据,如比较全面的价格、偏好、其他商品的价格及需求量等信息,往往只有几组散点资料。在这种情况下,生产者一方面可以根据经验对需求弹性值的范围进行判断,另一方面可以用这些散点数据近似地估算需求弹性系数。不过,要指出的是,这样计算出来的弹性值准确度较低,应用这样的数据出现错误的概率也较高。由于可直接代入前面的公式中进行计算,这里不再赘述。

三、边际收益和需求价格弹性

生产者在决策过程中,是要寻求目标函数的最优化(目标函数可以是利润、收益、成本,甚至是员工满意度),优化决策中常用的方法就是边际分析,即生产者采取某种管理行动后,某一经济变量在一定范围内变化,生产者要确定这一行动能否使最大化问题的值进一步增大,或者最小化问题的值进一步减少。如果这种变化趋势满足了生产者的要求,那么,我们就可以在这一方向进一步调整,逐步使目标函数达到极值。例如,生产者拟增加产量,就要考虑产量增加后,增加的成本和增加的收益,当增加的成本大于增加的收益时,生产者就不应当增加产量,反而通过减少产量能提高利润。这里所说的增加的收益,就是边际收益(marginal revenue, MR)概念。

边际收益是指增加一个单位某种产品的销售量所带来的总收益的变化量。如果用 ΔTR 表示总收益的变化量,ΔQ 表示销售量的变化量,则边际收益的定义式为:

$$MR = \frac{\Delta TR}{\Delta Q} = \frac{\mathrm{d}TR}{\mathrm{d}Q}$$

在上式中,后面的部分是用导数的形式表示的,即总收益函数对销售量求一阶导数可得。

当需求函数是线性的情况下,其函数形式为 $P = a + bQ$,在以价格为纵轴,产量为横轴时,该线性需求曲线与纵轴相交于 A 点,与横轴相交于 B 点(如图 3.3所示),则总收益 $TR = PQ = aQ + bQ^2$,可得边际收益 $MR = a + 2bQ$,由此,边际收益曲线也是线性的,其斜率是需求曲线斜率的 2 倍,与纵轴的交点也是 A 点,而与横轴的交点 C 正好位于 OB 线的中点。

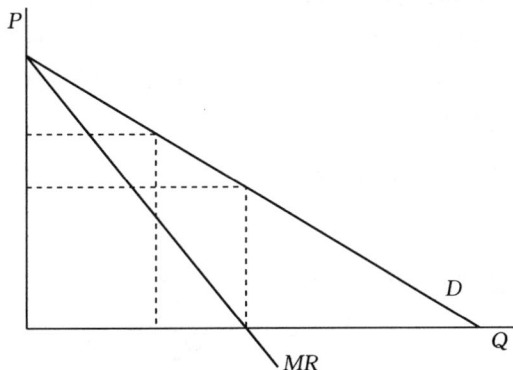

图 3.3　线性需求曲线和边际收益曲线

在实践中,边际收益、价格与需求价格弹性之间的关系相当重要。例如,当厂商实施差别价格时,就可以根据这一关系制定在不同的细分子市场上的价格策略,详细内容将在后面阐述,这里主要推导这三者之间的关系。

这一关系可以用对总收益函数求导数的办法得到,也可以用差分形式推导。

设厂商面对的需求函数为:

$$Q = f(P)$$

则厂商总收益为:

厂商的边际收益是总收益对产量的一阶导数,可得:

$$TR = P \times Q = f(P)P$$

令 E_d 为需求的价格弹性系数,则有:

$$MR = \frac{\mathrm{d}TR}{\mathrm{d}Q} = P + Q\frac{\mathrm{d}P}{\mathrm{d}Q} = P\left(1 + \frac{Q}{P} \cdot \frac{\mathrm{d}P}{\mathrm{d}Q}\right)$$

代入上式,可得:

$$E_d = -\frac{\frac{\Delta Q}{Q}}{\frac{\Delta P}{P}} = -\frac{dQ}{dP} \cdot \frac{P}{Q}$$

$$MR = P\left(1 + \frac{1}{E_d}\right) = P\left(1 - \frac{1}{|E_d|}\right)$$

上述推导是在存在连续可导的需求函数的情形下,当只有几组价格和需求量数据的情形下,可以用另一种方法近似地指导出上述关系。

设当价格为 P_1 时,需求量为 Q_1,价格变化为 P_2 时,需求量为 Q_2,可得 $\Delta P = P_2 - P_1$,$\Delta Q = Q_2 - Q_1$,即 $P_2 = P_1 + \Delta P$,$Q_2 = Q_1 + \Delta Q$,当然由于价格与需求量呈反方向变化,ΔP 和 ΔQ 的值为一正一负,降价时 ΔP 为负,ΔQ 为正;反之,提价时 ΔP 为正,ΔQ 为负。

厂商在价格变化前的总收益 TR_1 为:

$$TR_1 = P_1 \cdot Q_1$$

价格变化后的总收益 TR_2 为:

$$TR_2 = P_2 \cdot Q_2$$

则边际收益 MR 为:

$$MR = \frac{TR_2 - TR_1}{Q_2 - Q_1} = \frac{P_2 \cdot Q_2 - P_1 \cdot Q_1}{\Delta Q}$$

$$= \frac{(P_1 + \Delta P)(Q_1 + \Delta Q) - P_1 \cdot Q_1}{\Delta Q}$$

$$= \frac{P_1 \cdot Q_1 + P_1 \cdot \Delta Q + \Delta P \cdot Q_1 + \Delta P \cdot \Delta Q - P_1 \cdot Q_1}{\Delta Q}$$

$$\approx \frac{P_1 \cdot \Delta Q + \Delta P \cdot Q_1}{\Delta Q} \text{(由于 } \Delta P \cdot \Delta Q \text{ 很小可忽略不计)}$$

$$= P_1\left(1 + \frac{Q_1}{P_1} \cdot \frac{\Delta P}{\Delta Q}\right)$$

$$= P_1\left(1 - \frac{1}{|E_d|}\right)$$

由上面的边际收益、价格和需求价格弹性的关系式,结合图 3.4,边际收益可为正、为零、为负,相对应,线性需求曲线上任意一点的弹性值不相同。在线性需求曲线的中点弹性等于 1,为单元弹性;中点以上部分任何一点的弹性系数大于 1,为富有弹性;中点以下部分任何一点的弹性系数小于 1,为缺乏弹性。特别地,在边际收益与需求曲线在纵轴的交点(A 点),弹性系数等于无穷大,为完全富有弹性。需求曲线与横轴的交点(B 点),弹性系数等于零,为完全无弹性。

$$由 MR > 0, 得 P\left(1 - \frac{1}{|E_d|}\right) > 0$$

$$可得\left(1 - \frac{1}{|E_d|}\right) > 0, 化简后, 可得 |E_d| > 1$$

$$由 MR < 0, 得 P\left(1 - \frac{1}{|E_d|}\right) < 0$$

$$可得\left(1 - \frac{1}{|E_d|}\right) < 0, 化简后, 可得 |E_d| < 1$$

$$由 MR = 0, 得 P\left(1 - \frac{1}{|E_d|}\right) = 0$$

$$可得\left(1 - \frac{1}{|E_d|}\right) = 0, 化简后, 可得 |E_d| = 1$$

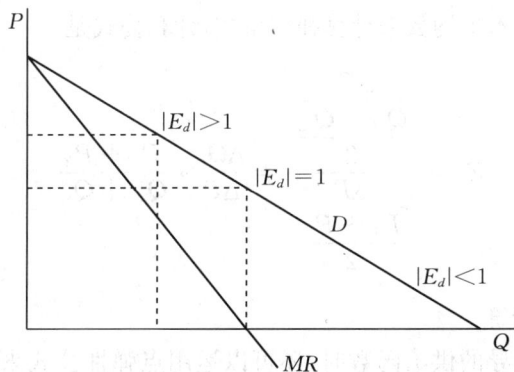

图 3.4　线性需求函数、边际收益和需求价格弹性的关系

这一点从需求价格弹性的定义式中也可得到,由于需求曲线是线性的,其斜率保持不变,而需求曲线上各点的位置是不同的,所以在各点上计算出来的点弹性系数也就是不同的。

第五节　供　给　弹　性

一、供给弹性的定义和计算

1. 供给价格弹性的定义

供给弹性中最为常用的是供给价格弹性,在没有特别说明的情况下供给弹性就是指供给价格弹性。同样,可以从几个角度定义,一是可以定义为价格变动对供给量产生的影响程度,二是可以定义为供给量对价格变动的反应程度,操作性的定义是价格变化1%所引起的供给量变化的百分比。用 *Es* 表示供给价格弹性系数,用 P 和 ΔP 分别表示变动前的价格和价格的变化量,用 Q_s 和 ΔQ_s 分别表示变动前的供给量和供给量的变化量,可得下列定义式:

$$E_s = \frac{\text{供给量变化的百分比}}{\text{价格变化的百分比}} = \frac{\frac{\Delta Q_s}{Q_s}}{\frac{\Delta P}{P}} = \frac{\Delta Q_s}{\Delta P} \cdot \frac{P}{Q_s}$$

这里,由于供给量和价格呈同方向变化,因此当价格提高时,供给量增加,价格降低时,需求量减少。

2. 弧弹性的计算

同样,当价格变动幅度较大,上述定义式的计算结果会因为选择的基点不同,得出不同的供给价格弹性值。为了修正这种缺陷,实践中通常采用价格和供给量变化前后的算术平均数来计算弹性系数,计算公式是:

$$E_s = \frac{\frac{\Delta Q_s}{\frac{Q_{s1} + Q_{s2}}{2}}}{\frac{\Delta P}{\frac{P_1 + P_2}{2}}} = \frac{\Delta Q_s}{\Delta P} \cdot \frac{P_1 + P_2}{Q_{s1} + Q_{s2}}$$

3. 点弹性的计算

当存在连续可导的供给函数时,还可以运用点弹性公式来计算供给价格弹性系数。这一公式可由微分的办法得到:

$$E_s = \lim_{\Delta P \to 0} \frac{\Delta Q_s}{\Delta P} \cdot \frac{P}{Q_s} = \frac{dQ_s}{dP} \cdot \frac{P}{Q_s}$$

当供给函数[$P = P(Q_s)$]的形式给定时,上式中 dQ_s/dP 就是供给曲线上在点 (Q_s, P) 的切线的斜率,P/Q_s 比值实际上确定了要考察的点的位置。

二、供给价格弹性的分类

根据供给价格弹性的定义,供给价格弹性系数的取值范围为零到无穷大。根据弹性系数值的大小,可以将供给价格弹性划分为以下几种类型:

(1) 供给完全无弹性,$E_s = 0$。这时供给曲线是一条起始于数量轴的垂线,见图 3.5(a)。从定义式中可知,当价格发生变化后,供给量不发生任何变化时,供给价格弹性系数就等于零,即 ΔP 不为零时,ΔQ 等于零。在供给场合下,这种情况并不少见,例如短期内企业无法改变固定资产的投入时,再如古董,即使价格有很大变化,古董也不会有丝毫增加,当然古董价格的提高会促使人们去寻找更多的来源,存留在世的古董总量不会增加,但价格会促使更多的古董提供到市场上来。

(2) 供给完全富有弹性,$E_s \to \infty$。这时供给曲线也是一条起始于价格轴的水平线,见图 3.5(b)。即当价格稍微发生一点变化,供给量就会发生极大的变化,供给对价格的变动极为敏感。

(3) 供给单元弹性,$E_s = 1$。这时供给曲线是起始于原点的一条射线时,见图 3.5(c)。在这种情况下,当价格发生 1% 的变化时,供给量也发生 1% 的变化。

(4) 供给缺乏弹性,$E_d < 1$。这时供给量变化的百分比小于价格变化的百分比,较大的价格变动只能引起较小的供给量的变化。一般而言,对于那么增加生产比较困难的产品,往往在价格变动后供给的变动较小。

(5) 供给富有弹性,$E_d > 1$。这时供给量变化的百分比大于价格变化的百分比,较小的价格变动就能引起较大的供给量的变化。通常而言,当增加生产比较容易,或者企业保留着较大的剩余生产能力时,价格较小的变动就会引起供给量的较大幅度的变化。

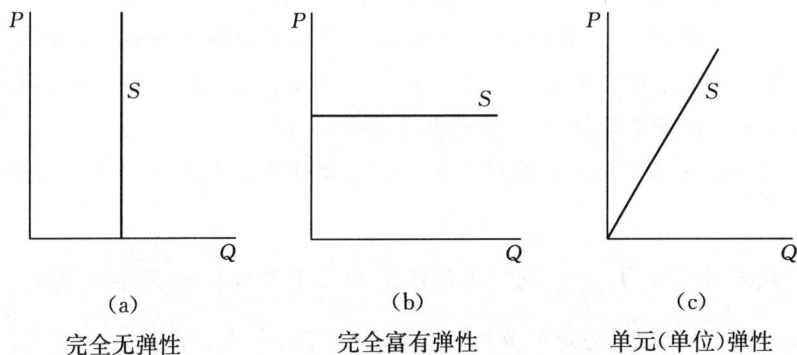

(a)	(b)	(c)
完全无弹性	完全富有弹性	单元(单位)弹性

图 3.5 不同供给价格弹性情况下供给曲线的形状

习题三

1. 需求的价格弹性等于( )。

A. 需求曲线上两点间价格的绝对变动除以需求量的绝对变动

B. 收入的百分比变动除以价格减少的百分比

C. 需求量变动的百分比除以价格变动的百分比

D. 需求曲线的斜率

2. 当某人在一定的价格范围内,既不会增加也不会减少对某商品的支出量,在这一价格范围内,他的需求为(   )。

A. 具有完全弹性 　　　　　　　　B. 完全无弹性

C. 富有弹性 　　　　　　　　　　D. 单位弹性

3. 下列哪种情况会使总收益增加?(   )

A. 价格上升,需求缺乏弹性 　　　B. 价格下降,需求缺乏弹性

C. 价格上升,需求富有弹性 　　　D. 价格下降,需求单位弹性

4. 一条完全无弹性的供给曲线在图上表示为(   )。

A. 一条垂直线 　　　　　　　　　B. 一条水平线

C. 直线,向右下方倾斜 　　　　　D. 曲线,向右下方倾斜

5. 当供给曲线为一条通过原点的射线时,供给价格弹性为(   )。

A. 单位弹性 　　　　　　　　　　B. 缺乏弹性

C. 富有弹性 　　　　　　　　　　D. 无法确定

6. 在一些经济学教科书中经常会发现这样的表述:当需求富有价格弹性时,需求曲线比较平坦,而当需求缺乏价格弹性时,需求曲线比较陡直。这种说法正确吗? 为什么? (提示:注意弹性和斜率的区别)

7. 某商品价格为 20 元时,需求量为 50 单位,而价格下降到 5 元时,需求量为 150 单位,(1)请以变化前后的价格和需求量为基础计算需求价格弹性,比较这样计算出来的两个弹性值。(2)计算平均价格弹性。

8. 某商品的需求函数为 $Q_d = 100 - 4P$,试计算价格为 10、12 及 15 时的点弹性。

9. 试证明形如 $Q_d = \dfrac{b}{P}$ 的需求函数(b 为大于零的常数)为单位弹性。

10. 某公司经理认为薄利多销的策略始终可以成立。你认为这种说法正确与否? 为什么?

11. 某企业产品的需求函数为 $Q_d = 15 - 0.15P$,P 为价格,该企业的经理试图将价格从目前的 8 元提高一些。当价格提高后总收益会如何变化? 该企业是否应当提价? (仅从对总收益的影响而言)为什么?

12. 某企业面临的需求函数为 $Q_d = 200 - 4P + 12I$,其中 I 为收入,设当前人们的收入为 2 000 元,收入弹性是多少? 该商品是正常品还是劣等品? 为什么?

13. 张三通过市场调研得到两种产品 A、B 和 C 的如下数据:当 A 产品的

价格提高 1%，人们对 B 产品的需求会增加 2%，人们对 C 产品的需求会减少 1.5%。试确定 A 和 B 及 A 和 C 之间的相互关系，并求出 B 产品对 A 产品的交叉价格弹性及 C 产品对 A 产品的交叉价格弹性。

14. 你认为在下面几种情况下对人们旅游的需求价格弹性会产生什么样的影响？

(1) 国庆节集中休假；

(2) 人们越来越担心恐怖袭击；

(3) 政府对旅行社的管制越来越严格；

(4) 旅行社的经营成本提高；

(5) 电视台在假期中连续不断地播放优秀影片。

第四章

消费者行为理论

表面看上去商家的各种促销手段影响着消费者的选择，其实正是消费者的行为模式左右商家的策略。

——题记

价格管制能够在政治上取得成功的原因之一就是其产生的部分成本被掩盖了。甚至是可以见到的短缺现象也没有道出其中的全部事实。例如在住房问题上的质量下降问题，其实在价格被政府人为降低的很多其他产品和服务中也是很常见的。

——索维尔，《诡辩与真相——经济学入门》

学 习 目 标

通过本章的学习，你应当能够：

1. 理解消费者偏好、效用和边际效用的基本含义；
2. 掌握消费者偏好和无差异曲线之间的关系以及无差异曲线的基本性质；
3. 掌握消费者预算约束问题；
4. 掌握预算线的含义及预算线的移动；
5. 熟悉消费者均衡的形成，并掌握消费者均衡的基本条件；
6. 理解价格变动对消费者均衡影响的替代效应和收入效应；
7. 熟悉单个消费者需求曲线的推导和市场需求曲线的推导。

前面两章介绍了需求和需求弹性，但没有说明形成需求曲线特征的基本原因，从另一个意义上说，生产者对需求背后起作用的原因与需求曲线本身的特点同样感兴趣。因为对于任何厂商（企业）来说，吸引消费者的注意力，激发消费者购买自己产品的欲望，是其确保企业生存、赢得市场地位，进而获取利润的源泉。因此，理解消费者行为是制定合理的价格、进行产品开发、确定营销战略以及安排生产计划的基础性步骤。

本章主要介绍经济学中关于消费者行为的基本理论。这一理论建立在消费者是理性的基础上,即消费者依据个人满足程度最大的原则选择相应的产品及其数量。消费者理性选择中,涉及对消费者个人满足程度的衡量问题,本章将介绍衡量消费者偏好的基本工具——无差异曲线(indifference curve)。另一方面,消费者又是在一定的收入或其他条件的约束下进行选择的,我们还将介绍最基本的表达收入预算约束的重要工具——预算线(budget line)。在上述基础上,研究消费者均衡问题,即消费者在何种条件下决定了消费何种产品以及每一种产品的消费数量,最终得出消费者均衡的基本条件。由于需求函数是消费者行为结果的反映,本章还将介绍运用消费者均衡推导出向右下方倾斜的需求曲线。

第一节 无差异曲线

一、消费者偏好、效用和边际效用

1. 消费者偏好和效用的基本含义

简单地说,消费者偏好(consumers' preference)是指消费者对某一种商品或服务的喜好程度,或者是指决定消费者在两种或两种以上商品或服务间进行选择的态度。消费者偏好往往会随着流行趋势或时尚的变化而变化,同时还会受到广告以及其他类型的销售促进的影响。此外,由于技术进步而出现的新产品也会改变消费者偏好。不过,为了分析方便,通常在经济学研究中将消费者偏好视为给定的。

2. 消费者偏好的理性假定

经济学分析中,将消费者视为理性的,这里理性一词主要表达了消费者能够作出明确的、前后一贯的、不矛盾的选择,或者指消费者有能力在面对各种商品或服务及其组合的情况下能作出明确的判断。

如果我们将 A、B 和 C 定义为三种消费组合,每一组合中包含一定数量的商品或服务,用符号">"表示"优于","<"表示"劣于","~"表示"无差异"。那么,对于理性的消费者,其偏好关系具备以下几个性质:

(1)完备性。对于任意两个商品或服务的组合 A 和 B,消费者可以明确作出下述三种判断中的一种:对 A 的偏好大于对 B 的偏好($A > B$),对 A 的偏好小于对 B 的偏好($A < B$),对 A 和 B 的偏好是相同的或称对 A 和 B 的偏好是无差异的($A \sim B$)。

(2)传递性。对于给定三种消费组合 A、B 和 C,当 $A > B$ 且 $B > C$ 时,

则 $A > C$,用文字表述就是如果消费者认为 A 组合优于 B 组合,而且 B 组合优于 C 组合,一定有 A 组合优于 C 组合。

(3) 单调性。单调性的性质又可以称为是"多多益善"原则,即在其他状况都一样的条件下,某商品或服务越多,消费者就感到越满意。当然,涉及污染等负商品,"多多益善"的原则应调整为去除这些负商品越多越好。

3. 效用和边际效用

在经济学中,对消费者对某种商品或服务的偏好程度通常用效用(utility)单位来衡量。早期的效用称为基数效用,即认为商品或服务能带给人们的满足程度,可以像衡量长度、重量一样用基数(如 1、2.67 等)来度量。这种效用具有可比性和可加性的特征,即假定看 1 小时电视带来的效用为 5 个效用单位,吃 1 个面包带来的效用为 2 个效用单位,则看 1 小时电视带来的满足大于吃 1 个面包,而且两者可以加总起来,即看 1 小时电视及吃 1 个面包的总效用为 7 个效用单位。

这样,当消费者在一定时间内消费几个单位的某种商品或服务,则每一单位的商品或服务带来的总的满足程度称为总效用(total utility,TU)。平均每单位商品或服务可提供的效用则称为平均效用(average utility,AU),如果消费者消费的商品或服务的数量为 Q,就有 $AU = TU/Q$。

在基数效用论中,经济学家认为,商品或服务之所以有价值是因为其有满足人们需要的特性即效用,不过,商品或服务有效用仅仅是形成商品或服务价值的必要条件,决定商品或服务价值量是由其稀缺性,进而是由商品或服务的边际效用(marginal utility,MU)决定的。

边际效用是指消费者消费商品或服务的一定数量中最后增加或减少的那一单位商品或服务所感觉到的满足程度的变化。从边际效用和总效用的关系上来说,实际上就是消费者增加或减少一单位某种商品或服务的消费所带来的总效用的变化量。如果用 ΔQ 代表消费商品或服务的变化量,ΔTU 代表总效用的变化量,那么边际效用可以表示为:

$$MU = \frac{\Delta TU}{\Delta Q} = \frac{\mathrm{d}TU}{\mathrm{d}Q}$$

上式后半部分是在效用函数(商品或服务的消费量与总效用的函数关系)给定时,边际效用可以定义为效用函数的一阶导数。

不过,基数效用虽然在数学计算方面、理论方面有一定的意义,同时也不会改变理论分析的结论,但由于人与人之间对满足或幸福等的理解是有极大差异的,而且同一个在不同的时间里消费同一种商品的满足程度也可能不同,效用单位数字的加总显得毫无意义。在这种情况下,经济学家开始用序数效用的概念替代基数效用,即只要消费者能对不同的商品或服务的组合进行排序,指出某一组合是优于、劣于或无差异于另一组合就可以了,采用序数效用概念丝毫不会改变理论分析的精确性。本章后面所用的效用概念就是序数效用。

二、消费者偏好和无差异曲线

1. 无差异曲线的定义

在序数效用论下,无差异曲线是表达消费者偏好的重要工具,也是分析消费者行为有效方法。无差异曲线代表对消费者能产生同等满足程度的各种不同商品或服务组合的点的轨迹。这一曲线可以按下述方法得到:

首先,假设消费者在两种商品或服务(X 和 Y 商品)之间进行选择,当然这种假定可以扩展到有任意多种商品或服务。通常的做法是将我们集中研究的一种商品或服务看作 X 商品,把余下的其他所有商品或服务看作另一种商品 Y,即一种由多种商品或服务形成的合成商品。更简便的一种办法是把余下的商品或服务看作是价格为 1 的货币。例如,消费者面临 50 种商品或服务时,以 X_1、X_2、X_3、X_4、$\cdots$、X_n 表示,实际分析时,可将 X_1 看作是一种商品,其余的 $n-1$ 种商品看作是一种合成商品,或者看作是消费者除支付 X_1 商品外余下的货币量。

其次,给定消费者一种商品或服务的组合(X_1,Y_1),稍微增加一点 X 商品到 X_2',并稍微减少一点 Y 商品的量到 Y_2',由消费者确定(X_2',Y_2')组合与(X_1,Y_1)组合相比更喜欢哪一个。如果消费者更喜欢(X_2',Y_2'),则调低其中的 X 和/或 Y 商品的数量,这是因为根据单调性的性质,如果这时不减少 Y 的数量,消费者的满足程度会比组合(X_1,Y_1)更高。直到最终调整得到一个组合(X_2,Y_2),使得这一组合与(X_1,Y_1)组合相比,消费者感到是无差异的,这样,我们就可以首先找到一个与(X_1,Y_1)组合无差异的组合(X_2,Y_2)。

再次,将上述过程继续进行下去,我们就可以找到许多个与(X_1,Y_1)相比是无差异的,但数量组合又不同于(X_1,Y_1)组合的 X 和 Y 商品组合。

接下来,我们将这些组合描到以 X 商品为横轴,Y 商品为纵轴的坐标系中,可以得到如图 4.1 所示的一条无差异曲线的示意图。

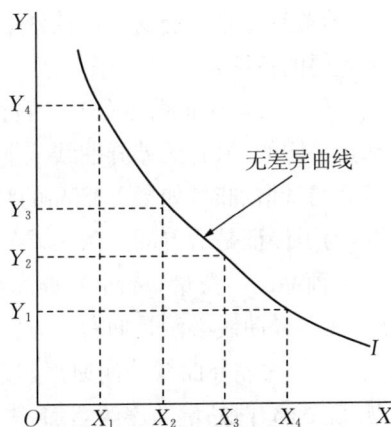

图 4.1　无差异曲线

例如,某消费者对两种商品 X 和 Y 满足程度无差异的数量组合,如表 4.1 所示。

表 4.1　消费者的无差异组合表

商品组合	A	B	C	D	E	F
X	20	30	40	50	60	70
Y	130	60	45	35	30	27

将上述数据描到同一个坐标系中,可得该消费者的一条无差异曲线,如图 4.2所示。

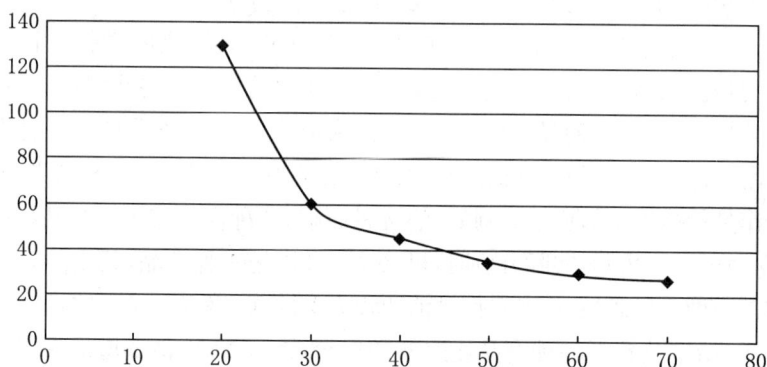

图 4.2　某消费者的一条无差异曲线

2. 无差异曲线的性质

在无差异曲线 I 上,商品 X 和 Y 的所有组合所产生的效用或带给消费者的满足程度都是一样的,即任意一点上表示的商品组合对消费者而言都是无差异的,消费者愿意接受这一条曲线表示的任意一种组合。无差异曲线具有如下几个重要的特征:

(1) 无差异曲线向右下方倾斜。由于无差异曲线上任意一点所表示的效用都是一样的,沿着无差异曲线从上向下移动时,X 商品的消费量逐渐增加,当 X 商品的量增加时,如果 Y 商品的消费量不变化,则消费者将得到更高的满足,所以,为了保证是沿着同一条无差异曲线移动,在增加 X 商品的消费量时必须减少 Y 商品的消费量,从而 X 商品量的变化与 Y 商品量的变化呈反方向变动,因此,无差异曲线必然是向右下方倾斜的。

(2) 无差异曲线凸向原点。这一性质表明,沿着无差异曲线从上向下移动时,随着 X 商品量的逐渐增加,为保持效用水平或满足程度不变,消费者愿意放弃的 Y 商品的数量越来越小(X 商品等量增加)。这是因为,随着 X 商品数量的增加,消费者拥有了越来越多的 X 商品,X 商品的稀缺程度逐渐下降,而 Y 商品由于数量逐渐减少,其稀缺程度越来越大,这种稀缺程度的变化意味着 X 和 Y 商品的相对重要程度发生了变化,由此,无差异曲线凸向原点。关于这一性质下面还将介绍边际替代率的概念。

（3）对同一个消费者而言,无差异曲线有无数多条,并充满整个坐标系的第一象限。按前面推导无差异曲线的步骤,当我们在 X 商品(或 Y 商品)数量保持不变的情况下,增加 Y 商品(或 X 商品)的数量,消费者将得到更高的满足程度或效用水平,以此为基准,又可以找到与之效用无差异的无穷多种组合,这样又形成了另一条效用水平更高的无差异曲线。同理,当商品数量可以无限细分的情况下,照此方法可以找到无穷多条无差异曲线,这些无差异曲线充满坐标系的第一象限。顺便说明一下,这里之所以充满第一象限,仅仅是因为我们研究的是经济问题,X 和 Y 的商品量为非负实数。

（4）任意两条无差异曲线不会相交。根据无差异曲线的定义可知,每一条无差异曲线都代表消费者可以获得的一定满足程度,对应于任一商品组合,要么与另一组合无差异,要么劣于另一组合,要么优于另一组合,不会出现既优于,又劣于另一组合的情形,否则会出现矛盾,违反理性消费者的假定。对此,可用反证法来证明,如图 4.3 所示。

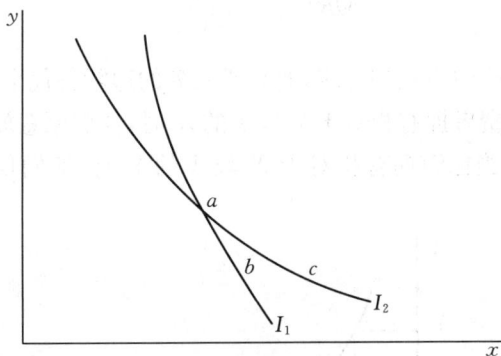

图 4.3　任意两条无差异曲线不会相交

在图 4.3 中,假设两条无差异曲线 I_1 和 I_2 相交于 a 点,在 I_1 上任取不同于 a 点的一点 b,由于 a 点和 b 点处于同一条无差异曲线上,因此有 $a \sim b$,即 a 与 b 无差异。在 I_2 上任取不同于 a 点的一点 c,由于 a 点和 c 点处于同一条无差异曲线上,因此又有 $a \sim c$,根据偏好的传递性假设,可得 $b \sim c$,即 b 点和 c 点是无差异的,这与 b 点和 c 点处于两条不同的无差异曲线上相矛盾,所以任意两条无差异曲线不会相交。

3. 边际替代率

在无差异曲线的基本性质中,我们提到无差异曲线是凸向原点的,这一性质与商品或服务的边际替代率有关。边际替代率(marginal rate of substitution, MRS)是指消费者为了保持同等的效用水平,要增加 1 单位 X 商品的消费而必须放弃的 Y 商品的数量。用 ΔX 表示 X 商品的变化量,ΔY 表示 Y 商品的变化量,其定义式为:

$$MRS_{xy} = -\frac{Y \text{ 商品的减少量}}{X \text{ 商品的增加量}} = -\frac{\Delta Y}{\Delta X}$$

在上面的定义式中,添加了一个负号,这是因为 X 商品的变化方向与 Y 商品的变化方向是相反的,添加负号可以将其转化为正值,便于应用和叙述。商品或服务的边际替代率还可以用前面提出的边际效用概念表示。由于沿着同一条无差异曲线移动时,效用水平不变,这样,增加 X 商品的消费量会提高效用水平(效用增加 $\Delta X \cdot MU_x$),而减少 Y 商品的消费量会减少效用水平(效用减少 $\Delta Y \cdot MU_y$),要保持效用水平不变,两者的净效应为零,即:

$$\Delta X \cdot MU_x + \Delta Y \cdot MU_y = 0$$

调整后,可得

$$-\frac{\Delta Y}{\Delta X} = \frac{MU_x}{MU_y}$$

因此,有,

$$MRS_{xy} = \frac{MU_x}{MU_y}$$

与无差异曲线凸向原点相对应,商品或服务的边际替代率是递减的如图 4.4 所示。原因是当消费者拥有相对于 Y 较少的 X 时,他们愿意放弃较多的 Y 去增加每单位 X,反之,当他们拥有相对于 X 较少的 Y 时,他们仅会放弃较少的 Y 去增加每单位的 X。

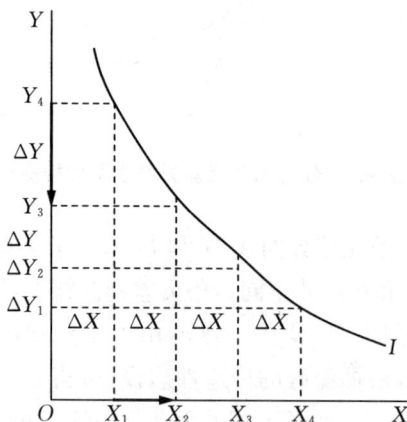

图 4.4 商品或服务的边际替代率

从数学的角度来说,边际替代率实际上就是无差异曲线在该点的斜率,求一条曲线的斜率,可以作一条过该点的切线,切线的斜率就是曲线在该点的斜率。从边际替代率的定义式中可得,当 ΔX 趋近于零时,$\Delta Y/\Delta X$ 趋向于一个极限值,即:

$$\lim_{\Delta x \to 0} \frac{\Delta Y}{\Delta X} = \frac{\mathrm{d}Y}{\mathrm{d}X}$$

结合上式可得　　　　$MRS_{xy} = -\frac{\mathrm{d}Y}{\mathrm{d}X} = \frac{MU_x}{MU_y}$

有一点需要注意,一般情况下,商品或服务的边际替代率是递减的,无差异曲线是凸向原点的。但在一些特殊情况下,边际替代率可能为常数或者为零或者为无穷大。当消费者面对的是两种完全替代品时,如人们喜爱程度相仿的软饮料——可口可乐和百事可乐,这时的无差异曲线就是一条直线,边际替代率就是该直线的斜率,是一个常数。当消费者面对的是两种完全互补品时,一个极端的例子是左鞋和右鞋,一只左鞋和一只右鞋才能配成一双,这时的无差异曲线就是一条1∶1的折线,即当只有一只左鞋时,无论有多少双右鞋,也只有一双鞋。这条拐折的无差异曲线的水平部分的边际替代率为零,而垂直部分的边际替代率则为无穷大。

4. 无差异曲线图

由于每一条无差异曲线代表消费者的一种满足水平,不同的满足水平或效用水平就由不同的无差异曲线来表示,如果某条无差异曲线越靠近原点,其所代表的效用水平越低,越远离原点则代表更高的效用水平。这样在坐标系的第一象限充满了无差异曲线,称之为无差异曲线族。通过描绘一个消费者的无差异曲线图就反映了该消费者的偏好状况,图 4.5 画出了甲乙两个消费者的无差异曲线图(图中分别只画出了四条无差异曲线)。

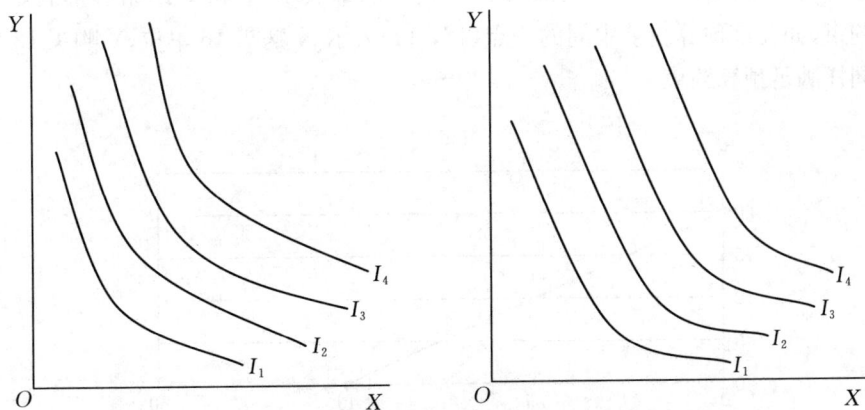

图 4.5　甲乙两个消费者的无差异曲线图

第二节　预　算　线

一、消费者的预算约束和预算线

任何消费者进行消费选择时,必然要受到各种因素的制约。例如,收入是有限的,而满足生存的需求需要各种各样的商品和服务,当用收入多购买一种商品时,势必要减少其他商品的购买。同时,消费者选择某种商品或服务是有代价的,而且各种不同的商品或服务的代价(或价格)各异。消费者时刻面对着如何将有限的收入分配到各种不同的商品或服务中去的问题,称之为消费者的预算约束。消费者的预算约束通常用预算线来表示。

预算线表示在消费者收入和商品或服务的价格给定的条件下,消费者将全部收入花光可以购买到两种商品或服务数量的不同组合形成的轨迹。将全部收入花光以及购买两种商品或服务主要是为了简化问题,当然消费者可能会留下部分收入,也会购买多种多样的商品或服务。对于前者,我们可以将消费者余下的收入看作是一种价格为1的商品,即货币。而对于后者,对两种商品或服务的分析可以很容易地扩展到多种商品的情形。

例如,某消费者拥有200元的收入,用来购买商品 X 和 Y,商品 X 的价格为 $P_X=5$,商品 Y 的价格为 $P_Y=10$,则200元的收入全部用来购买 X 商品时,可以购买40个单位,全部用来购买 Y 商品时,可以购买20个单位。由此得到两个组合(坐标系中的两个点),即(40,0)和(0,20),描到坐标系中就可以得到一条预算线,该线反映该消费者在给定收入情况下,可以购买到的 X 和 Y 商品的所有组合的轨迹,见图4.6。这条线上的任何一点都表示 X 和 Y 的组合都满足预算约束,如在该预算线上中间的一点(16,12)表示 X 购买16单位,Y 购买12单位同样满足预算约束。

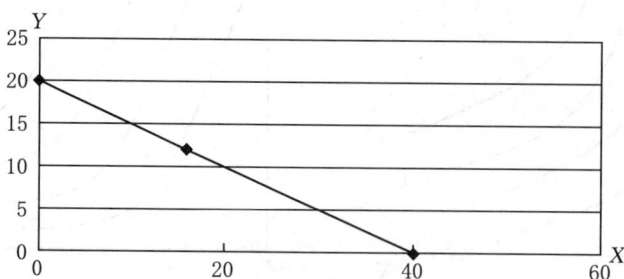

图4.6　某消费者的预算线

一般性地,设用 X 表示 X 商品的消费量,Y 表示 Y 商品的消费量,P_x 和 P_Y 分别表示 X 和 Y 商品的价格,M 表示消费者的收入,可得如下的预算线的方程:

$$P_x \cdot X + P_y \cdot Y \leqslant M$$

该方程表示,消费者的全部收入 M 大于或等于他购买商品 X 和 Y 的支出的总和,即消费者购买商品的支出不能超过其收入限制。通常,为了简化问题,我们假设消费者花光他的全部收入,上述预算线方程取等号。

预算线与两条坐标轴围成的三角形区域实际上表达了消费者的预算限制,可以称为消费者的预算可行集,即消费者在给定收入的情况下能够选择这一三角形区域的任一组合。如图 4.7 所示,三角形区域内的 A 点表示消费者选择了这一组合后还有收入剩余,区域外的 C 点表示消费者的收入不足以支付这样的组合,是消费不可能点,而预算线上的一点 B 则表示这一组合花完了消费者的所有收入。

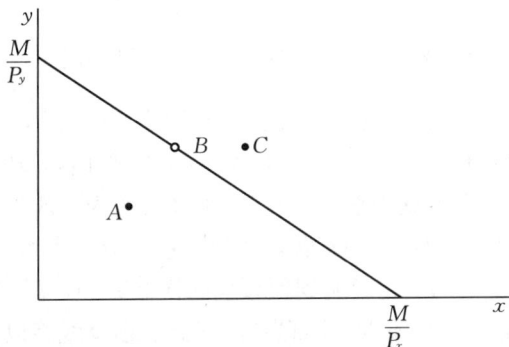

图 4.7　消费者的预算可行集

如果我们对上述预算线方程适当变形,可得:

$$Y = \frac{M}{P_y} - \frac{P_x}{P_y} \cdot X$$

上式说明,预算线的斜率为两种商品价格之比的负值,纵截距为收入与 Y 商品价格的商。

二、预算线的移动

由于预算线是在消费者收入给定的情况下,而且两种商品或服务的价格 P_X 和 P_Y 已知时,消费者可以购买到的两种或服务的各种组合。因此,当消费者的收入 M、商品价格 P_X 和 P_Y 发生变化时,就会引起预算线的移动。根据引起预算线移动的因素的不同,大致可以分为以下几种情况:

（1）两种商品或服务价格不变，消费者收入变化。这时，当消费者收入增加时，预算线平行向外移动，消费者预算可行集扩大，反之，消费者收入减少，预算线平行向内移动，如图 4.8 所示。上述变化的原因很简单，商品或服务的价格不变时，预算线的斜率（$-P_X/P_Y$）不改变，收入变化只会引起纵截距（M/P_Y）和横截距（M/P_X）的变化。

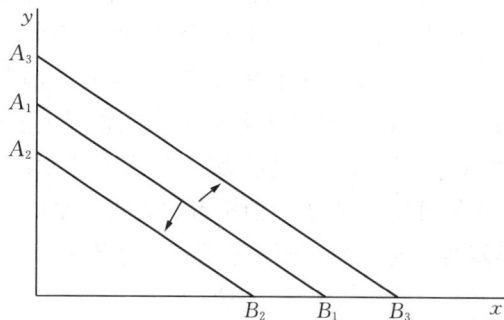

图 4.8 价格不变，收入变化时预算线的移动

（2）消费者收入不变，一种商品或服务的价格变动，而另一种保持不变。这时，当 Y 商品的价格不变时，X 商品价格水平提高，则预算线的斜率（$-P_X/P_Y$）绝对值变大，预算线以 A 点为轴向内旋转，预算线变为 AB_2。反之，X 商品价格下降时，预算线以 A 点为轴向外旋转，预算线变为 AB_3，见图 4.9。事实上，在这种情况下，X 商品价格的变化影响到预算线的横截距（M/P_X），从而使预算线发生旋转。当 X 商品的价格不变，Y 商品价格变化，预算线将以 B_1 点为轴发生旋转，道理也如上所述。

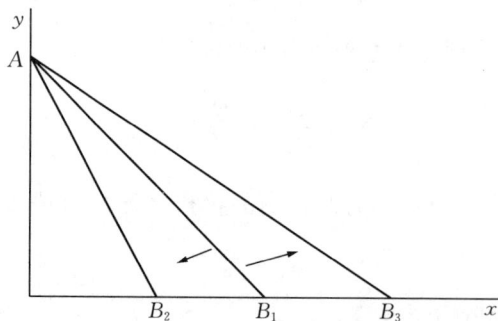

图 4.9 收入不变，一种价格变化时预算线的移动

（3）消费者收入不变，两种商品或服务的价格同比例变化。这时，预算线的移动与价格不变而收入降低相同。当两种价格同时提高时，预算线的斜率（$-P_X/P_Y$）不变，但其纵截距和横截距同比例减少，预算线向内平行移动。反过来,当两种价格同时降低时,预算线向外平行移动,见图 4.10。

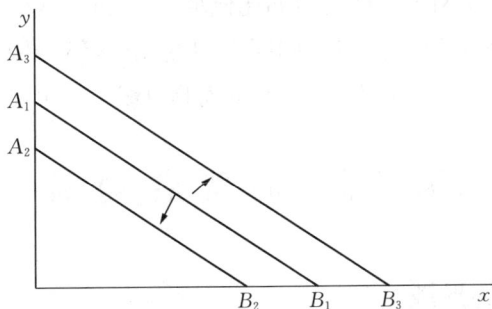

图 4.10 收入不变,两种价格同比例变化时预算线的移动

(4) 消费者收入不变,两种商品或服务的价格不同比例变化。这时,还可分为两种情况,一种是两种价格同方向不同比例变化,另一种是两种价格反方向不同比例变化。在前一种情况下,两种价格同方向不同比例提高时,预算线的斜率($-P_X/P_Y$)改变,同时,纵横距和横截距减少,价格提高幅度较大的一种商品所对应的截距减少程度较大。反过来,如果两种价格同方向不同比例降低时,预算线向外不同比例移动,见图 4.11。

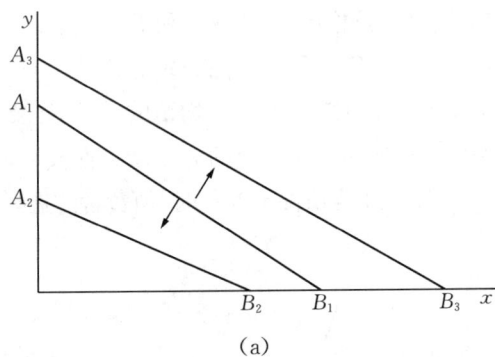

(a)

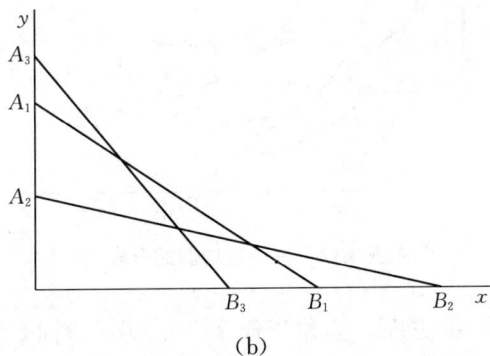

(b)

图 4.11 收入不变,两种价格不同比例变化时预算线的移动

67

（5）消费者收入和两种商品或服务的价格同时同比例同方向变化。这时,预算线不发生移动,由于两种价格同时同比例增加时,预算线的斜率($-P_X/P_Y$)不变,而消费者收入和两种价格同比例同方向变化时,纵截距(M/P_Y)和横截距(M/P_X)变动相互抵消,也不发生变动,从而预算线不发生移动。

第三节　消费者均衡

一、消费者均衡的形成

无差异曲线表达了消费者的偏好,而预算线反映了消费者面临的收入约束,对于一个消费者来说,就是要在收入约束的情况下选择自身满足程度的最大化,那么消费者均衡问题实际上就是将消费者的偏好和预算线结合起来进行分析,确定消费者将在何种条件下选择哪种商品或服务,以及选择每一种商品或服务的数量。

在上述情况下,消费者如何进行决策才能使自己的满足程度(效用水平)达到最大(假定消费者花完其全部的收入)? 如图 4.12 所示,线段 AB 表示某消费者在收入给定、X 商品和 Y 商品的价格已知,为 P_X 和 P_Y,I_1、I_2、I_3 这三条曲线为消费者无差异曲线族中的任意三条。我们下面分别分析几个有代表性的点(每一点都代表一种商品组合),以寻找使消费者达到均衡的点,同样要注意消费者均衡是指,如果偏离了这一状态,消费者理性选择的力量就会使其趋向均衡状态,当达到均衡状态后,当消费者面临的经济条件不变化时,消费者的选择将不会改变。

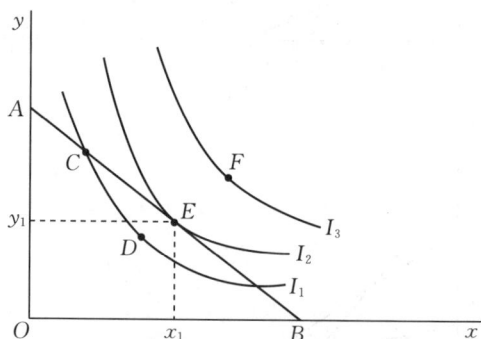

图 4.12　消费者均衡的形成

首先,来看 C 点,一方面 C 点位于预算线上,另一方面 C 点又处于无差异曲线 I_1 上,但消费者不会选择 C 点所表示的组合。这是因为,在 C 点虽然消费者满足预算约束,但这时处于一条较低的无差异曲线上,如果消费者选择的组合从 C 点沿着预算线向 E 点移动,那么,在仍保持满足预算约束的情况下能获得更高的效用,使无差异曲线从 I_1 向 I_2 靠近。同理,从 C 点沿着预算线一直到 E 点(不包括 E 点)上的所有点都不是均衡点。

其次,来看 D 点,一方面 D 点位于预算线与两条轴所围成的三角形内部,另一方面 D 点又处于无差异曲线 I_1 上,同样消费者不会选择 D 点所表示的组合。在 D 点,消费者没有花光自己所有的收入,处于较低的无差异曲线上,如果消费者选择的组合从 D 点向 E 点移动,那么,在不超出预算情况下能获得更高的效用,使无差异曲线从 I_1 向 I_2 靠近。同理,从不包括预算线在内的预算可行集内的任何一点都与 C 点相似,这些点也不是均衡点。

再次,来看 F 点,F 点虽然处于更高的无差异曲线 I_3 上,但因为位于消费者可行集的外部即处于消费者无法支付的水平上,因此也不是均衡点。同样,处于消费者预算可行集外的任何一点都不是均衡点。

最后,来看 E 点,E 点一方面处于预算线上,另一方面又是在这种情况下可能接触到的最高的无差异曲线。从 E 点出发,沿着无差异曲线移动虽然效用水平不变,但离开了预算线,消费者支付不起。而沿着预算线移动,无论向上还是向下非但不会提高消费者的效用水平,反而会使效用水平降低。E 点是消费者均衡点,决定了消费者的最优购买量为 X_1 和 Y_1。

二、消费者均衡的基本条件

从数学意义上说,E 点是预算线和一条最高的无差异曲线的切点。因此无差异曲线 I_2 和预算线 AB 的斜率在这一点上是相等的,无差异曲线的斜率为这一点的边际替代率(MRS_{xy}),预算线的斜率为两种商品或服务的相对价格,所以有:

$$MRS_{xy} = -\frac{\Delta Y}{\Delta X} = -\frac{\mathrm{d}Y}{\mathrm{d}X} = \frac{MU_x}{MU_y}$$

而预算线的斜率为 $-\dfrac{P_x}{P_y}$

有 $MRS_{xy} = \dfrac{MU_x}{MU_y} = \dfrac{P_x}{P_y}$

上式就是消费者均衡的基本条件,表示在一定的收入约束条件下,消费者为了获得最大的满足程度,应当选择的最优商品数量组合,是使得两种商品或服务的边际替代率等于两种商品或服务的价格之比。同时,在基数效用的假设下,也表达了在消费者达到均衡时,两种商品或服务的边际效用之比等于价格之比。

在这一条件中,边际替代率(MRS_{xy})代表了消费者对两种商品或服务的主观喜好程度的对比,而商品或服务的价格之比则反映了市场对其价值的判断,这样消费者均衡条件实际上就是消费者的主观愿望与客观的市场评价之间的统一。

上述条件经过适当变换,可以写成:

$$\frac{MU_x}{P_x} = \frac{MU_y}{P_y} = \lambda$$

上式的经济含义是消费者用每 1 单位的货币所能购买到的边际效用相等时,消费者就从购买的消费组合中获得了最大程度的满足,当这一条件不满足时,消费者总可以通过调整收入在不同商品或服务中的分配而获得更高的效用。

三、消费者均衡的变动

上面我们分析得出了消费者总是在预算约束的情况下寻求能带来最高满足程度的商品或服务组合。那么,当消费者的收入或面对的价格发生变化后,消费者均衡状况会如何变化呢? 下面分别进行分析。

1. 价格变动的收入效应和替代效应

当消费者面对的商品价格发生变动后,我们可以鉴别出两种影响,其一是当某种商品如 X 商品的价格变化后,该商品与其他商品(在简化的分析中,即与 Y 商品,在实际分析中则要考虑 X 商品与多种商品之间的关系)之间的相对价格关系发生了变化,那么消费者会减少相对变得更为昂贵的商品,而增加相对变得较为便宜的商品,这种效应称为替代效应(substitution effect)。其二是当 X 商品的价格变化后,会引起消费者的实际收入水平或用其名义货币收入可以购买的商品或服务量发生变化,由此消费者会增加或减少对所有商品或服务的购买量,这种效应称为收入效应(income effect)。

商品价格变化造成消费者的实际收入变化可以这样理解,如果我们用 M_n 代表消费者的名义收入,而用 M_r 代表实际收入,整个社会的一般物价水平用 P 来表示,P 为全社会所有商品和服务的加权平均价格,则有:

$$M_r = \frac{M_n}{P}$$

当名义收入 M_n 给定时,除一种外的其他商品或服务的价格保持不变,某一商品或服务的价格提高后,会使得一般物价水平 P 提高,从而降低实际收入。反之,当某一商品或服务的价格降低时,会使一般物价水平 P 降低,从而提高实际收入。不过,一般比较次要的商品或服务的价格变动对一般物价水平的影响较小,一些相对重要的商品或服务的影响就大得多,从而其价格变化对实际收入的影响也较为显著。

根据替代效应和收入效应的相对关系,替代效应对商品或服务的需求变化方向,通常与价格变化的方向相反,即价格下降时,对这种商品或服务的需求增加,反之,则对其的需求减少。收入效应则可能与价格变化方向相同也可能不同,即价格下降时,对这种商品或服务的需求可能增加也可能减少,反之也是如此。下面依次分析正常品和低档品在价格变化后的替代效应和收入效应,这里只分析价格下降的情形,价格提高的情形与下降时类似。

（1）正常品的替代效应和收入效应。

如图 4.13 所示,以横轴来表示 X 商品的数量,纵轴表示其他商品(Y_n)的数量(可以看作是消费者除用于购买 X 商品以外的其他所有商品和服务组成的合成商品,或直接看作是消费除用于购买 X 商品的支出外剩余的货币)。当 X 商品的价格由 P_1 下降到 P_2 时,预算线以 A 点为轴向外旋转,即从 A_1B_1 旋转到 A_1B_2,消费者原来的均衡点为 E_1,与之对应,消费者对 X 商品的最优购买量为 X_1。X 价格下降后,新的消费者均衡点变为 E_2,消费者对 X 商品的最优购买量为 X_2。

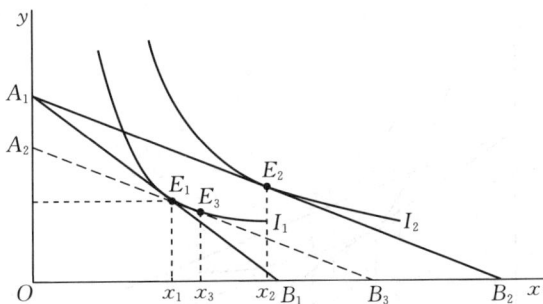

图 4.13 正常品的替代效应和收入效应

为了分别考察价格变化的两种效应,我们将上述消费者均衡点由 E_1 到 E_2 的移动分成两部分。

首先,考察相对价格变化产生的影响。这时假定消费者的实际收入没有发生变化,即仍获得与先前均衡时同样的效用水平,为表示这一点,可以画一条平行于变动后的辅助预算线 A_2B_3,使其与原均衡时最高的无差异曲线 I_1 也相切,切点为 E_3,E_3 即为实际收入不变时消费者面对的均衡点,X 的最优购买量为 X_3。这样,反映出当 X 商品的价格从 P_1 下降到 P_2 后,均衡点首先从 E_1 移动到 E_3,因为这一移动只反映了相对价格的变化,所以,与均衡点相对应的 X 商品最优购买量从 X_1 到 X_3 的变化反映了替代效应。

其次,考察消费者由于价格变化导致实际收入变化的影响。现在将预算线

A_2B_3 向外平行移动至 A_1B_2，相对价格没有变化，这一移动相当于消费者实际收入水平的增加。消费者均衡点从 E_3 变化到 E_2，对应的 X 商品的最优购买量从 X_3 变化到 X_2，反映了收入效应。

这样，X 商品价格下降后总的价格效应，即 X 的最优购买量从 X_1 到 X_2 的变化就分解成两部分。首先从 X_1 变化到 X_3，X_3-X_1 表示替代效应的大小，接着从 X_3 变化到 X_2，X_2-X_3 表示收入效应的大小。从图4.13可以看到 $X_3-X_1>0$，$X_2-X_3>0$，替代效应和收入效应都使 X 商品的最优购买量增加。

（2）低档品的替代效应和收入效应。

如图4.14所示，按照与上面相同的方法分析低档品的价格效应，从图中可见，总的价格效应为 X_2-X_1，替代效应为 X_3-X_1，收入效应为 X_2-X_3，$X_3-X_1>0$，$X_2-X_3<0$，这时，替代效应使 X 商品的最优购买量增加，而收入效应则使 X 商品的最优购买量减少。更进一步地，如果收入效应 X_2-X_3 的绝对值足够大，以至于抵消了替代效应的影响，那么，商品 X 的价格下降不会提高其需求量，反而会使需求量下降，当出现了这种情况时，我们将这种商品称为吉芬商品，以爱尔兰经济学家吉芬（Robert Giffen）的名字命名。

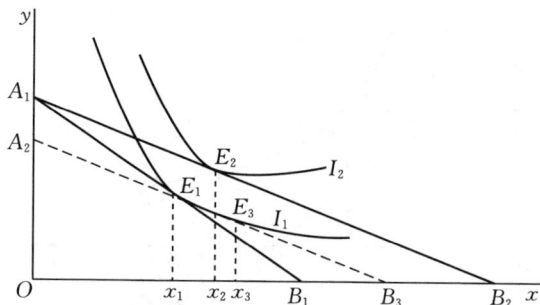

图4.14 低档品的替代效应和收入效应

2. 收入—消费曲线（恩格尔曲线）

当消费者面对的商品价格水平给定而收入水平变化时，消费者均衡如何移动呢？接下来我们介绍收入—消费曲线，反映当收入变化（如增加）时消费者均衡点及对某种商品或服务需求量变动的轨迹。如果我们将收入与该种商品或服务的需求量放置在一个坐标系中，我们又可以得到一条曲线，称为恩格尔曲线。这一曲线是以德国经济学家、统计学家恩格尔（Ernst Engel）的名字命名的。

如图4.15所示，当消费者的收入水平提高时，从 M_1 变化到 M_2，再变化到 M_3，预算线从 A_1B_1 移动到 A_2B_2，进而移动到 A_3B_3，则消费者均衡点相应从 E_1 到 E_2 再到 E_3 变化，对 X 商品的需求量从 X_1 变化到 X_2 再到 X_3。

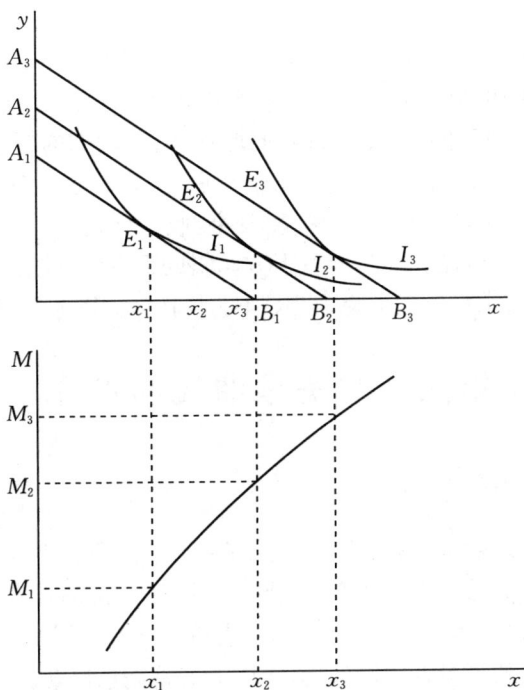

图 4.15　正常品的收入—消费曲线和恩格尔曲线

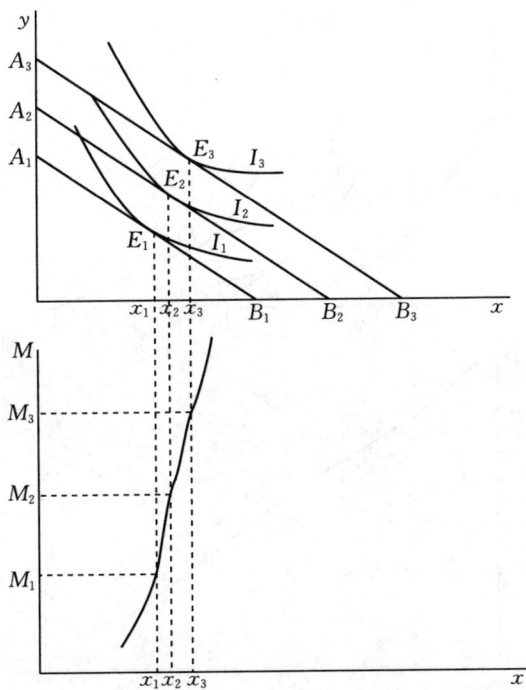

图 4.16　低档品的收入—消费曲线和恩格尔曲线

以 X 商品的数量为横坐标,以收入为纵坐标,将上述 X 需求量和收入的组合描到坐标系中,即可得恩格尔曲线。从图中可见,恩格尔曲线向横轴弯曲,这表明这种商品是一种奢侈品,随着收入的增加,需求增加的幅度更大,也就是其收入弹性大于 1。如果恩格尔曲线向纵轴弯曲时,那么表明这种商品是一种必需品,随着收入的增加,需求增加的幅度较小,收入弹性大于 0 小于 1。如果恩格尔曲线不是向右上方倾斜而是向右下方倾斜的话,这种商品就是低档品,收入增加,这种商品的需求量反而下降,收入弹性小于 0(如图 4.16 所示)。

第四节　需求曲线的推导

一、单个消费者的需求曲线

前面在介绍需求的定义时,我们指出需求是指消费者在一定条件下愿意并且能够购买的某种商品或服务的数量,那么"愿意"就是消费者偏好的另一种表述,而"能够"则反映了消费者的支付能力,也就是收入预算约束,从而将"愿意"和"能够"结合起来的消费者均衡分析,实质上就是需求概念。

单个消费者的需求曲线可以通过分析消费者均衡的变动推导出来。如图4.17 所示,在其他条件不变的情况下,当商品 X 的价格由 P_1 下降到 P_2 再下降

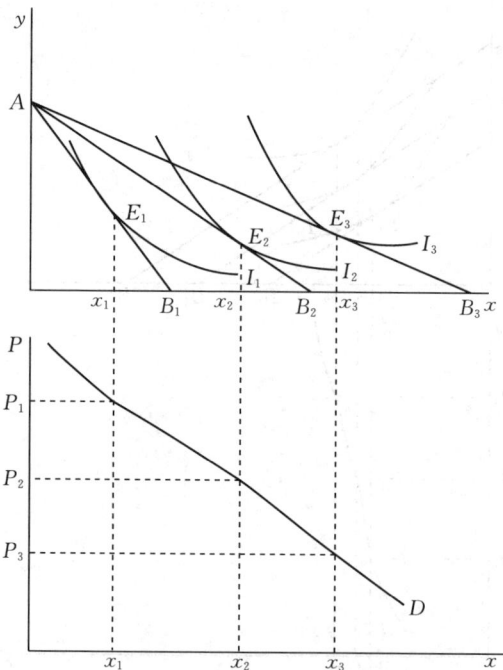

图4.17　单个消费者的需求曲线的推导

到 P_3，预算线将从 AB_1 变化到 AB_2，接着变化到 AB_3，那么，相应的消费者的均衡点就从 E_1 移动到 E_2 再移动到 E_3，X 商品的需求量从 X_1 增加到 X_2 再增加到 X_3，这样，我们将当价格为 P_1、P_2 和 P_3 时，X 商品的需求量 X_1、X_2 和 X_3，放置到以 X 商品量为横轴，以价格为纵轴的坐标系，即可得出一条向右下方倾斜的需求曲线。

二、市场需求曲线的推导

单个消费者的需求曲线反映了一个消费者面对一定的价格愿意并且能够购买的某种商品的数量，不过，在实际应用中，生产者并不是仅仅考虑一个消费者的需求，而要考虑整个市场的状况，如果能够获得整个市场的需求曲线，那么将对生产者的决策起到十分重要的指导作用。这里主要是介绍如何运用图形得到市场需求曲线。

根据目前叙述的目的，我们把市场定义为某种商品或服务所面对的所有消费者的集合。假设现在市场上只有两个消费者甲和乙，根据消费者均衡已经得出了每一个消费者的需求曲线为 D_1 和 D_2，如图 4.18 所示。这时，可以通过加总在每一给定价格下甲和乙的需求量，得到这一价格下市场的需求量。例如，当价格为 P_1 时，甲消费者的需求量为 q_{11}，乙消费者的需求量为 q_{21}，可得市场需求量为 $Q_1 = q_{11} + q_{21}$，将价格 P_1 和市场需求量 Q_1 描到同一个坐标系中就能得到市场需求曲线上的一个点。同理，我们可以得到整个市场需求曲线。

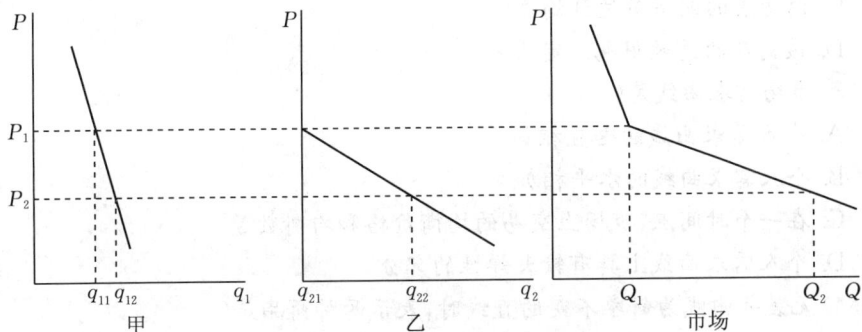

图 4.18 市场需求曲线的推导

当然，这一推导可以很容易地扩展到有多个消费者的情形。

设一个商品或服务市场上有 n 个消费者，每一个消费者的个人需求曲线为：

$$q_1 = a_1 - b_1 P$$
$$q_2 = a_2 - b_2 P$$

$$q_3 = a_3 - b_3 P$$
$$\cdots\cdots$$
$$q_n = a_n - b_n P$$

则整个市场的需求曲线为:

$$Q = q_1 + q_2 + q_3 + \cdots q_n$$
$$= (a_1 + a_2 + a_3 + \cdots a_n) - (b_1 + b_2 + b_3 + \cdots b_n) \cdot P$$
$$= \sum_{i=1}^{n} a_i - P \sum_{i=1}^{n} b_i$$

习题四

1. 一种商品的边际效用是指( )。

A. 对该商品的最后一次使用

B. 等于该商品的价格

C. 消费该商品的总效用与消费所有其他产品的总效用之比

D. 增加一单位该商品的消费所获得的额外的或新增的效用

2. 如果一种商品的边际效用为零,那么( )。

A. 它的总效用达到最大化

B. 该商品没有效用,即没有消费者想要消费它

C. 消费者的购买量达到均衡

D. 该商品的总效用也一定为零

3. 市场需求曲线是( )。

A. 个人需求曲线的垂直相加

B. 个人需求曲线的水平相加

C. 在一个时间点,市场上交易的均衡价格和均衡数量

D. 个人需求曲线上具有较大弹性的部分

4. 无差异曲线为斜率不变的直线时,表示两种商品是( )。

A. 不完全替代的   B. 完全替代的

C. 互补的   D. 不相关的

5. 假定 X 和 Y 的价格不变,当 $MRS_{xy} > \dfrac{P_x}{P_y}$ 时,消费者为达到最大满足,其将( )。

A. 增加 X 的消费,减少 Y 的消费   B. 减少 X 的消费,增加 Y 的消费

C. 同时增加 X 和 Y 的消费   D. 同时减少 X 和 Y 的消费

6. 假如某消费者面对三种商品组合 $A(1,6)$、$B(3,4)$ 和 $C(4,2)$，括号中的第一数字是苹果的数量，后一个数字是梨的数量，单位是个。该消费者指出他喜欢 A 甚于 B，喜欢 B 甚于 C，喜欢 C 甚于 A，你认为该消费者是理性的吗？符合经济学中关于理性的定义吗？如果 C 中梨的数量增加到 5，按上述消费者的表态，该消费者是理性的吗？说明理由。

7. 设某消费者消费 X 和 Y 两种商品，两种商品的价格分别为 P_x 和 P_y，消费者的收入为 I，那么其预算可行集是什么？预算线又怎样呢？

8. 某消费者消费 A 和 B 两种商品，A 和 B 同时表示消费的数量，各自的价格为 2 元和 5 元，当消费者的收入为 100 元时，其面临的预算线如何表示？当消费者的收入增加到 200 元时，预算线如何变动？当 A 商品的价格从 2 元提高 4 元，预算线如何变动？当 A 商品的价格从 2 元增加到 3 元，消费者收入从 100 元减少到 50 元，预算线如何变动？当两种商品价格和收入同时同比例同方向变化时，预算线会不会变化？为什么？

9. 当 $\dfrac{MU_x}{P_x} > \dfrac{MU_y}{P_y}$ 成立时，消费者的选择会如何变化？

10. 假设某消费者的效用函数为 $U=\sqrt{XY}$，X 和 Y 表示两种商品，当效用为 20 单位，X 商品的消费量为 5 时，Y 商品的消费量是多少？这一商品消费组合对应的边际替代率是多少？如果这时的组合是达到消费者均衡的组合，那么 X 和 Y 两种商品的价格之比应为多少？

| 第五章 |

生 产 理 论

在技术水平给定的条件下,投入和产出的关系是一种物质技术关系,不管承认与否,都与人的主观能动性没有多大联系。忽视这种客观的物质技术关系只会承受"编造神话"带来的恶果,"大跃进"就是其中一例。

——题记

学 习 目 标

通过本章的学习,你应当能够:

1. 理解经济学中的技术和生产的含义及其基本关系;

2. 熟悉几种常用的生产函数类型;

3. 理解生产的技术有效性和经济有效性的含义;

4. 掌握经济分析中短期和长期的含义和运用范围;

5. 熟悉短期生产函数中总产量、平均产量和边际产量的特征及三者之间的关系;

6. 理解生产的合理投入区域;

7. 熟悉长期生产函数的含义;

8. 掌握等产量线和等成本线的含义和运用;

9. 熟悉生产者均衡的基本概念及生产者均衡的条件;

10. 理解规模报酬的含义及规模报酬递增和递减的原因。

众所周知,企业获取利润不外乎两个方面,其一是获取更多的收益,其二是降低成本。生产者在前一方面的决策主要涉及这样一些问题,例如,如何安排产品的销售渠道,各种销售促进工具如何配合,产品价格如何调整,如何进入新的市场,是否应该收购竞争对手扩大生产能力,如此等等。而生产者在后一方面的决策则主要涉及,如何确定各种生产要素的投入水平,如何安排产品线,如何提高劳动生产率以降低生产成本,如何确定最优的存货水平等。生产理论就是提供解决后一类决策问题的基本理论依据,在当前竞争日益激烈的市场环境显得尤其重要。

本章主要根据生产者(厂商)所受到的限制的差异,分别研究短期和长期两种情况下厂商的投入和产出之间的相互关系。首先将说明生产函数的含义和基本类型。其次说明生产者在短期存在某些要素投入不可变的限制下,如何选择最优的要素投入。接着介绍管理在长期限制较少的情形下要素投入决策的基本问题,并得出关于生产者最优投入组合——生产者均衡的基本条件。最后,介绍在微观经济学中有着重要应用的概念——规模报酬。

第一节　生产函数和技术

一、技术和生产

前面我们在分析厂商供给时,曾经介绍过关于技术的含义,指出技术是生产某种产品或服务的所有手段和方法的知识总和,而且技术不仅仅是指科学理论的应用,还指许多凭借经验所获得的技能。此外,技术除了指生产产品和服务的方法外,组织和管理的方法和技能也是技术的表现形式。

在微观经济学中技术通常与厂商的生产联系在一起。简言之,生产是将生产要素制造成产品或服务的过程。生产要素包括多种多样的形式,一般经济学家将之划分为土地、劳动、资本和企业家才能。土地在这里是一种广义的用法,可以大致与自然资源混用,包括海洋和外层空间在内,土地作为一种生产要素仅仅是指其自然的、未开发利用的状态。劳动是指人们在提供产品或服务中投入的人员数量,以及与之相应的脑力、体力和努力。资本是指由人们生产出来的能产生收益的资产,包括机器、设备和厂房等。企业家才能是指企业家在一个厂商中发现市场机会,并安排生产要素以获利的才能。

在一般人的观念中,一讲到生产就将之与隆隆作响的机器、冒着黑烟的烟囱联系在一起,其实经济学中生产的概念相当宽泛。大到造船厂制造大型油轮,汽车厂装配汽车,小到大街上的小快餐摊生产盒饭,都属于生产。而且生产的产出,既有看得见、摸得着的有形产品,也包括无形的服务,如理发、餐饮和金融服务。

二、生产函数

对于厂商的生产过程及生产中使用的工艺、方法等,一般用生产函数来表示,生产函数将投入的生产要素与生产出来的产品或服务联系起来,描述产出量与投入量之间的函数关系。生产函数可以用各种方式表达出来,如用表格、图形或数学方程,表示在现有的技术水平下,一定量的投入所能生产出来的最大的产出量。这里要注意任何生产函数都是以一定时期内的生产技术水平作为前提条件的,一旦生产技术水平发生了变化,如技术退化或技术进步,原有的生产函数就会相应发生变化。

如果我们用 X_1, X_2, $\cdots$, X_n 表示在某产品或服务的生产中所需要投入的 n 种生产要素,Q 代表在现有技术水平下能生产出来的最大产量,那么生产函数可以表示为如下的形式:

$$Q = f(X_1, X_2, \cdots, X_n)$$

上述生产函数的一般形式表示在既定的技术条件下生产要素组合(X_1, X_2, $\cdots$, X_n)在每一给定时期内所能生产的最大产量为 Q。

在微观经济学中,有几类常见的生产函数的类型十分有用,下面分别予以说明。

1. 固定比例系数生产函数

不同的生产函数中各种生产要素的投入的比例关系是不同的,所谓固定比例系数生产函数是指在每一个给定的产量水平上任何一对要素投入量之间的比例都是固定不变的。为便于理解,假设只有两种生产要素劳动和资本,那么固定比例系数生产函数的形式是:

$$Q = \min\left(\frac{L}{a}, \frac{K}{b}\right)$$

式中,Q 代表一种产品或服务的产出量,L 代表劳动量,K 代表资本量,a 和 b 分别代表固定的劳动量和资本投入量的技术系数。这种形式的生产函数表示,每 a 单位的劳动配合 b 单位的资本可以生产出 1 单位的产出来,如果只有 a 单位的劳动量,尽管资本量远远超过 b 单位,产出也只能是 1 单位;同样,如果只有 b 单位资本量,劳动量超过 a 单位也只能获得 1 单位产出。

2. 柯布—道格拉斯生产函数

柯布—道格拉斯生产函数(Cobb-Douglas function)是经济分析中常用的一种生产函数形式,其一般形式是:

$$Q = AL^\alpha K^\beta$$

式中,Q 代表产出量,L 和 K 分别代表劳动和资本的投入量,A 表示技术系数,α 和 β 分别为劳动和资本投入的贡献系数,表达了劳动和资本在生产中的相对重要性。$\alpha + \beta$ 的值反映了规模报酬(下面第四节的规模经济问题中详细介绍)的变动情况,当 $\alpha + \beta = 1$ 时表示规模报酬不变,$\alpha + \beta > 1$ 时表示规模报酬递增,$\alpha + \beta < 1$ 时表示规模报酬递减。

由于上述函数参数有明确的经济含义,柯布—道格拉斯生产函数在实证分析中有广泛的应用,而且这种形式在统计处理中也很方便,如果对这一函数取其对数形式,很容易转化为线性形式。上式两边取自然对数,可得:

$$\ln Q = \ln A + \alpha \ln K + \beta \ln L$$

根据统计数据,我们可以得到各种要素投入和产出量的资料,运用回归分析中的最小二乘法就能估计出 α、β 和 $\ln A$ 的值,由此可以进行经济预测。

3. 固定替代弹性生产函数(CES 生产函数)

相比较而言,固定替代弹性(constant elasticity substitution function,CES)生产函数更具有一般性,柯布—道格拉斯生产函数可看作是 CES 生产函数的特例。其形式如下:

$$Q = [a_1 x_1^{\rho} + a_2 x_2^{\rho}]^{\frac{1}{\rho}}$$

式中,Q 代表产出量,X_1 和 X_2 代表两种生产要素,a_1、a_2、ρ 是三个参数。当 $\rho = 1$ 时,CES 生产函数成为线性生产函数,当 $\rho \rightarrow 0$ 时,CES 生产函数成为柯布—道格拉斯生产函数,当 $\rho \longrightarrow \infty$ 时,CES 生产函数变为固定比例系数生产函数。上述三个方面的证明和推导,有兴趣的读者可以参看更高级的数理经济学教材。

三、生产的技术有效性和经济有效性

生产者在寻求最有效的生产方法时要受到两个方面的限制,一是技术限制,二是市场(经济)限制。厂商的生产决策就是既满足技术方面的限制,又满足经济方面的限制。当厂商在技术限制的情况下,运用给定的生产要素投入组合生产出最大的产出量时,我们称厂商的生产符合技术有效性。而在我们提供的生产函数的定义中指的就是一定要素投入获得最大产出量,即生产函数中已经隐含了技术有效性。理解技术有效性主要是指在现有条件下投入一定量获得最大产出量,或者获得一定的产出量,投入最少的要素,这里并不考虑是否值得投入这么多的数量。例如,如果某汽车装配厂,按现有的技术水平,投入 1 000 个工人和价值 10 亿元的资本,每年可以生产出 20 万辆汽车,假如这是投入这么多要素可能生产出的最大产量,即达到了技术有效性。那么,假如同样生产 20 万辆汽车,投入的生产要素数量比上述生产更多(平均意义上),但成本较低时,这与前者满足技术有效性并不矛盾,这种情况就涉及经济有效性的问题了。

当厂商在经济限制的情况下,生产一定的产出量,达到要素投入成本最小时,我们称厂商的生产符合经济有效性。要素投入成本涉及要素的投入数量和要素价格两个方面。在其他投入的使用量和产出量保持不变时,甲生产技术能够比乙生产技术使用较少量的某一种或几种投入时,甲当然符合技术有效性原则,而乙显然不符合。但是,当产出量保持不变时,如果乙生产技术比甲多用某些要素投入,而少用其他一些要素时,就不能简单地以技术有效性来判断了,这时要考虑生产要素的价格,即从中选取成本最小的生产方法。

技术有效性和经济有效性问题对生产者的决策有着十分重要的意义。目前存在一种流行的观点,认为资本密集型优于劳动密集型。这种观点实际上就是混淆了技术有效性和经济有效性,生产中使用劳动更多些或者使用资本更多些,主要是一种技术有效性的考虑,而除此之外,生产者还要考虑经济有效性,即要素投入价格的问题,技术上有效并不必然意味着经济上是有效的。例如,在发展中国家,劳动力相对充足,价格较低,那么在生产中就应当多用劳动少用资本。

四、短期和长期

生产者在生产决策中常常会受到多种多样的限制,其中一个限制就是要素投入的时间限制。在某一给定的时间周期中,生产者可能无法马上调整某些生产要素的投入,必须在这种约束下进行决策。微观经济学中常常用短期和长期将这种限制纳入到分析之中。所谓短期(short run)是指这样一个时期,在这一时期厂商来不及调整生产规模来达到调整产量的目的,生产规模受制于某些固定的生产要素和生产能力,如厂房、机器设备等。而长期(long run)是指这样一个时期,在这一时期厂商可以调整生产规模来调整产量,所有的生产要素都是可以变动的。

当然,长期和短期之间并没有一个截然的、泾渭分明的界限,某些生产要素呈现固定的特征,这些特征也只具有相对的意义,可以理解为如果迅速调整这些要素的投入会带来极大的成本。例如,厂房建设到一半,生产者要马上通过扩建来调整生产规模时,显然会带来巨大的损失。

此外,短期和长期划分的相对性也体现在行业性质上。在不同的行业,短期和长期的具体时间间隔有很大的差异。在有些行业,如餐饮服务业,所需的资本种类较少,数量也不多,技术要求较低,这样如果调整生产规模,可能只需要几个月的时间。但有些行业,如重化工业、钢铁工业、汽车制造业等,所需的资本不但种类繁多,而且数量巨大,技术含量极高,如果生产者要调整生产规模,有时需要长达数年的时间,对这些行业来说,两三年的时间也只能算是短期。

第二节　短期生产函数

一、总产量、平均产量和边际产量

在短期的情形下,意味着有一些生产要素是固定的,而其他一些则是可以变动的,厂商的生产规模无法变动,只能通过调节可变要素来调整产出量。为了简化问题,假定只有两种生产要素,一种是固定的,为资本(K),另一种是可变的,为劳动(L)。当然这样的假定在实际的生产函数研究中很容易扩展到多种生产要素的情形。这样,一旦资本固定,厂商要想调整产量就只有调整劳动要素的投入量,问题就简化为研究单一的劳动要素的最优利用问题。

研究单一可变要素投入的最优利用问题首先需要了解三个关于产出量的概念,总产量、平均产量和边际产量。总产量(total product,TP 或 Q)是指投入一定的生产要素后,所获得的产出量的总和。平均产量(average product,AP)是指平均每单位某种生产要素投入可以获得的产出量。用 L 代表劳动,则劳动的平均产量可定义为 $AP = \dfrac{TP}{L}$。边际产量(marginal product,MP)是指增加或者减少 1 单位某种生产要素的投入量所带来的产出量的变化量。用 ΔTP 表示总产量的变化量,ΔL 代表劳动的变化量,则劳动的边际产量 $MP = \dfrac{\Delta TP}{\Delta L}$。当 ΔL 趋向于零时,我们还可以用微积分来定义边际产量 $MP = \dfrac{dTP}{dL}$(同样,资本的边际产量也可定义为资本投入量 1 个单位的变化所带来的产出量的变化量,定义式与劳动的边际产量类似)。

下面我们以一个具体的单一可变要素投入的生产函数例子来说明上述三个概念,并分析三者之间的关系。假设生产函数的具体形式为:$TP = 42L + 32L^2 - 3L^3$,则平均产量函数为:$AP = 42 + 32L - 3L^2$,边际产量函数为:$MP = 42 + 64L - 9L^2$(注意表 5.1 中边际产量不是以此函数式计算,而是依定义式计算的)。

表 5.1 总产量、平均产量和边际产量

L	$TP(Q)$	$AP(TP/L)$	$MP(\Delta TP/\Delta L)$
0	0	0	0
1	71	71	71
2	188	94	117
3	333	111	145
4	488	122	155
5	635	127	147
6	756	126	121
7	833	119	77
8	848	106	15
9	783	87	—65
10	620	62	—163

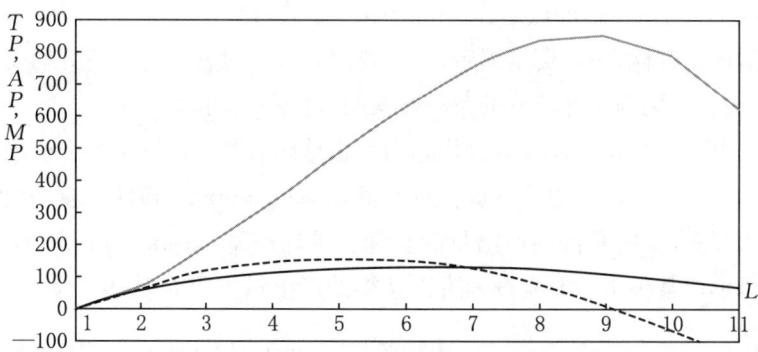

图 5.1 总产量、平均产量和边际产量曲线

表 5.1 按上述函数计算出来,图 5.1 在坐标系中将三条曲线描了出来。由表 5.1 和图 5.1 可以很明显地看出总产量、平均产量和边际产量三者之间的关系。

1. 总产量的变化

由图 5.1 和表 5.1 可见,随着劳动要素投入的增加,总产量的变化经历了三个阶段。第一个阶段总产量以递增的速度增加,表现为总产量曲线越来越陡直。第二个阶段总产量以递减的速度增加,表现为总产量曲线趋于越来越平缓。第三个阶段总产量递减,表现为总产量曲线向右下方倾斜。

2. 总产量与边际产量的关系

根据边际产量的定义,它是随着劳动要素 1 个单位的变化所带来的总产量的变化量,由此总产量曲线上任一点的切线的斜率就是边际产量。总产量曲线以递增的速度增加时,总产量曲线越来越陡直,边际产量是逐渐增加的。当总产

量曲线以递减的速度增加时,边际产量是逐渐减少的。当总产量曲线达到最大值时,边际产量为零。而当总产量开始递减时,边际产量转而成为负值。

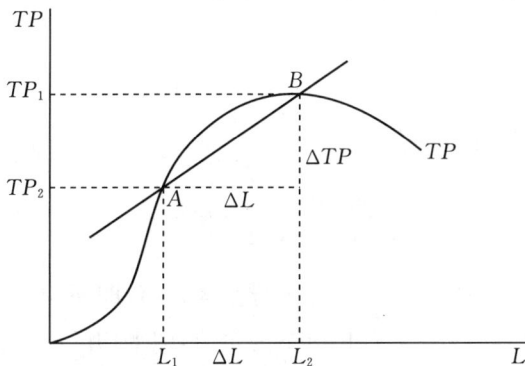

图 5.2　总产量和边际产量

3. 总产量与平均产量的关系

当总产量增加时,刚开始平均产量也在增加,当总产量增加的速度慢于要素投入增加的幅度时,平均产量不再增加。根据平均产量的定义,总产量曲线上任一点与原点连线的斜率就是平均产量。因此,当总产量曲线上某一点与原点连线的斜率正好也是在该点的切线时,这时平均产量达到最大,在这一点之前平均产量递增,这一点之后平均产量递减。

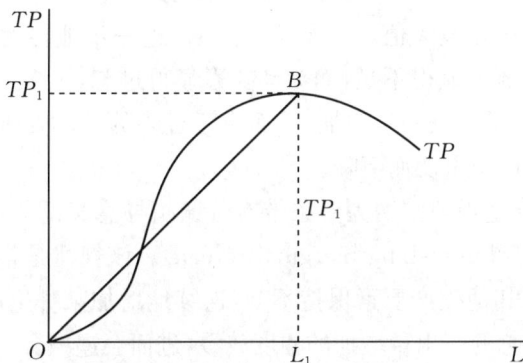

图 5.3　总产量和平均产量

4. 平均产量与边际产量的关系

当边际产量大于平均产量时,平均产量是递增的,而当边际产量小于平均产量时,平均产量是递减的,而在边际产量等于平均产量时,平均产量达到最大值。边际量和平均量之间的这种关系对任何函数都存在。

设总产量函数为 $Q = f(L)$，则平均产量函数为 $AP = \dfrac{f(L)}{L}$

对平均产量函数求劳动要素投入的导数，可得：

$$\frac{\partial}{\partial L}\left(\frac{f(L)}{L}\right) = \frac{\partial f/\partial L}{L} - \frac{f(L)}{L^2}$$

根据定义上式可以写成：

$$\frac{\partial}{\partial L}\left(\frac{f(L)}{L}\right) = \frac{1}{L}(MP - AP)$$

显然，当 $MP > AP$ 时，$f(L)/L$ 的导数为正值，即平均产量为递增函数。当 $MP < AP$ 时，$f(L)/L$ 的导数为负值，即平均产量为递减函数。当 $MP = AP$ 时，$f(L)/L$ 的导数为零，平均产量取极大值。

二、边际收益递减规律

前面结合表 5.1 和图 5.1 分析了总产量曲线的变化，并将其变化分为三个阶段，递增增加、递减增加和递减。造成总产量曲线如此变化的原因在于：固定的资本要素的投入存在一个容量问题，当可变的劳动要素从零刚开始增加时，劳动要素显得严重不足，资本要素显得过剩，这时稍稍增加一些劳动要素的投入就会使产出量较大幅度地增加。随着劳动要素越来越多，资本要素的相对过剩状况一步步得到缓解，到达某一个劳动和资本要素的配合后，达到了技术上的最佳的配合比例，产出量达到最大值。过了这一点后，进一步地再增加劳动要素的投入，又会发生资本要素显得不足，而劳动要素显得过剩，过多的劳动要素投入不但不会带来产出水平的进一步增加，反而由于过多的劳动要素降低了资本的利用效率，最终使得产出量反而下降。

经济学中将上述现象归纳为一条带有普遍指导意义的规律，即边际收益递减规律(the law of diminishing marginal return)。该规律是指在一定生产技术水平条件下，如果其他生产要素保持不变，连续地增加某种生产要素的投入量，在达到一定点后，总的产出量增加的幅度放慢，进而会递减。

结合现实经济情况，我们很容易理解这一规律，任何生产过程中某些要素给定不变，连续增加另一种或几种生产要素时都会出现这种情况，在一定的技术水平下，投入要素的配合有一定范围，在这一范围内劳动要素和资本要素可以在一定程度上替代，但这种替代存在着限制，超过这一限制，配合比例的失调反而会使产量水平降低。例如，一家公司计算机数量给定的情况下，不断增加员工的投入，开始时计算机的利用率会大幅度提高，单位时间内可以处理的文件数量也在增加，随着人员数量越来越多,计算机显得越来越不够用,一台计算机后可能排着一长串的员工。这些员工不但不能增加产量,反而会由于过于拥挤造成生产量下降。

另外,需要注意的是边际收益递减规律发挥作用有三个条件,当这些条件不能满足时,边际收益可能不会发生递减。三个条件是:(1)生产要素投入量的比例是可变的,即要素之间存在一定的替代关系,技术系数是可变的。(2)技术水平保持不变。如果发生技术进步,完全有可能在保持某些生产要素不变而增加一种生产要素时产量反而递增的现象。(3)每一次调整变化的生产要素的使用效率都是相同的,假如边际收益递减是由于增加的生产要素的效率下降造成的,这不是该规律发挥作用的表现。

三、生产的合理投入区域

根据可变要素投入变化过程中,总产量变化的不同特征,前面将其划分为三个阶段,结合总产量与边际产量和平均产量的关系,我们以平均产量的最大值点(同时也是边际产量和平均产量的交点)和边际产量为零点把生产要素投入划分为三个区域,其中第一区域可称为平均产量递增阶段,第二区域称为平均产量递减(这时边际产量非负)区域,第三区域称为负边际产量区域,如图 5.4 所示。

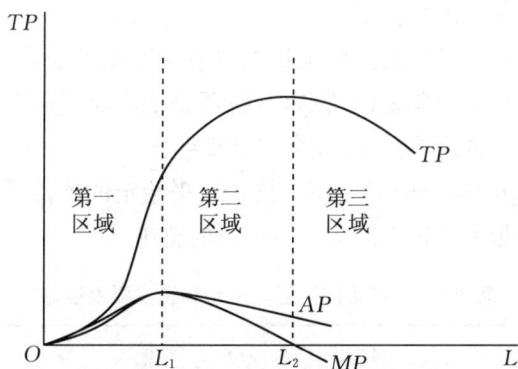

图 5.4　生产的合理投入区域

在图 5.4 中,劳动要素的投入从 0 到 L_1 范围内,平均产量处于递增的阶段,厂商要素投入不会停留在这一区域,加上这时边际产量大于平均产量,意味着厂商继续增加要素投入是有利可图的,会使厂商能更有效地利用固定的资本要素,在产品市场价格和要素价格给定的情况下,总产量增加符合厂商的利益。

劳动要素的投入大于 L_2 时,即处于生产的第三阶段,这时边际产量为负值,总产量开始下降,表明与固定的资本要素的投入相比,劳动要素的投入太多了,厂商如果继续增加劳动要素投入不经济,追求利润最大化的厂商当然不会在此区域生产。

最后,当劳动要素投入处于 L_1 到 L_2 区域内时,总产量是递增的,虽然边际产量递减但仍大于 0。当然,厂商会选择在第二区域中进行生产,这一区域称为生产的合理投入区域。就目前的分析来说,厂商可以选择该区域的任意一点进行生产,厂商究竟具体选择哪一点进行生产还要考虑投入要素的价格问题。

第三节　长期生产函数

上一节分析了生产者在短期情况上的生产决策,在这一时期其决策受制于某些固定的生产要素,生产者只能通过调整可变生产要素来调整产出量。本节将介绍当生产者可以调整所有生产要素时的生产决策问题,为完成本节的分析,需要几个新的分析工具,主要是等产量线、等成本线、生产者均衡等。

一、等产量线

等产量线类似于前面分析消费者行为时的无差异曲线,只不过,无差异曲线描述的是消费者对消费商品或服务的主观偏好,而等产量线则描述客观存在的投入产出的技术关系。

类似地,为了简化问题,我们假定厂商只有两种生产要素,同样这种假设可以很容易放松到多种生产要素的情形,其技巧是把除重点研究的某种要素外的其他所有要素作为一种合成要素(或合成要素组合)。

等产量线(isoquanta curve)是指在技术水平给定的条件下生产一定产量的两种生产要素投入量的各种不同组合所形成的轨迹。

表 5.2　生产给定产量的劳动和资本要素组合

组合	Q	K	L
A_1	200	10	120
A_2	200	20	60
A_3	200	30	40
A_4	200	40	30
A_5	200	50	24
A_6	200	60	20
A_7	200	70	17.14
A_8	200	80	15
A_9	200	90	13.33
A_{10}	200	100	12

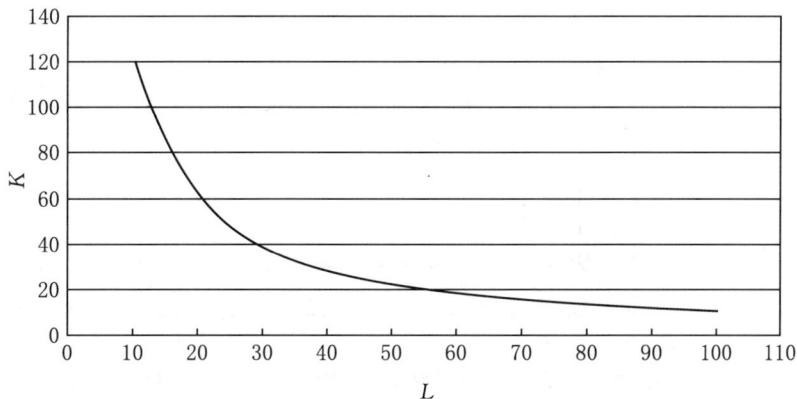

图 5.5 生产 200 单位某种产品的等产量线

表 5.2 给出一个等产量线的数字例子。在该例中,产量 Q 是给定的,为 200 单位,为生产这些产品,厂商可以采取投入 40 单位资本和 30 单位劳动(如组合 A_4)的组合获得,也可以投入 80 单位资本和 15 单位劳动(如组合 A8)获得。图 5.5 描出了这条曲线,在这条曲线上每一点都代表该种劳动和资本要素的组合可能生产出 200 个单位的产品来。同理,当给定的产量水平为 300 单位、400 单位或者 1 000 单位时,我们还可以分别描出生产这些产量的等产量线。

图 5.5 描绘的是一般意义上的等产量线,即劳动和资本要素可以在一定的范围内替代。当两种要素不能相互替代时,其等产量线如图 5.6 所示是一条折线。而当两种生产要素完全可以替代时,其等产量线如图 5.7 所示是一条直线。

等产量线具有如下一些性质:

(1) 等产量线一般向右下方倾斜。通常说来,劳动和资本两种生产要素在一定范围内是可以替代的,因此,沿着等产量线从上向下移动时,资本要素的使用量逐渐减少,为了保持产出水平不变,势必要增加劳动要素,即资本和劳动要素的投入量变动的方向是相反的。这样,等产量线向右下方倾斜。

(2) 等产量线凸向原点。沿着等产量线从上向下移动时,随着劳动要素的逐渐增加,为保持产量水平不变,能够减少的资本要素的数量越来越小(劳动要素等量增加)。这是因为,随着劳动投入增加,资本显得越来越不足。反过来说,厂商如果要保持产量不变,减少同等数量的资本要素,必须增加更多的劳动要素。这一点在下面介绍边际技术替代率时还有详细分析。

(3) 等产量线有无数多条。由于一条等产量线表示厂商的一种产量水平,当产量水平可以无限细分的情况下,每一细微的产量变动都意味着移向了另一条等产量线,所以,等产量线有无数多条,并且充满整个坐标系的第一象限。

(4) 任意两条等产量线不会相交。根据等产量线的定义可知,每一条等产

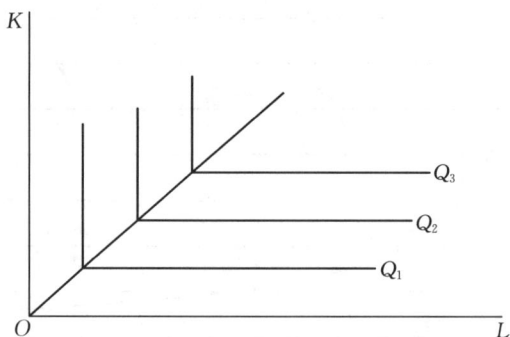

图 5.6　固定比例系数（要素间不能替代）的等产量线

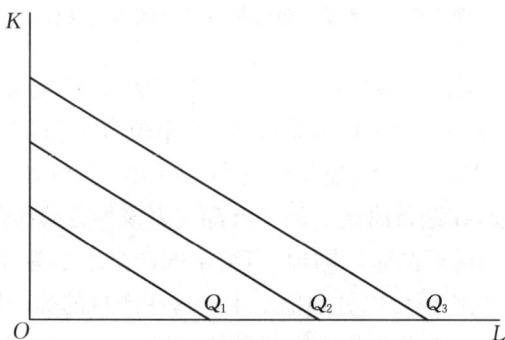

图 5.7　要素完全可以替代的等产量线

量线都代表厂商可以获得的一定产量,对应于任一要素投入组合,它能生产的产量要么与另一组合相同,要么少于另一组合,要么多于另一组合,不会出现既少于,又多于另一组合的情形,否则会出现矛盾。对此,与证明无差异曲线不会相交一样,可用反证法来证明,如图 5.8 所示。

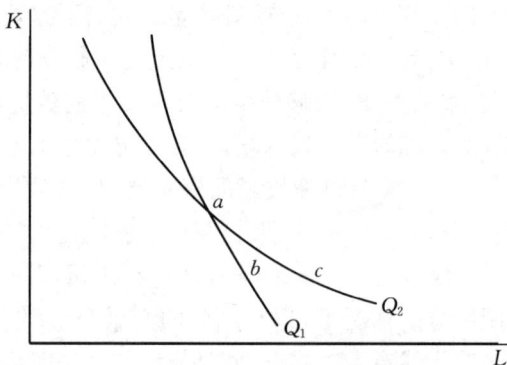

图 5.8　任意两条等产量线不会相交

在图 5.8 中,假设两条等产量线 Q_1 和 Q_2 相交于 a 点,在 Q_1 上任取不同于 a 点的一点 b,由于 a 点和 b 点处于同一条等产量线上,因此 a 点和 b 点代表的产量相同。在 Q_2 上任取不同于 a 点的一点 c,由于 a 点和 c 点处于同一条等产量线上,因此又有 a 点和 c 点所代表的产量相同,这样可得 b 点和 c 点所代表的产量也相同,这与 b 点和 c 点处于两条不同的等产量线上相矛盾,所以任意两条等产量线不会相交。

二、边际技术替代率

一条等产量线表示两种要素投入的各种不同数量组合可以生产一个给定的产量水平,换言之,厂商可以通过对两种要素之间的相互替代,来维持一个既定的产量水平。如果生产同样的产量,我们使用了较多的资本和较少的劳动要素,可以称为资本密集型的生产方式,反过来使用了较少的资本和较多的劳动,可以称为劳动密集型的生产方式。顺便再说一下,这里到底采用劳动密集型还是资本密集型的生产方式取决于生产要素的相对价格情况,从技术的角度来说,二者是没有优劣之分的,这一点从上面也可以明确得到。

例如,前面的实例中,A_1 到 A_2 组合的变化表明可用 10 单位的资本来替代 60 单位的劳动,从 A_2 到 A_3 组合的变化表明可用 10 单位的资本来替代 20 单位的劳动,如此等等。在经济学中,两种要素之间的这种相互替代关系用边际技术替代率(marginal rate of technical substitution, MRTS),是指在保持产量水平不变的条件下,增加 1 个单位的某种要素投入量时所减少的另一种生产要素的投入数量。用 ΔK 表示资本的变化量,ΔL 表示劳动的变化量,则劳动对资本的边际技术替代率用公式表示就是:

$$MRST_{LK} = -\frac{\Delta K}{\Delta L}$$

由于劳动要素和资本要素变化的方向相反,为了便于说明和叙述,添加一个负号将其变为正值。当然,同样可以得到资本对劳动的边际技术替代率,方向发生变化,但实质没有变化。

例如,上述实例中,A_2 到 A_1 组合(资本量减少)的变化的边际技术替代率为 $MRST_1 = 10/60 = 1/6$,A_3 到 A_2 组合的变化的边际技术替代率为 $MRST_2 = 10/20 = 1/2$。

如图 5.9 所示,当要素组合从 A 点移动到 B 点时,劳动对资本的边际技术替代率等于资本投入的减少量与劳动投入的增加量之比的负值,即:

$$MRST_{LK} = -\frac{K_1 - K_2}{L - L_2} = -\frac{\Delta K}{\Delta L}$$

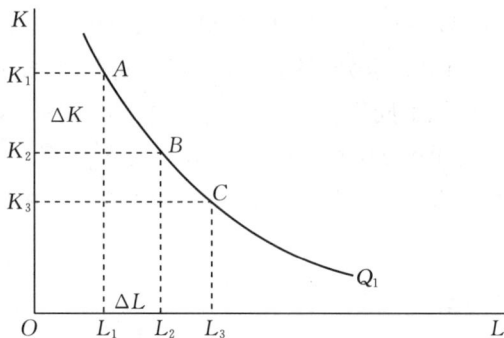

图 5.9　边际技术替代率

当图 5.9 中的 A 点到 B 点的变化为无穷小时，$\Delta L \rightarrow 0$，那么边际技术替代率还可以用微分表示为：

$$MRST_{LK} = \lim_{\Delta L \to 0} -\frac{\Delta K}{\Delta L} = -\frac{dK}{dL}$$

这里，当等产量线给定时，$-dK/dL$ 为其斜率，即等产量线上任一点的边际技术替代率就是等产量线在该点的斜率。

此外，边际技术替代率还可以用两种生产要素的边际产量之比来表示。仍按图 5.9 为例，当沿着等产量线从 A 点移动到 B 点时，资本的减少量为 ΔK，那么由此带来的产量的变动量为 $\Delta K \cdot MP_K$，劳动的增加量为 ΔL，那么由此带来的产量的变动量为 $\Delta L \cdot MP_L$，MP_K 为资本的边际产量，MP_L 为劳动的边际产量。由于 A 点和 B 点同处于一条等产量线上，因此这一变化带来的产量变动的净效应为零，即：

$$\Delta K \cdot MP_K + \Delta L \cdot MP_L = 0$$

整理可得 $-\dfrac{\Delta K}{\Delta L} = \dfrac{MP_L}{MP_K} = MRST_{LK}$

考察前面实例中的边际技术替代率，我们可以发现随着资本要素投入的等量减少（100 单位减少到 10 单位），劳动要素的投入从 12 单位增加到 120 单位，劳动要素的增加量越来越大，即需要越来越多的劳动才能替代一定量的资本，所以，劳动对资本的边际技术替代率是递减的。

三、等成本线

前面在假定生产要素的价格，进而要素投入成本给定的情况下，我们分析了厂商在所有要素可以变动时，投入与产出之间的相互关系，并用等产量线表示获得给定产量两种要素的组合。等产量线只确定了要素投入与产出之间的技术关系,但未指明也无法确定厂商到底选择哪种组合,要想确定厂商会选择什么组合必须结合生产要素成本。在生产理论中,厂商的要素成本用等成本线来表示。

等成本线是在给定的成本和生产要素价格的条件下厂商可以购买到的两种生产要素的各种不同数量组合形成的轨迹。假设厂商给定的总成本为 C,劳动的价格或工资率为 w,资本的价格或利息率为 r,那么厂商购买的两种生产要素的数量满足下列方程:

$$wL + rK = C$$

变形可得 $K = -\dfrac{w}{r}L + \dfrac{C}{r}$

由上述方程,我们可以在以横轴为劳动 L,纵轴为资本 K 的坐标系中画出一条直线,即等成本线,如图 5.10 所示。该线的斜率为 $-w/r$,即两种生产要素价格之比。纵截距为 C/r,即当所有的给定成本都用于购买资本要素时可以购买到的数量。横截距为 $\dfrac{C}{w}$,表示当所有的给定成本全部用于购买劳动要素时可以购买到的数量。在等成本线上的任意一点都满足前面的成本方程,也表明等成本线上的每一点代表的劳动和资本要素的数量组合都正好花光给定的总成本。

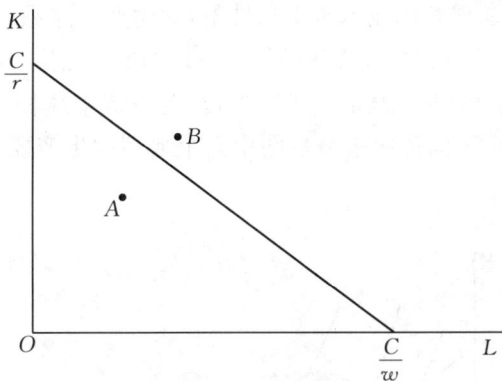

图 5.10 等成本线

在图 5.10 中,等成本线与两条坐标轴围成的三角形区域,代表了在现有的成本条件下厂商能够购买得起的要素组合的集合,如 A 点位于三角形区域内部时,表达了这一组合厂商能够购买得起,但还有成本剩余。而 B 点位于三角形外,表达了虽然这一组合包含了更多的劳动和资本数量,但厂商给定的成本购买不起。由此,也可以看出,该三角形区域决定了厂商可以选择的范围,也是厂商面对的经济约束的表现。

此外,等成本线与前面章节分析消费者行为时介绍的预算线,在数学意义上完全相同,当给定的成本变化时,一种或两种要素价格变化时,给定的成本和要素价格同时发生变化时等等,都会引起等成本线的移动,移动方向与前面对预算线移动的分析类似,这里不再赘述。

四、生产者均衡

由于等产量线表达了技术上的限制,等成本线表达了经济上的限制,二者结合起来就可以研究厂商在成本给定或产量给定下的生产决策。前者是分析厂商在给定成本条件下的产量最大化问题,后者是分析厂商在给定产量条件下的成本最小化问题,这两类问题的实质是一样的,都是在特定情况下的利润最大化问题。

1. 给定成本条件下的产量最大化

假设厂商给定的总成本为 C,劳动的价格或工资率为 w,资本的价格或利息率为 r,那么在这种情况下厂商就是要选择一个能使其产量最大化的生产要素组合。把厂商的等产量线和等成本线描在同一个坐标系中,就可以确定厂商在给定成本下实现最大产量的最优要素组合,即生产者均衡点。

在图 5.11 中,总成本 C、劳动和资本的价格给定,那么等成本线就可确定,在图中为 AB 线。在现有的技术水平条件下,为生产一定数量的产品要素组合的轨迹也是给定的,或者说厂商面对的等产量线的形状给定,在图中只画出了三条等产量线 Q_1、Q_2 和 Q_3。假定等产量线 Q_2 与等成本线相切,这时切点 E 就是生产者的均衡点。下面依次来分析图中几个典型的生产要素组合,以说明为什么 E 点是均衡点。

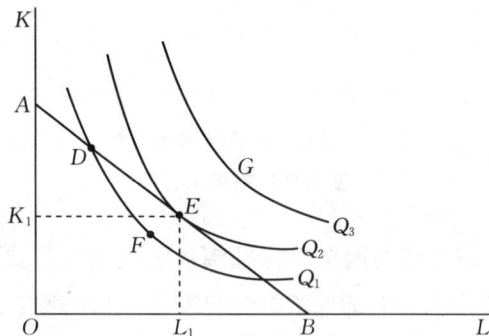

图 5.11　给定成本条件下的产量最大化

首先,在 D 点,一方面 D 点位于等成本线上,另一方面 D 点又处于等产量线 Q_1 上,但厂商不会选择 D 点所对应的生产要素组合。这是因为,在 D 点虽然厂商的成本足以支付这些要素,但这时处于一条较低的等产量线上,如果厂商选择的组合从 D 点沿着等成本线向 E 点移动,那么,在仍保持满足成本限制的情况下能获得更高的产量,使等产量线从 Q_1 向 Q_2 靠近。同理,从 D 点沿着等成本线一直到 E 点(不包括 E 点)上的所有点都不是均衡点。

其次,在 F 点,一方面 F 点位于等成本线与两条轴所围成的三角形内部,另一方面 F 点又处于等产量线 Q_1 上,同样厂商不会选择 F 点所表示的组合。在 F 点,厂商还有成本的剩余,处于较低的等产量线上,如果厂商选择的组合从 F 点向 E 点移动,那么,在不超出成本限制情况下能获得更高的产量,使等产量线从 Q_1 向 Q_2 靠近。同理,所有不包括等成本线在内的生产可行集内的任何一点都与 F 点相似,这些点也不是均衡点。

再次,在 G 点,该点虽然处于更高的等产量线 Q_3 上,但因为位于生产可行集的外部即处于厂商无法支付的水平上,因此也不是均衡点。同样,处于生产可行集外的任何一点都不是均衡点。

最后,在 E 点,该点一方面处于等成本线上,另一方面又是在这种情况下可能接触到的最高的等产量线。从 E 点出发,沿着等产量线移动虽然产量水平不变,但离开了等成本线,厂商支付不起。而沿着等成本线移动,无论向上还是向下非但不会提高厂商的产量水平,反而会使产量水平降低。E 点是厂商均衡点,决定了厂商对生产要素的最优购买量为 L_1 和 K_1。

由于 E 点是等成本线和一条最高的等产量线的切点。因此等产量线 Q_2 和等成本线 AB 的斜率在这一点上是相等的,等产量线的斜率是该点的边际技术替代率($MRST_{LK}$),等成本线的斜率为两种要素的相对价格,所以有:

$$MRST_{LK} = -\frac{\Delta K}{\Delta L} = -\frac{dK}{dL} = \frac{MP_L}{MP_K}$$

而等成本线的斜率为 $-\dfrac{w}{r}$

有 $MRST_{LK} = \dfrac{MP_L}{MP_K} = \dfrac{w}{r}$

上式就是生产者均衡的基本条件,表示在一定的总成本限制的条件下,为获得最大产量,厂商应当选择的最优要素投入的数量组合,是使得两种要素的边际技术替代率等于两种要素的价格之比,以及两种要素的边际产量之比。

上述条件经过适当变换,可以写成:

$$\frac{MP_L}{w} = \frac{MP_K}{r}$$

上式表示厂商用每1单位的成本所能购买到的边际产量相等时,生产者就能获得最大产量,当这一条件不满足时,厂商总可以通过调整两种要素的投入数量而提高产量。

2. 给定产量条件下的成本最小化

厂商在给定成本条件下达到产量最大化就能实现利润最大化,那么当厂商的产量给定时如何达到利润最大化呢?当然是厂商通过降低成本,即实现成本最小的情况就可达到。这一理论可借助图5.12来说明。

在图5.12中画出了一条等产量曲线Q表示厂商给定的产量,同时也作出了三条等成本线,当然在每一成本下都可以画出这样一条线,这里为了简化分析只画出三条。因为劳动和资本要素的价格是给定的,二者的相对价格关系没有变化,所以三条等成本线的斜率相等,代表三种不同的成本水平。该图中,等成本线 A_1B_1 与等产量线 Q 相切,切点为 E,那么 E 点就是在给定产量情况下生产者均衡点。

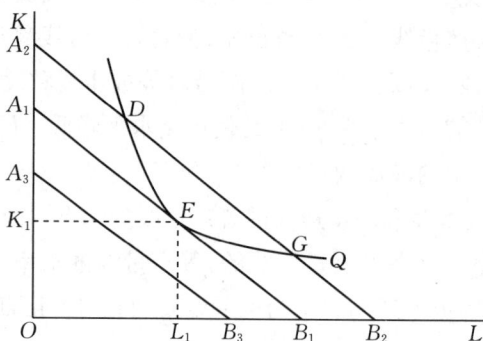

图5.12 给定产量条件下的成本最小化

在等产量线 Q 和等成本线 A_2B_2 的交点 F 和 G(F 和 G 为等产量线 Q 上两个不同的点),能够生产出 Q 的产量,满足厂商的产量要求,但并未达到成本最低,沿着 F 点向 E 点靠近时,产量仍能保持在 Q 的水平,但成本可以降低,因此像 F、G 这样的点不是生产者均衡点。

等成本线 A_3B_3 所代表的成本水平小于 A_1B_1,但是它与等产量线 Q 没有任何接触点,即在这样的成本水平根本不可能生产出 Q 这么多的产量来,因此虽然其代表较低的成本水平,但厂商无法达到生产 Q 的目的,所以也不是生产者均衡点。

只有在 E 点,该点是能够生产 Q 产量的成本最小的组合,任何偏离 E 点的组合,要么无法生产出 Q 水平的产量,要么成本水平太高,都不是均衡点。在 E 点同样满足给定的等边际技术替代率与等成本线的斜率相等。这一生产者均衡的条件与前面分析给定成本下产量最大化的条件是一样的。

五、生产的扩展线

当其他条件给定,厂商的产量或者成本发生变化时,生产者就需要重新选择生产要素投入的组合,可以在变化了的产量的基础上寻求成本最小,或者在变化了的成本基础上寻求产量最大,这就是生产者均衡点的调整问题。

生产者在生产要素的相对价格、生产函数或者技术水平不变情况下,如果总的生产规模扩大,投入生产的生产要素数量同时提高,表现为等成本线向右上方平移,新的生产者均衡点将在更高的位置上形成。厂商逐渐调整生产规模时,生产者均衡点移动的轨迹就称为生产扩展线,如图 5.13 所示。

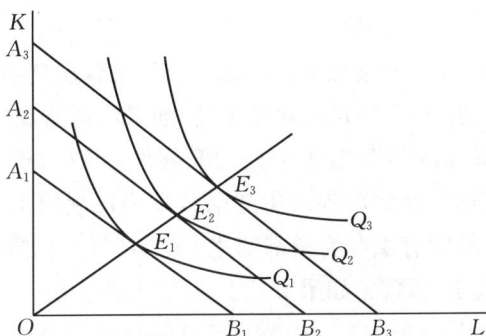

图 5.13 生产的扩展线

从图 5.13 中可知,生产的扩展线上的每一点都是在成本给定情况下的最大产量的要素组合,或者是产量给定情况下的最小成本的要素组合,也是生产者均衡点形成的轨迹,生产者沿着这条线扩大生产规模可以达到长期的最优要素投入。

第四节 规模报酬

生产者在长期的生产决策还需要解决,当所有的生产要素按比例同时发生变动后,产量会如何变动?与此相对应就是要研究规模报酬的问题,而规模报酬问题又与生产者经常提及的规模经济和不经济概念联系在一起,两者的区别在于,规模报酬侧重于要素投入同比例变化后产出的变化问题,而规模经济和不经济则侧重于厂商生产规模变化后生产成本变化的问题。

一、规模报酬的含义

观察一下现实经济社会,我们会发现,一旦提到大企业往往与重化工业、机械工业、钢铁工业以及汽车工业等联系在一起,企业规模以资产计算往往达数十亿元乃至几百亿元,而对于食品业、服装业等轻工行业来说,资产超过几亿元规模就显得很大了,可见不同行业的生产规模有着巨大的差异。有些行业随着生产规模的逐渐扩大,产出水平上升幅度更大,相伴随的是平均成本水平的逐步降低,而有些行业往往生产规模达到一个很小的水平后就止步不前了。这些问题涉及生产理论中的规模报酬问题。

在微观经济学中,将长期中厂商的规模变化定义为所有生产要素的同比例变化。假定某厂商的生产过程中只需要投入劳动和资本两种生产要素,其投入量分别为 L 和 K,这时,当两种要素的投入量同时增加一倍,即增加到 $2L$ 和 $2K$ 时,称之为厂商的生产规模扩大了一倍。规模报酬是要说明,当生产要素同时增加了一倍,那么产量会如何变化?是增加一倍,增加多于一倍,还是增加少于一倍?如果产量的增加正好是一倍,称之为规模报酬不变;如果产量增加多于一倍,则称之为规模报酬递增。进而,如果产量增加少于一倍,就称为规模报酬递减。

在进行经济分析时,通常用齐次生产函数来描述规模报酬关系。对于一种生产函数,如果投入的所有生产要素都变化 λ 倍,产量也同方向变化 λ^n 倍,这类生产函数即为齐次生产函数。如果 $n=1$,则是线性齐次生产函数。例如,$Q=f(x_1, x_2, \cdots, x_n)$ 中,x_1、x_2、$\cdots$、x_n 全部同时增加为 λx_1、λx_2、$\cdots$、λx_n,则产量 Q 会增加为 $\lambda^n Q$,即 $\lambda^n Q=f(\lambda x_1, \lambda x_2, \cdots, \lambda x_n)$。在线性齐次生产函数的情形中,当 $\lambda>1$ 时,如果 $f(\lambda x_1, \lambda x_2, \cdots, \lambda x_n)>\lambda f(x_1, x_2, \cdots, x_n)$ 为规模报酬递增,如果 $f(\lambda x_1, \lambda x_2, \cdots, \lambda x_n)=\lambda f(x_1, x_2, \cdots, x_n)$ 为规模报酬不变,如果 $f(\lambda x_1, \lambda x_2, \cdots, \lambda x_n)<\lambda f(x_1, x_2, \cdots, x_n)$ 为规模报酬递减。另一方面,当 $\lambda<1$ 时,如果 $f(\lambda x_1, \lambda x_2, \cdots, \lambda x_n)<\lambda f(x_1, x_2, \cdots, x_n)$ 为规模报酬递增,余下类推。

二、规模报酬递增及其原因

规模报酬不变比较容易理解,当所有的生产要素投入都增加一倍时,我们可照原样复制一个相同的生产过程,这时产量与投入增加一倍一样也增加一倍。事实上复制不像复印机,总会有一定的差异,例如,新的生产过程可能得不到与原来同样有效率的工人,同样有效率的生产地理位置等等。不过这些差异并不造成理论上的困难,当我们投入的要素具有同样效率时就会消除这些差异。

规模报酬递增主要源于以下四个方面:

(1) 劳动分工使生产的专业化程度提高,从而提高劳动生产率。当生产规模太小时,劳动分工程度较低,单位要素的劳动生产率水平较低。当生产规模扩大时,劳动分工程度就能提高。劳动分工能提高劳动生产率,则是因为,通过劳动分工使得工作简单化,可以熟能生巧,劳动分工还可以节约工作转换的时间,提高劳动利用率,此外,简单化的劳动还有利于机器设备的发明和应用。

(2) 资源的集约化使用。同时集中使用数量较多且性能相似的机器设备,可以使厂商提高机器的使用效率,如因故障停工的概率降低,相同工种的劳动力集中在一起使统一的培训的成本降低等等。

(3) 生产要素的不可分性。不可分性意味着某些生产要素只有在一定的限度和范围内才能发挥最大的生产能力,生产规模较大的生产者比之小规模的生产者能更有效地利用这些生产要素。例如,一台高速包装机每天可以包装 1 万箱饮料,如果一个小型饮料公司引进这种设备,受市场销售的限制,这一设备的利用率可能会严重不足。

(4) 大规模厂商的较强的讨价还价能力。生产规模大的厂商往往在原材料采购、分销渠道、产品运输等方面有着较强的讨价还价能力,可以以较低的价格购买原材料,建立分销渠道能力较强,单位分销成本也较低。

三、规模报酬递减及其原因

规模报酬递减的主要特征是当生产要素按相同比例同时增加时,产量增加的比例小于投入要素的变化比例。造成规模报酬递减的主要原因有两个:其一是生产要素可得性的限制。随着厂商生产规模的逐渐扩大,由于地理位置、原材料供应、劳动力市场等多种因素的限制,可能会使厂商在生产中需要的要素投入不能得到满足。其二是生产规模较大的厂商在管理上效率会下降,如内部的监督控制机制、信息传递等,容易错过有利的决策时机,使生产效率下降。

习题五

1. 生产函数描述的是( )。

A. 投入价格如何随着厂商产出的变化而变化

B. 从一定数量的投入中得到多少产出

C. 在每一个价格水平下,厂商应该生产的最优产出水平

D. 价格与需求量之间的关系

2. 如果一个生产过程对于所有投入都是收益递减的,那么,(   )。

A. 它不可能是规模报酬不变

B. 它一定是规模报酬递减

C. 它不可能是规模报酬递增

D. 以上选项都不对

3. 当劳动的总产量下降时,(   )。

A. 劳动的平均产量递增

B. 劳动的平均产量为负

C. 劳动的边际产量为负

D. 劳动的边际产量递增

4. 在生产者均衡点上,(   )。

A. 边际技术替代率等于两种要素的价格之比

B. 两种要素的边际产量之比等于两种要素的价格之比

C. 等产量曲线的斜率等于等成本曲线的斜率

D. 以上均正确

5. 当某厂商短期内达到了产量最大,那么,(   )。

A. 一定获得最大利润

B. 无法确定是否获得最大利润

C. 一定没有获得最大利润

D. 总收益达到最大

6. 某企业的生产函数形式为 $Q = AL^{0.6}K^{0.4}$,在短期情况下,资本量固定,试求劳动要素的平均产量和边际产量函数。

7. 某公司的生产函数为 $Q = KL - 0.5L^2 - 0.32L^3$,在短期情况下,资本量固定等于 10。试求劳动的平均产量函数和边际产量函数。当劳动量为多少时,总产量、平均产量和边际产量分别达到极大。试验证当平均产量和边际产量相等时,平均产量达到极大。

8. 生产要素之间存在部分替代性时,等产量曲线凸向原点;完全不可替代时,等产量曲线为一条折线;要素完全可以替代时,等产量曲线为一条直线。试结合图例说明理由。

9. 某公司的生产函数为 $Q = LK$,当该公司要生产 100 单位产品,劳动的价格为每单位 8 元,资本的价格为每单位 2 元,该公司最佳的生产要素组合为何?这时的最小成本是多少?

10. 某公司的生产函数为:$Q = 40K^{0.5}L^{0.5}$。边际产量函数为:$MPP_k = 20K^{-0.5}L^{0.5}$ 和 $MPP_l = 20K^{0.5}L^{-0.5}$。在达到生产者均衡的情况下,资本和劳动

的价格比率应为多少？当劳动的价格为 40 元,资本的价格为 50 元,资本和劳动数量的配合比例如何？如果该公司要生产 2 000 单位的产品,劳动和资本应当如何组合?

11. 试说明下列生产函数规模报酬状况,即规模报酬是递增的、不变的还是递减的。

(1) $Q = 4K + 20L + 15M$

(2) $Q = 5L + 350$

(3) $Q = 22L + 35K + 2KL$

(4) $Q = 2L^{0.75}K^{0.25}$

(5) $Q = 8K^{0.2}L^{0.6}M^{0.4}$

第六章

成 本 理 论

当我们阻挡汹涌的河水为我们获取发电和防洪的利益之时,我们仅仅看到了眼前的好处,没有看到这种做法对生态的长期性破坏。我们只记得抓住机会的重要性,而忘记了为抓住这个机会而放弃的其他机会。经济学中的机会成本概念或许会使我们考虑的更多一些。

——题记

学 习 目 标

通过本章的学习,你应当能够:

1. 理解成本、机会成本和管理决策的相互关系;

2. 理解显性成本、隐性成本和沉没成本的含义;

3. 掌握短期成本函数中短期总成本、平均成本和边际成本之间的相互关系;

4. 掌握平均可变成本、平均固定成本与平均成本之间的关系;

5. 理解长期成本函数的形成及长期总成本、长期平均成本和长期边际成本的关系;

6. 理解规模经济、范围经济和学习曲线的含义。

在生产理论中,我们分析了生产者的生产决策,说明了生产者在一定的限制条件下如何选择最佳的投入和产出配合关系的基本原则。这些问题主要集中于投入和产出关系的技术层面,还没有真正与市场层面建立起关系来。生产者通过生产理论了解了选择最优的生产规模对经营成功的重要性,那么生产者如何确定最优的生产规模呢?当最优的生产规模确定后,又如何确定最优的产出水平(规模既定时)?解决这些问题需要经济学中的成本分析。

微观经济学中常见的一种对成本的称呼称为经济成本或机会成本,在会计人员的眼中明明有利润可图的事,在经济学家的分析中却发生了亏损,这种分析的区别在什么地方?为什么说经济学家在经济分析中使用的概念更加合理有效?本章将首先详细介绍经济分析中的成本概念。

与生产理论的划分相对应,成本理论中也将根据生产者受到局限的不同将成本决策划分为短期和长期两种期间。在详细阐释了成本概念后,接下来将研究短期和长期情况下的成本类型,并揭示出这些成本之间的相关关系和应用价值。最后介绍几个与厂商成本密切联系在一起的重要而有用的概念,即规模经济、范围经济和学习曲线(或称经验曲线)。

第一节 成本、机会成本和管理决策

按照通常的理解,成本是指厂商为了得到一定数量的产品或服务所需要付出的代价,这种代价既包括以货币形式表现出现的部分,也包括以非货币如时间、精力等表现出来的代价。厂商要想生产一定的产品或提供一定的服务就必须使用各种生产要素,那么厂商生产这些产品或服务所投入的每种生产要素的数量与各要素价格乘积的和就是其生产成本。本节主要研究经济研究中的成本概念及其与管理决策之间的关系。

一、机会成本和会计成本

由于出发点和依据的原则不同,寻求的结果存在差异,经济学和会计人员的成本概念的指向性迥异,会计学侧重于对过去经营结果的计量,对成本的理解是面向历史的,而经济学则偏向对未来机会的估价判断,对成本的理解是面向未来的。

通常会计人员按照统一的标准或准则对企业已经发生的所有经营活动相关的实际支出、费用等计入成本,以反映企业的经营绩效,这里的成本概念一般称为会计成本(accounting cost)。

与之相对应,微观经济学中的成本主要是指经济成本(economic cost)或称机会成本(opportunity cost),涉及对未来机会的估价、判断和选择的问题。简单来说,机会成本是指厂商生产某种产品或提供某种服务时,所放弃掉的其他可以获得的最大收益的产品或服务的代价。这一定义较为拗口,为便于理解,可以举些例子说明。从日常生活经验中我们会发现,当一种资源被用于某一特定用途时,这种资源就不能同时用于其他用途,也就是说用于一种用途就放弃掉了用于其他用途可以获得的收益。例如,一个人一天的时间是他拥有的资源,当他的时间用于看电视时,便不能同时用于读书、上课或工作,那么用机会成本的概念来说,看电视的机会成本就是读书、上课或工作中可能获得的最大收益。更一般些,假设某厂商拥有 1 单位的劳动和 1 单位的资本,运用这些资源,厂商可以生产 1 单位的 A 产品或 B、C、D、E 等产品,设厂商生产上述产品分别可以获得的收益如下表 6.1 所示,就此我们就可得出厂商选择生产某一种产品时的机会成本。

表 6.1　机会成本概念

产品种类	可获收益(元)	机会成本(元)
A	34	42
B	29	42
C	42	40
D	36	42
E	40	42

在表 6.1 中,为简化起见,假设厂商所拥有的资源用于生产某一类产品时便不能生产其他产品,当然实践中厂商可能有多种产品的组合,如使用 0.5 单位的劳动和 0.7 单位的资本生产一种产品,剩下的 0.5 单位的劳动和 0.3 单位的资本生产另一种产品,还可将生产资源进一步分割生产更多种类的产品。在上述假定下,当厂商选择运用给定的资源生产 A 产品时,便放弃了通过生产 B、C、D、E 等产品获益的机会,在放弃的获益机会中最大的可能收益为生产 C 产品的收益,为 42 元,因此,厂商生产 A 产品的机会成本就是 42 元。同理,生产 B 产品的机会也为 42 元。从表 6.1 中可见,只有生产 C 产品的机会为 40 元,因此厂商应当选择生产机会成本最低的产品即 C 产品,这与收益最大的选择是一致的。

在上例中,如果厂商能够确切地获得生产各种产品的收益,直接即可做出选择,而不需要间接通过机会成本决策,这里运用机会成本概念决策似乎有些多余。不过,在实践中决策涉及多种机会的选择问题,在评价选择的后果、选择某一决策而不选择另一项决策的代价如何等方面,机会成本有着重要的应用。其次,机会成本代表着未被选择的机会的代价,通常某一项决策实际造成的成本更能引起人们的注意,而由此放弃掉的机会的代价往往显得无足轻重,因为未曾发生的事对其优劣的判断是困难的。正像是贸易保护主义带来的直接收益是保护了本国的某些行业或厂商,保护了本国目前的一些就业机会,但由此带来的消费者福利损失、技术进步、资源优化配置等利益,因为其还未成为现实,人们是不会多加注意的。再者,机会成本概念有助于促使生产者关注可能被其忽略的成本因素。

为进一步说明会计成本和机会成本的区别,我们将两者结合起来举一例说明。许多大公司建造了供自己使用的办公大楼,因此不需要每年缴付房租,那么这是否意味着公司办公用房的成本为零呢? 从会计人员的角度来看,办公用房租金当然为零,但是从经济学的角度来看,公司占用自己建造的办公楼就放弃了将其租用给其他厂商能够获得的租金,这部分放弃的租金就是公司使用自有办公楼的机会成本,在经济分析中理应计算在到成本中。

二、显性成本和隐性成本

经济分析中常用到的另外一对成本概念是显性成本或称外显成本(explicit costs)和隐性成本或称内隐成本(implicit costs)。显性成本是指厂商为获得生产所需要的各种生产要素而发生的实际支出,主要包括支付给员工的工资,生产中购买的各种原材料、零部件和燃料等,还包括支付的利息、租金和保险费等。这一类成本涉及厂商与其他经济组织和个人之间的交易,因而包括在会计成本之中,可以说这类成本的所有权在厂商外部,厂商要想获得必须直接支付一定的代价。

隐性成本概念与前面所述的机会成本概念联系在一起,是指厂商使用早已占有的并非购买亦非租用的要素进行生产而导致的机会成本。隐性成本与显性成本的区别在于,隐性成本的要素所有权属于厂商,如自有资本、自产的原材料、自有资金等等。之所以称为隐性成本,主要是因为人们在使用自有的要素时通常忽略计算这部分成本。

隐性成本有两种典型的表现形式,其一是厂商使用自有的资金、土地、厂房、办公用房时的机会成本,其二是所有者在经营企业或为企业服务中的机会成本。对于前者,例如厂商经常会遇到投资决策问题,那么如果投资的资金来源是借贷或是自有的会有不同吗? 按隐性成本的概念,两者没有什么不同,都是决策中要考虑的成本,但实践中厂商往往在使用借贷资金时考虑利息成本,而使用自有资金时好像它是不付任何代价的。显然,使用自有资金不需要支付显性的租金,但同样要考虑隐性成本,即如果将这些资金借给其他厂商可能获得的最大收益。这里要注意,使用厂商自有的生产要素的隐性成本是厂商将其用于其他可能用途的最大收益。对于后者,如果所有者不直接经营其拥有的企业,或者不在其所拥有的企业服务,其还可以从事其他的职业,而其从事其他职业所能获得的最大收益就是其直接经营企业或为企业服务的隐性成本。例如,通常杂货店的店主既是所有者又同时是员工,而其往往是不拿工资的,即获得这一店主的服务,杂货店不需要支付显性成本,但店主从事其他职业可以获得的最大收益应当计算为经营杂货店的隐性成本。

三、沉没成本

虽然机会成本是隐性的,不会在会计记录中表现出来,但在我们的经济分析中必须加以考虑。而另一种成本——沉没成本(sunk cost)是已经发生且无法收回的费用,由于它是无法收回的,因而不应影响厂商的决策。例如,某厂商为了推动产品销售做广告花费的成本,假如做广告前单位产品的成本为 20 元,分摊了广告成本后的成本为 25 元,如果市场价格为 22 元,显然不能弥补广告开支,这时在决策时就不应因为不能回收这部分开支而影响最终决策。因为不管广告是否达到了预期的效果,都是已经发生而无法收回的,属于沉没成本,不应该影响厂商当期的决策。又如,由于厂商生产过程的特殊性可能需要定制一些专用的设备,如果该项设备只能用于最初设计的用途,而不能转作他用,这项支出就属于沉没成本。事实上,从机会成本角度来理解,这项专用设备由于没有其他用途,那么用于其他用途的最大收益实际上就为零,这时就不需要将其纳入到经济分析之中。

第二节　短期成本函数

短期内,厂商受到固定生产要素如厂房、机器设备以及高级管理人员的薪金等的限制,生产规模(或最大生产能力)是给定的,这时的决策就是在既定的生产规模下选择最优的产出量。短期内厂商投入的生产要素就有固定要素和可变要素的区分,与生产理论相对应,短期内厂商的成本也可以分为固定成本和可变成本。本节将分析短期成本如何随产量的变化而变化,以及各类短期成本的特征。

一、短期总成本、固定成本和可变成本

在短期内,固定成本(fixed cost,FC)是指厂商无法改变的那些固定要素投入带来的成本,或者指不随着产量变化而变化的成本。在这种情况下,即使厂商停止营业,这部分成本也不为零。这类成本主要包括购买机器设备和厂房的成本(实际计算时通常按每年的折旧计算),包括自有资金和借贷资金的利息,厂商的各种保险费用,高级管理人员及其他无法解雇的员工的工资薪金等。如果用函数形式来表达,由于固定成本不随着产量的变化而变化,表现为成本函数中的一个常数。

可变成本(variable cost,VC)是指厂商购买可变要素投入带来的成本,或者指随着产量变化而变化的成本。当厂商停止营业时,这部分成本不需要支出。这类成本主要包括原材料、一般员工工资、燃料等支出。随着厂商的产量

水平的提高,这部分成本也会增加。由于可变成本随着产量变化而变化,我们将产量作为自变量,可变成本作为因变量,可以得出可变成本函数的一般表达式:

$$VC = f(Q)$$

厂商在总成本(total cost,TC)就是厂商生产一定的产量的固定成本和可变成本的总和,也就是厂商生产一定的产量所需要投入的所有生产要素的成本。因此有下列关系式:

$$TC = FC + VC = f(Q) + FC$$

表 6.2 是一个假设的厂商短期成本的例子,借此来理解上述几个成本概念。

表 6.2　短期总成本、固定成本和可变成本

Q	FC	VC	TC
0	50	0	50
1	50	51	101
2	50	82	132
3	50	101	151
4	50	114	164
5	50	127	177
6	50	146	196
7	50	169	219
8	50	213	263
9	50	301	351
10	50	422	472

表 6.2 第 1 列为产量水平,第 2 列为固定成本,可由厂商使用的固定要素乘以相应的价格得到,第 3 列为变动成本,可由厂商生产某一产量单位时的可变要素量乘以相应的价格得到,第 4 列为总成本,由第 2 列和第 3 列加总得到。将上表中的数据描到以产量为横坐标、成本为纵坐标的坐标系中就可以得到总成本、固定成本和可变成本曲线。由图 6.1 可见,由于固定成本不随着产量的变化而变化,是一个常数,在图形上表现为是一条起始相应的固定成本的水平直线。可变成本曲线呈现以先递减增加,后递增增加的变化态势,这与产量曲线的变化是联系在一起的。短期内,由于总产量曲线是随着可变要素投入的单位变化,先以递增的速度增加,后以递减的速度增加,到达一定点(最大值)递减,反过来说,为获得一定的产量,要素投入的数量先递减的速度增加,后以递增的速度增加,由

此产生了可变成本曲线上述的变化情况。

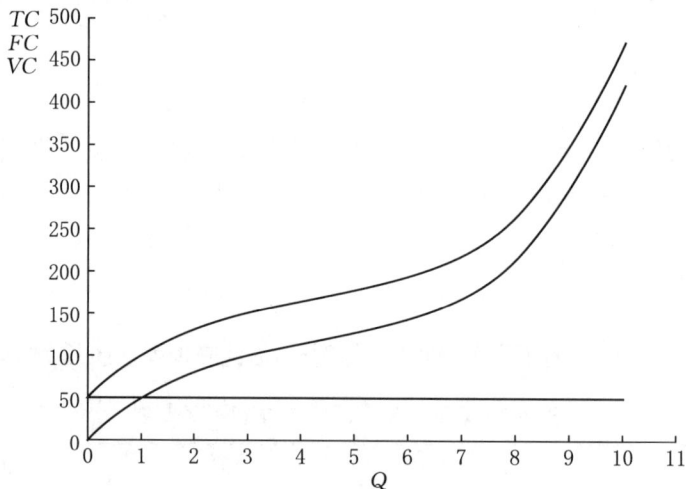

图 6.1 短期总成本、固定成本和可变成本

由于总成本等于固定成本加上可变成本,而固定成本为一常数,因此总成本曲线的形状与可变成本相同,两者之间的垂直距离即为固定成本。

二、平均成本和边际成本

平均成本(average cost,AV)是指厂商生产单位产品所耗费的成本,其定义式为:$AC = \dfrac{TC}{Q}$。数字例子参见表 6.3。平均成本曲线(如图 6.2 所示)是一条 U 形的曲线,随着产量的增加开始递减而后递增。其原因在于,在短期,随着可变要素投入水平的变化,产量开始以递增的速度增加,那么在要素价格给定的情况下意味着单位要素成本在递减,即平均成本递减。随着要素投入进一步变化,在边际收益递减规律发生作用的情况下,产量开始递减,那么要素价格不变则意味着单位要素成本递增,即平均成本递增。

表 6.3 平均成本和边际成本

Q	TC	AC	MC
0	50	—	—
1	101	101	51
2	132	66	31
3	151	50.3	19
4	164	41	13

（续表）

Q	TC	AC	MC
5	177	35.4	13
6	196	32.7	19
7	219	31.3	23
8	263	32.9	44
9	351	39	88
10	472	47.2	121

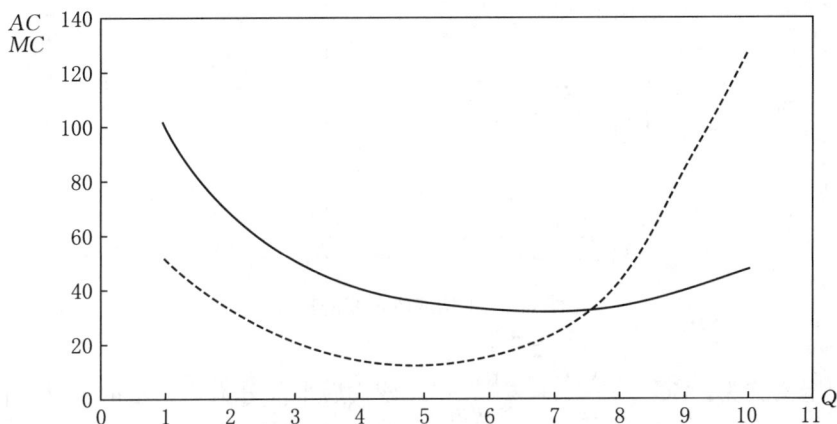

图 6.2　平均成本和边际成本

这一点也可以从总成本与平均成本的关系方面理解,对应于总成本曲线上一点,平均成本是该点与原点连线的斜率,这样,当产量从零开始逐渐增加时,总成本曲线上的点与原点连线的斜率开始减少,到一定阶段后又开始增加,由此可得平均成本曲线为一条 U 形的曲线。如图 6.3 上半部分所示,在总成本曲线上任意选择几个点 E、F、G、H,各点分别代表产量 Q_1、Q_2、Q_3 和 Q_4 水平时的总成本为 TC_1、TC_2、TC_3 和 TC_4,将 E、F、G、H 等点与原点 O 连接起来,可得射线 OE、OF、OG、OH,射线 OE 的斜率为 $\frac{FQ_1}{OQ_1}=\frac{TC_1}{Q_1}$,即可得 E 点的平均成本 AC_1,与产量水平 Q_1 结合起来描在图 6.3 的下半部分,就可得到 AC 曲线上的一个点,依此类推,就可描出整条平均成本曲线。

边际成本(marginal cost,MC)是指当产量发生 1 个单位变化时总成本的变化量。数字例子可参见表 6.3,根据这些数据画出的图形可看图 6.2。边际成

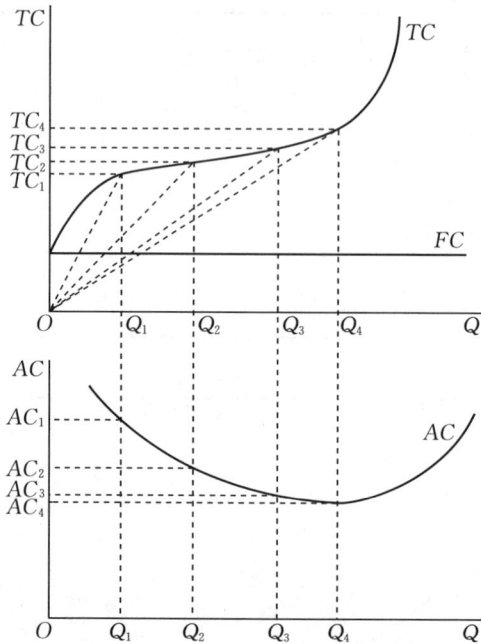

图 6.3   平均成本曲线的推导

本的定义式为：$MC = \dfrac{\Delta TC}{\Delta Q} = \dfrac{dTC}{dQ}$。该式后半部分为当产量的变动趋向于无穷小时，对总成本函数求导得出的定义式，即边际成本是总成本曲线斜率变动的轨迹。从总成本曲线的图形中可见，总成本曲线的斜率随着产量增加先减少后增加，因此边际成本曲线也是一条 U 形的曲线。如图 6.4 上半部分所示，作总成本曲线 TC 的一条割线，交 TC 于两点 A 和 B，A 点对应于产量 Q_1 和总成本 TC_1 的组合，B 点对应于产量 Q_2 和总成本 TC_2 的组合，因此图中 BE 线段表示总成本的变化量 ΔTC，AE 线段表示产量的变化量，因此 AB 的斜率即为 $\dfrac{\Delta TC}{\Delta Q}$，由此可得边际成本 MC_1，将 Q_1 产量对应的边际成本 MC_1 描在图 6.4 的下半部分即可得边际成本曲线 MC 上的一个点，同理可得整条边际成本曲线。说明一下，图中为了较明显地表示边际成本的概念，A 和 B 点相距较远，实际求取 MC 成本时使 A 和 B 足够地接近即可精确地得出边际成本的值。

平均成本与边际成本间有一个非常重要的关系，即边际成本等于平均成本时，平均成本达到最小，从图形上看就是边际成本曲线穿过平均成本曲线的最低点。对于这一点，可用一个简单例子予以说明。假设厂商目前共生产 10 单位产

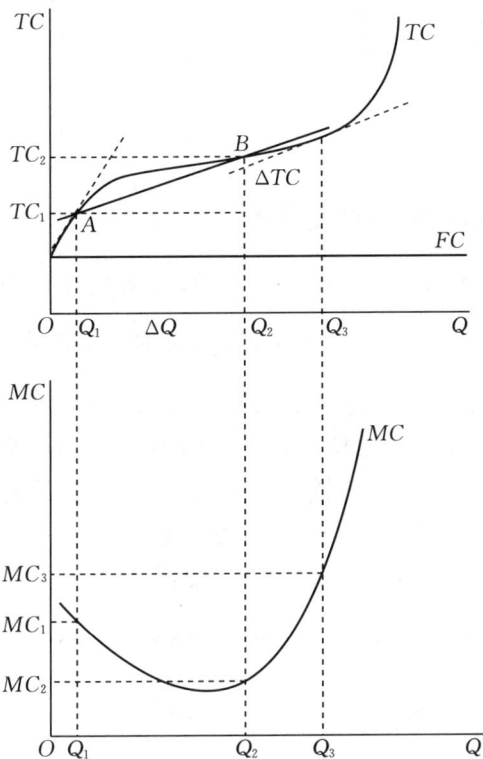

图 6.4 边际成本曲线的推导

品,平均成本为 150 元,再增加一个单位产品的生产,总成本的增加量(即边际成本)为 160 元时,这时边际成本大于平均成本。边际成本可以分成两部分,一部分为 150 元,它可以使新增 1 单位产量(共 11 单位)后,平均成本仍保持 150 元不变;另一部分为 10 元,将这 10 元分摊到 11 单位的产品上去,最终 11 单位的平均成本一定大于 150 元。由此可得,当边际成本大于平均成本时,平均成本一定会增加。进一步,如果再增加 1 单位产量,边际成本为 140 元,同样也可以分为两部分,一部分为 150 元,也能使平均成本保持在 150 元,不过另一部分就为 -10 元,将这 -10 元分摊到 11 单位的产品上去,会使最终的平均成本一定小于 150 元。因此,当边际成本小于平均成本时,平均成本一定会减少。最后,当增加 1 单位产量的边际成本也为 150 元,平均成本保持不变。这样就证明了边际成本等于平均成本时,平均成本达到最小的结论。

上述结论还可以用数学方法证明:

在平均成本曲线的达到极小值时,必有一阶导数 $AC' = 0$。

$$AC' = \left(\frac{TC}{Q}\right)' = \frac{\dfrac{d(TC)}{dQ} \cdot Q - TC}{Q^2} = 0$$

化简可得 $\dfrac{MC}{Q} = \dfrac{TC}{Q^2} \Rightarrow MC = \dfrac{TC}{Q} \Rightarrow MC = AC$

三、平均固定成本和平均可变成本

平均固定成本(average fixed cost，AFC)是指每单位产品上分摊的固定成本。其定义式为：$AFC = \dfrac{FC}{Q}$。由于固定成本是一个常数，随着产量逐渐增加，平均固定成本逐渐变小，是两条轴的渐近线(见图6.4)。平均可变成本(average variable cost，AVC)是指每单位产品上分摊的可变成本。平均可变成本可由可变成本推导出来，即可变成本曲线上任一点与原点的连线的斜率就是该产量水平上的平均可变成本。由于可变成本曲线上任一点与原点的连线的斜率呈现先递减后递增，因此平均可变成本也呈U形(见图6.5)。

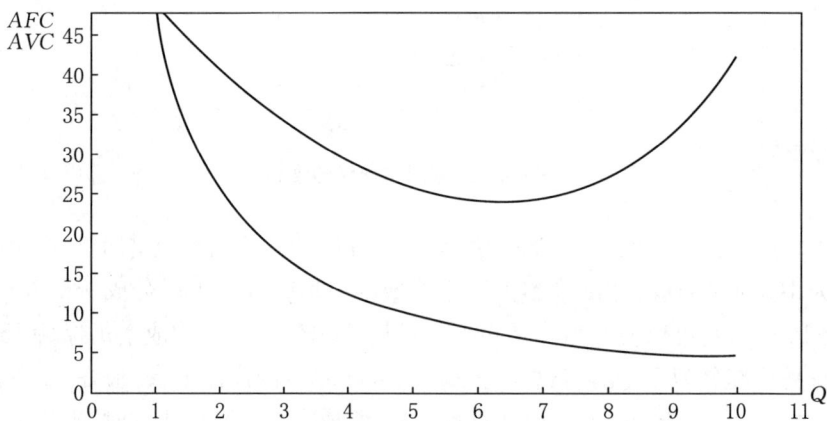

图6.5 平均固定成本和平均可变成本

另外，根据定义，平均成本等于平均固定成本加上平均可变成本，即：

$$AC = \frac{TC}{Q} = \frac{FC + VC}{Q} = \frac{FC}{Q} + \frac{VC}{Q} = AFC + AVC$$

从图形上来看，我们也可以将平均固定成本曲线与平均可变成本曲线纵向相加得到平均成本。

平均可变成本和边际成本的关系与平均成本和边际成本的关系相似，即当平均可变成本等于边际成本时，平均可变成本达到最小值，在图形上边际成本曲线也穿过平均可变成本的最低点。

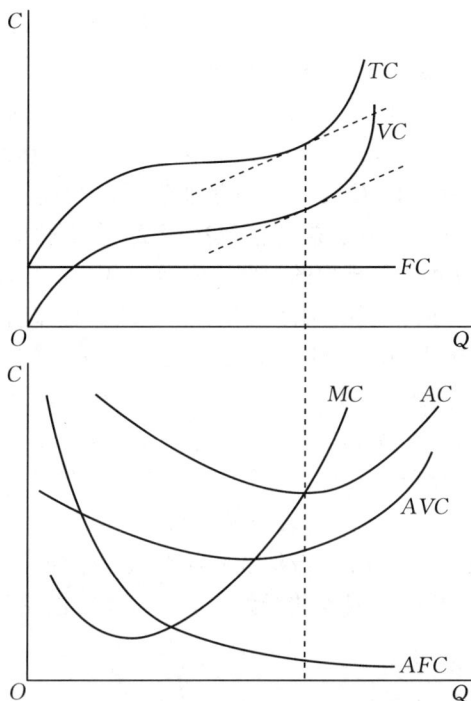

图 6.6　成本曲线总结

第三节　长期成本函数

在长期内,厂商所有的生产要素都是可以调整的,由此其所有的成本都是可变成本,或者说在长期中没有固定和可变的区分。在这种情况下,主要涉及三种成本函数,即长期总成本函数、长期平均成本函数和长期边际成本函数。

一、长期总成本

长期总成本(long-run total cost, LTC)是指厂商在长期中在各种产量水平上通过改变生产规模所能达到的最低总成本,是由产量水平和生产规模共同决定的。长期总成本函数可以表示为:$LTC = LTC(Q)$。

从长期看,生产者的生产决策不会受如短期中固定要素等条件的限制,这样,在市场容量允许的情况下,厂商将选择一个在长期中成本最低的生产规模,在这一生产规模下组织生产。当然,厂商一旦确定了一个生产规模,即转入短期,在该生产规模的限制下选择最优的产出水平,因此每一个生产规模实际上代表了一条短期成本曲线,长期中选择生产规模即是选择了一条短期成本曲线。

如图 6.7 所示,假设在长期中可供厂商选择的生产规模有三种,分别由 STC_1、STC_2 和 STC_3 表示,三条短期总成本曲线的纵截距即为各自的短期固定成本,我们知道每一种短期固定成本代表了在这一生产规模情况下的投入固定要素如机器设备的数量,这一数量越大代表的生产规模越大。在这种情况下,厂商如果生产如图中所示的 Q_1 产量,就是要选择一个能够在长期使其总成本最小的生产规模。从图 6.7 中来看,生产 Q_1 产量,第 1 种生产规模的短期总成本为 A_1,第 2 种和第 3 种生产规模的短期总成本为 A_2 和 A_3,由 $A_1 < A_2 < A_3$,所以厂商会选择 STC_1 所代表的生产规模,这时的长期总成本就是 A_1。同理,当厂商拟生产 Q_2 产量时,第 1 和第 2 种生产规模的短期总成本都是 B_1,第 3 种生产规模的短期总成本是 B_2,由 $B_1 < B_2$,所以厂商选择 STC_1 或 STC_2 两种生产规模都可以,这时的长期总成本为 B_1。依此类推,我们可以找到厂商生产任意一种产量时长期总成本最低的生产规模。当生产规模只有如图所示的三种时,这样形成的长期总成本曲线就是一条波浪线,如图 6.7 中黑色粗波浪线所示。当不同生产规模越来越多时,波浪线的波幅会越来越小,最后当生产规模可以无限细分的情况下,长期总成本曲线就是图中最下方的更粗的曲线。

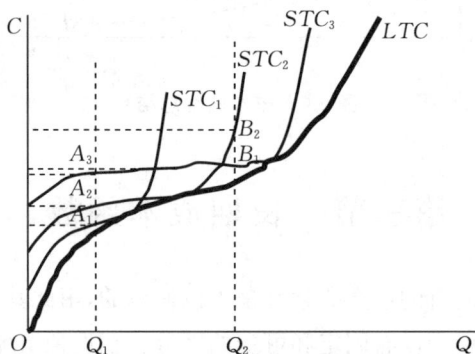

图 6.7　长期总成本曲线及其推导

由上述图形推导可见,长期总成本曲线是短期总成本曲线的包络线(envelope curve)。所谓包络线是指厂商的长期总成本曲线把无数条短期总成本曲线包围起来,每条短期总成本曲线与长期总成本曲线不相交但相切。

二、长期平均成本

长期平均成本(long-run average cost,LAC)表示厂商在长期内平均每单位产量的成本水平。长期平均成本函数可以表示为:$LAC = \dfrac{LTC(Q)}{Q}$。

在推导长期总成本曲线时,我们知道厂商要寻求长期内生产某一给定产量的最低成本的生产规模。运用上一节由短期总成本曲线得到平均成本曲线的方法,同样可以由长期总成本曲线得到长期平均成本曲线,即长期总成本曲线上任一点与原点连线的斜率就是长期平均成本。

长期平均成本曲线还是短期平均成本曲线的包络线。如图 6.8 所示,假设厂商面临三种生产规模,三种规模相应的平均成本曲线为 SAC_1、SAC_2 和 SAC_3。从平均成本的角度来看,厂商在长期内的生产决策当然是选择生产既定产量的平均成本最低的一种生产规模。图中当厂商拟生产 Q_1 产量时,第 1 种生产规模的短期平均成本为 A_1,第 2 和第 3 种规模的短期平均成本为 A_2 和 A_3(图中未标出),由于 $A_1 < A_2 < A_3$,因此厂商会选择第 1 种生产规模,长期的平均成本水平为 A_1。而当厂商拟生产 Q_2 产量时,第 1 种生产规模的短期平均成本为 B_2,第 2 种生产规模的短期平均成本为 B_1,第 3 种生产规模的短期平均成本为 B_3(图中未标出),由于 $B_1 < B_2 < B_3$,厂商会选择第 2 种生产规模,长期的平均成本水平为 B_1。长期平均成本曲线上的每一点都可依此类推。同样,当生产规模只有 3 种时,形成的长期平均成本曲线为一条波浪线,当生产规模可以无限细分的情形下,长期平均成本曲线为图 6.8 中下方的粗线,为短期平均成本曲线的包络线。

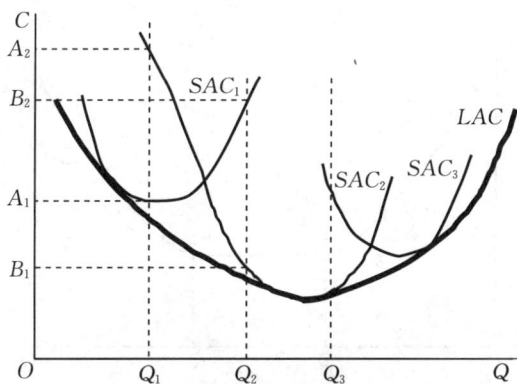

图 6.8　长期平均成本曲线及其推导

图 6.8 所示的长期平均成本曲线是一般情形的 U 形曲线,即先降低后增加,这与短期平均成本曲线的形状类似,不过造成这种形状的原因却与之不同。短期平均成本曲线呈 U 形的原因在于边际收益递减规律的作用,是在一种生产要素固定不变情况下单纯增加另一种生产要素带来的。而长期平均成本曲线呈 U 形的原因则在于规模报酬由递增、不变到递减,与此相适应的概念为规模经济和规模不经济,下文将专门分析。

除了典型的 U 形长期平均成本曲线外,实践中常见的长期平均成本曲线还有 L 形和锅底形,前者是随着生产规模的扩大,长期平均成本持续下降,下降到一定水平保持不变,如图 6.9 所示。

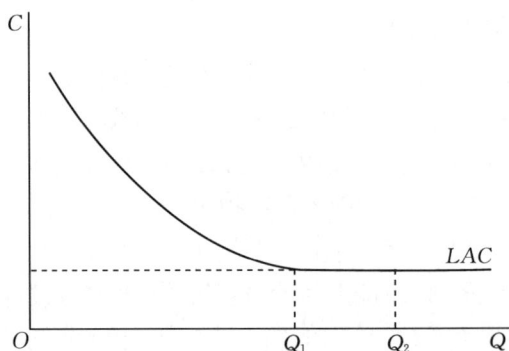

图 6.9   L 形的长期平均成本曲线

后一种类型是随着生产规模的扩大,长期平均成本持续下降,下降到一定水平以后在相当大的生产规模范围内保持不变,在一个更高的生产规模水平时长期平均成本才开始提高,如图 6.10 所示。

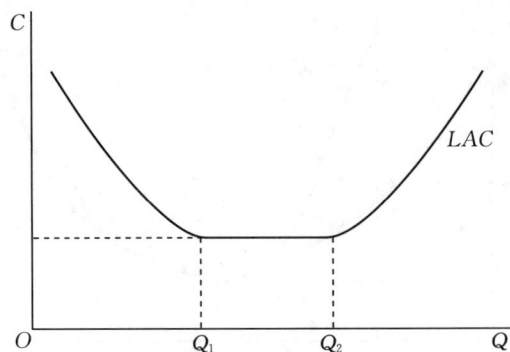

图 6.10   锅底形的长期平均成本曲线

从 U 形的长期平均成本曲线来看,由于长期平均成本曲线只有一个最低点,这时意味着长期内最优的生产规模只有一种,而当长期平均成本曲线为 L 形或锅底形时,长期内最优的生产规模都不是唯一的,会有无穷多个。在 L 形和锅底形的情形下,长期最优生产规模的非唯一性使得多种规模的厂商能在一个行业共存,这也是在现实经济中为什么有些行业大中小型企业同时并存,而且都能保持较高的效率水平的一个原因。但是,在 U 形的情况下,只有一种生产规模是最优的,如果这一生产规模下市场容量与最优规模相差不大,往往会形成垄断,或先进入该行业的厂商在竞争中居于优势地位。而如果最优规模远远小于市场容量,通常在这一行业会存在大量的小企业,企业规模很难扩大。

如图 6.11(a)所示,Q^* 表示整个市场容量,LAC 表示厂商面对的 U 形的长期平均成本,这时长期平均成本最低点对应的成本为 LAC_1,产量水平为 Q_1,这一产量水平小于市场容量,但 Q^*-Q_1 的产量不足以使另一家厂商能有效地在本行业生存,或者说当另一家厂商生产 Q^*-Q_1 产量时的长期平均成本为 LAC_2(图中 OQ_2 的距离等于 Q^*-Q_1),这家厂商无法与先进入该行业的厂商竞争,这时行业中就会出现垄断。

如图 6.11(b)所示,仍用 Q^* 代表整个市场容量,LAC 同样表示厂商面对的 U 形的长期平均成本,其最低点对应的产量水平为 Q_1,Q_1 产量远远小于市场容量。这时,当一家厂商进入这一行业后,剩余的市场容量还足以维持其他几家厂商的生存,其他厂商进入该行业后,也能生产 Q_1 的产量,并与先前进入的厂商的长期平均成本一样低,在这种情况下,一家厂商无法垄断整个行业,当它的产量超过 Q_1 时,长期平均成本会转而上升,反而不如较小规模的情况。

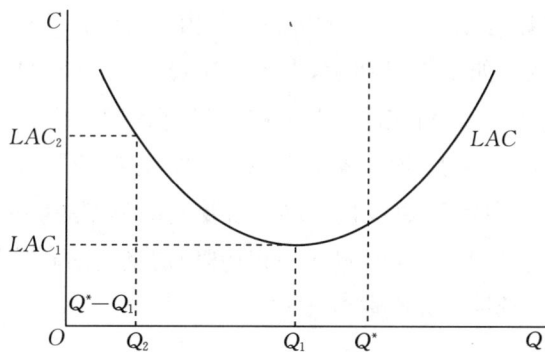

(a) Q^* 接近 Q_1

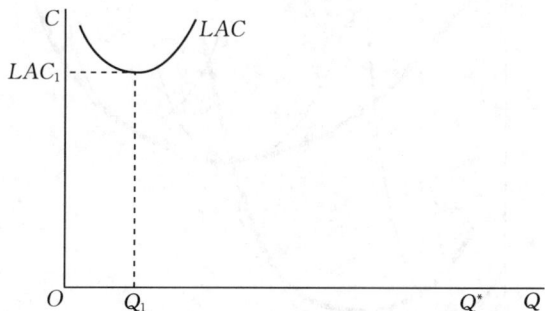

(b) Q^* 远远大于 Q_1

图 6.11　市场容量、长期平均成本和厂商规模

三、长期边际成本

长期边际成本(long-run marginal cost，LMC)是指厂商在长期内增加或减少一单位产量所带来的长期总成本的变化量。长期边际成本函数可以表示为：$LMC = \dfrac{\Delta LTC(Q)}{\Delta Q} = \dfrac{\mathrm{d}LTC(Q)}{\mathrm{d}Q}$。从定义式中也可看出，长期边际成本与长期总成本间的关系，即长期边际成本是长期总成本曲线上各点的斜率，根据长期总成本曲线变化的状况，我们也可得出 LMC 曲线也是一条 U 形曲线。

长期边际成本曲线与长期平均成本曲线的关系和短期边际成本曲线与短期平均成本曲线关系相似，即 LMC 与 LAC 相交点为 LAC 的最低点，在该点的左侧，LMC 小于 LAC；在该点的右侧，LMC 大于 LAC，也就是当 $LMC < LAC$ 时，会拉下 LAC，LAC 递减，而当 $LMC > LAC$ 时，会推高 LAC，LAC 递增，只有在二者相等的一点，LAC 不变，处于最低点。

就长期边际成本曲线与短期边际成本曲线的关系而言，二者在每一个生产规模上相交，也可以说，LMC 曲线上每一点都由相应生产规模水平所对应的短期边际成本决定的。如图 6.12 所示，当产量为 Q_1 时，LMC 曲线与 SMC_1 曲线在 A 点相交，与 SMC_1 相对应的 SAC_1 和 LAC 相切于 B 点，A 点和 B 点处于同一产量 Q_1 水平上。究其原因，是因为 LMC 曲线是 LTC 曲线上每一点的斜率形成的轨迹，同样 SMC_1 曲线是 STC_1 曲线上每一点的斜率形成的轨迹，当 LAC 曲线与 SAC_1 相切在 Q_1 产量水平相切时，切点处的斜率相等，因此，这时的短期边际成本与长期边际成本相交。

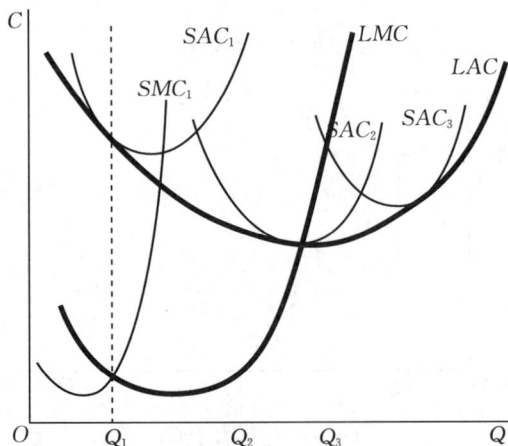

图 6.12　长期边际成本与短期边际成本的关系

四、规模经济、范围经济和学习曲线

1. 规模经济

规模经济（economies of scale）是指由于厂商生产规模的扩大而导致的长期平均成本下降的情况。与之对应的概念是规模不经济（diseconomies of scale），指的是厂商由于生产规模扩大而导致长期平均成本上升的情况。规模经济和不经济是生产理论中的规模报酬在成本理论中的对称。规模报酬递增的基本特征是产量增加的倍数大于投入要素增加的倍数，在生产要素价格给定的情况下，这就意味着获得同样的产量只需要较少的要素，进而也只需要较低的成本，长期平均成本水平是下降的，这实际上就是规模经济。反之，规模报酬递减时，其基本特征是产量增加的倍数小于投入要素增加的倍数，同样在生产要素价格不变时，意味着获得同样的产量需要较多的要素投入，长期平均成本水平是上升的，存在着规模不经济。

通常使用成本的产出弹性 E_c 来衡量规模经济。成本的产出弹性（cost output elasticity）是指产量变动 1％所引起的长期成本的变化量，用公式表示就是：

$$E_c = \frac{\text{长期成本变化的百分比}}{\text{产量变化的百分比}} = \frac{\dfrac{\Delta LTC}{LTC}}{\dfrac{\Delta Q}{Q}} = \frac{\mathrm{dln}(LTC)}{\mathrm{dln}(Q)}$$

上式经过适当变形还可以写成：

$$E_c = \frac{\dfrac{\Delta LTC}{LTC}}{\dfrac{\Delta Q}{Q}} = \frac{\dfrac{\Delta LTC}{\Delta Q}}{\dfrac{LTC}{Q}} = \frac{LMC}{LAC}$$

这样，成本的产出弹性就可以表示为长期边际成本与长期平均成本之比，这一表达式在实践中更易于利用。从前面分析的关于平均成本和边际成本的关系中也可以理解上述表达式。当 $LMC < LAC$ 时，成本的产出弹性小于 1（$E_c < 1$），LAC 处于下降的阶段，即随着产量的增加，长期平均成本下降，这时存在着规模经济。当 $LMC > LAC$ 时，成本的产出弹性大于 1（$E_c > 1$），LAC 处于上升的阶段，即随着产量的增加，长期平均成本上升，这时存在着规模不经济。当 LAC 与 LMC 相交时，$LAC = LMC$，成本的产出弹性等于 1，这时既不存在规模经济也不存在规模不经济。

规模经济和不经济的原因，与上一章介绍规模报酬递增和递减的原因是一致的。

2. 范围经济

在现实生活中,许多厂商并非只生产一种产品或服务,往往是同时生产两种或两种以上的产品或服务。一方面可能是某些产品与其他产品间存在较大的相似性,在生产中可以共用一定的生产工艺、机器设备,或者所需要的劳动者技能相似,这种情况如生产轮胎的厂商,可以生产汽车用的轮胎,同时也生产摩托车用轮胎,两种产品的生产是相似的。另一方面可能是某些类型的生产存在着副产品,生产一种产品时附带地就会生产出另一种产品,例如,石油冶炼可以同时生产出汽油、柴油、煤油和沥青。或者如果不附带生产另一种产品在经济上是不划算的,如有色金属冶炼中,往往涉及共生矿石,这些矿石中含有的几种有色金属都有相当的价值,为获取一种金属而抛弃另一种是非常不经济的。

范围经济(economies of scope)就是说明上述多产品生产时带来的成本节约的一个概念,它是指多种产品的联合生产比单独生产这些产品成本更低时,这时存在着范围经济;反之,如果多产品的联合生产比单独生产成本更高时,这时就称存在着范围不经济。

通常,范围经济用下列表达式表示:

$$S = \frac{c(Q_1) + c(Q_2) - c(Q_1 + Q_2)}{c(Q_1 + Q_2)}$$

上式中,S 表示范围经济的程度,$c(Q_1)$ 表示单独生产第 1 种产品 Q_1 单位的成本,$c(Q_2)$ 表示单独生产第 2 种产品 Q_2 单位的成本,$c(Q_1 + Q_2)$ 表示联合生产 Q_1 单位第 1 种产品和 Q_2 单位第 2 种产品时的成本。当 S 大于零时,表明存在着范围经济,上式可以变为:$c(Q_1) + c(Q_2) > c(Q_1 + Q_2)$,即单独生产两种产品的成本大于联合生产。反之,当 S 小于零时,表明存在着范围不经济,$c(Q_1) + c(Q_2) < c(Q_1 + Q_2)$,单独生产两种产品的成本小于联合生产。当 S 等于零时,有 $c(Q_1) + c(Q_2) = c(Q_1 + Q_2)$,单独生产两种产品与联合生产没有差别,既不存在范围经济也不存在范围不经济。

对于企业而言,判断是否存在范围经济以及哪些产品或服务间联合生产会产生范围经济是相当重要的,如果在几种产品或服务的联合生产中存在范围经济,生产者就应当把它们组合起来,在其他条件不变的情况下,可以大大降低成本,提高利润水平。反之,如果生产者发现现有生产过程中存在范围不经济,那么就应当明智地将其拆分开来,单独进行生产,也能降低成本,即范围不经济反过来说明,单独生产要优于联合生产。

3. 学习曲线

在管理实践中,我们常常会发现这样一种情形,当某一项业务重复进行了多次后,再一次进行的时间会缩短,成本会降低。例如,一家提供市场研究服务的公司在第一次承接某类消费品市场调研时,花费了几个月时间,费用支出庞大,而且最终效果也不一定好,但进行第二次同类业务时,时间缩短了,费用节约了。道理其实很简单,同样的市场调研业务有相当多的环节上是一致的,可以将第一次的成果现成地搬过来即可,更为重要的是第一次从事这类业务时,往往缺乏经验,在许多问题上走弯路,比如设计的调研问卷问题太多,重复进行设计等,第二次设计问卷时就可以大大减少这类错误。这类成本的节约反映的就是学习曲线概念。

所谓学习曲线(learning curve)又称经验曲线,指随着生产的累积产量的增加或者生产过程的重复,操作人员和管理人员的技能会因熟练而提高,由此单位产品的成本就会随着产量的累积而逐步下降。如图 6.13 所示,横轴代表厂商累积的产量,纵轴代表成本,则学习曲线 L_e 就是一条向右下方倾斜的曲线。图 6.13 中,当累积产量达到 Q_1 时,平均成本为 AC_1,累积产量提高到 Q_2 时,平均成本下降到 AC_2。不过,不同行业的学习曲线的形状差异较大,有些行业学习曲线比较平坦,累积产量很高,平均成本也没有多大的下降,这样的行业往往是单件生产,单位产品间也存在较大的差异。有些行业学习曲线则比较陡峭,随着累积产量提高,平均成本呈现较快的下降趋势。还有些行业累积产量在很小的范围内,学习曲线就会直线下降,即行业的诀窍传播相当快。而还有些行业累积产量在很大的范围内,学习曲线仍然有效,这样的行业往往技术含量较高。

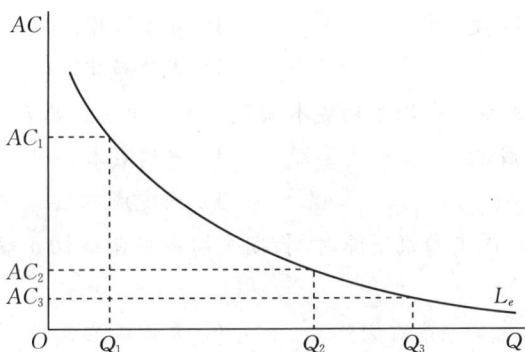

图6.13 学习曲线

学习曲线可用下式来表示:

$$AC = \alpha Q^{-\beta} + \gamma$$

式中,AC 表示累积产量为 Q 时厂商的平均成本,α、β 和 γ 为大于零的常数。α 表示第 1 单位产量的平均成本,β 是反映学习曲线效应强弱的一个参数,β 值越大,意味着随着累积量的增加平均成本下降的速度越快,学习曲线的效应明显;反之,β 值越小,学习曲线的效应越不明显。参数 γ 的经济含义是不受学习曲线效应影响的平均成本部分,即学习效应带来的成本节约是有限的,不可能一直降下去。

产生学习曲线效应的主要原因有以下几个方面:一是操作人员或管理人员对设备和生产技术有一个学习与熟悉的过程,生产实践越多,经验越丰富,也容易在生产中获得一些诀窍,从而带来成本降低。二是厂商的产品设计、生产工艺、产品线配置、生产管理等方面,随着累积量的提高会逐渐进行调整适应,也能带来成本节约。三是厂商的外部的供应商随着累积量的提高,合作的默契程度越来越高,协作更加及时有效。

习题六

1. 使用自有资金也应当计算利息,这种利息从成本角度看是(   )。

A. 固定成本   B. 变动成本   C. 显性成本   D. 隐含成本

2. 短期平均成本呈 U 形的原因是(   )。

A. 规模报酬变动   B. 要素的边际报酬变动

C. 固定成本和变动成本之比变动   D. 规模经济与不经济

3. 当边际成本等于平均成本时,平均变动成本(   )。

A. 处于递减阶段   B. 处于递增阶段

C. 等于零   D. 无法确定

4. 平均成本曲线与平均变动成本曲线之间的垂直距离表示(   )。

A. 平均固定成本   B. 平均成本

C. 边际成本   D. 固定成本

5. 当长期平均成本曲线下降时,长期平均成本曲线切于短期平均成本曲线的最低点的(   )。

A. 左侧   B. 右侧   C. 左侧或右侧   D. 无法判断

6. 某公司拥有一块空地,管理人员准备用来造一幢新的办公楼,核算下来自己建造的直接成本(不含土地)为 550 万元,在附近购买一幢同样的大楼需要 600 万元。经理认为反正土地是自己的,看来自己造比向外购买更划算。这种说法存在什么问题? 试用机会成本概念予以分析。

7. 假设某公司现有 100 名工人,每人每月的工资为 800 元,平均劳动产量为每月 1 000 单位,最后增加的一名工人的产量为 800 单位,该公司的总固定成本为 5 万元。试问:边际成本为多少? 平均可变成本为多少? 平均成本是多少? 平均可变成本是递增、不变还是递减? 平均成本又是怎样呢?

8. 根据市场调研资料,某公司估计出每天录音机产量与成本间存在下述关系:$C = 18 + 0.25Q + 0.005Q^2$。

试求:

(1) 当产量从 100 增加到 101 时,成本将增加多少?

(2) 当产量为多少时平均成本最小?

(3) 该公司的固定成本为多少? 可变成本函数是什么? 当产量为多少时,可变成本最小?

9. 试根据下列数据进行计算并填写下表。

产量	总成本	总固定成本	总可变成本	平均固定成本	平均可变成本
0	40				
1	65				
2	110				
3	120				
4	140				
5	150				
6	190				
7	250				
8	320				

10. 某公司的短期平均成本函数为:$AC = 15 + 2Q$,单位为万元。就此写出该公司的短期总成本函数。该公司有无固定成本? 如果有的话,是多少?

11. 某企业的总可变成本函数为:$VC = 60Q - 10Q^2 + Q^3$。试求边际成本函数,当产量为多少时边际成本最小? 什么时候平均可变成本为最小? 根据上述函数能否得出厂商的总成本函数? 试验证边际成本与固定成本无关的结论。

12. 某公司生产智能手机和平板电脑,每年生产智能手机 1 000 万台和平板电脑 800 万台,总成本为 20 亿元。当该公司单独生产 1 000 万台智能手机时的成本为 11 亿元,单独生产平板电脑 800 万台时,成本为 15 亿元。请问是否存在范围经济? 如果存在,每年可以节约多少成本? 你认为在这个例子中存在范围经济的原因是什么?

第七章

完全竞争市场

完全竞争市场以市场的参与者趋向于无穷为特征,以至于在这种市场中任何一个生产者和消费者对市场的影响都可以忽略不计。显然,这种市场在现实中是不存在的,但完全竞争市场理论为分析现实的市场结构和行为提供了一个有益的基准点。

——题记

学 习 目 标

通过本章的学习,你应当能够:

1. 掌握完全竞争市场的含义和主要特征;

2. 掌握完全竞争市场的需求曲线与完全竞争厂商的需求曲线的状况和联系;

3. 掌握完全竞争厂商的收益曲线的形状及其基本关系;

4. 熟悉厂商利润最大化的基本条件;

5. 掌握完全竞争厂商短期均衡中有利润、有亏损、盈亏平衡及停止营业的基本条件和相互关系;

6. 理解完全竞争厂商和完全竞争行业的短期供给曲线;

7. 熟悉完全竞争厂商和完全竞争行业的长期均衡的基本条件;

8. 熟悉完全竞争行业的长期供给曲线的推导思路。

在前面章节的分析中,每一类分析都是在许多假定的情况下进行的,而现实中管理者面临的决策问题是纷繁复杂的,这些在理论分析中"被假定不变"的因素经常性地发生变化。可以说,在前面的分析中,我们将生产者的决策拆分成一个个细小的部分,单独研究其基本特征以及决策的方法和依据。其中,我们分别介绍了经济分析中常常运用的供求分析方法、需求函数的估计、生产和成本分析等,在将把这些基本的分析方法和思路结合起来。当然,为了简化分析过程,不可避免地也要使用一些假定。例如,我们假定各种市场结构中,厂商都是追求利润最大化,尽管现实中的厂商不全都是单纯追求利润的,有时也要兼顾其他的目标,但要维持厂商的长期生存,追求利润最大化的假设是合理的,同时这样的假设也使得许多问题更加容易处理。

本章主要研究完全竞争的市场结构,这一市场结构的关键特征在于厂商是价格的接受者,市场价格是外在于厂商的,厂商只能被动地接受这种价格,依靠单个厂商的力量不可能改变它。在这种情况下,生产者面对既定的市场需要做出以下三个层次的决策:(1)企业是否继续营业?(2)如果继续营业,那么利润最大化的产量水平应当确定在什么水平?(3)获得利润最大化产量的最优生产要素投入量如何组合?

本章首先介绍关于完全竞争市场的基本特征、整个市场面对的需求曲线和单个厂商面对的需求曲线,接下来介绍厂商决策的收益及其变化。在此基础上,从短期和长期两个角度来分析完全竞争市场情况下厂商和行业的短期均衡和长期均衡。最后,介绍在完全竞争市场上厂商对生产要素的需求决策。

第一节 定义和特征

确定某一个市场属于何种市场结构,主要是从四个方面来刻画的,即买者的数量和规模分布、卖者的数量和规模分布、产品差异程度以及进入和退出壁垒。本节将介绍完全竞争市场在上述方面的特殊性,以及由此导致的需求曲线和收益曲线的突出性质。

一、完全竞争市场的特征

完全竞争市场(perfect competition market)最重要的特征是每个厂商都按照由整个市场供求关系决定的价格销售产品。其特征主要有:

(1)市场上有无数的买者和卖者,每一个买者所购买的产品或服务的数量都微不足道,而每一个卖者所出售的产品或服务也只占整个市场的极小的份额,这样单位买者或单个卖者的行为变化不足以改变整个市场的价格,厂商和消费者都是市场价格的接受者。同时,由于单个厂商的规模在整个市场上显得微乎其微,单个厂商生产要素投入的变化也不会影响要素价格。例如,在农产品市场上,单个农民生产的产量由于特殊的好运气,产量从 10 吨增加 1 000 吨,但对整个农产品市场的供应的影响极不明显,市场价格不会因为这个农民产量增加 100 倍而发生变化。相对应,如果一个消费者原先每天消费大米 0.5 公斤,现在由于某种异乎寻常的原因,胃口大开,每天消费 10 公斤大米,对整个农产品市场的需求的影响也是微乎其微的,不会对大米市场产生多大的影响。再如,上述的这个农民因产量增加,对化肥投入也增加了 100 倍,对化肥这种要素投入来说影响也可以忽略不计。

(2) 在完全竞争市场中,每个厂商所生产产品或服务都与其他厂商完全相同,即产品或服务是同质的。这样,对于消费者来说,购买哪一个厂商的产品或服务对其而言都是一样的,消费者完全根据价格高低来决策,某厂商只要价格略高于市场给定的价格,所有原来购买其产品的消费者会马上转向其他厂商,使持高价的厂商的产品一个单位都卖不出去。

(3) 完全竞争市场中,厂商进出该市场没有任何限制,即不存在市场进入或退出壁垒。新厂商要进入这一行业不受任何限制,也无需花费任何额外的成本,原有厂商要退出这一行业也不受限制,没有任何退出成本。

(4) 完全竞争市场中信息是完备的,即每一个消费者都掌握着市场供求量、价格和厂商的完备信息,而每一个厂商也了解最佳的生产方法、最优的产量价格和要素价格。即使是该市场的潜在进入者,也完全了解该市场的生产技术、成本、价格及是否获得经济利润的信息。事实上,这一特点或假设并非完全竞争市场所必需,这里仍提出来是为了简化分析。

从上述关于完全竞争市场的特征可见,现实生活中完全符合上述特征的行业或市场不说是没有,也是极为少见的。例如,很多市场中每一个厂商或多或少对自己生产的产品或提供的服务有一定的影响力,不纯粹受制于市场价格。不管厂商生产的产品或提供的服务在实质上多么地一致,在不同的消费者看来可能也是有差异的,因为每一个消费者实际上是处于不同的地理空间位置的,同样品牌和规格的软饮料,在某人楼下的杂货店里出售与另一位置的杂货店里出售,对这个消费者来说是不同的,更何况产品差异还会受到消费者主观感觉的影响。再如,厂商进入或退出某一行业有时成本是非常高昂的,进入某一新行业时,需要相应的熟练的劳动力,或对劳动力进行相应的培训,这些都需要厂商支付较高的费用。机器设备往往具有很强的专用性特征,毕竟原来用来生产面包的设备,现在不能用来组装计算机,退出一个行业时处理原有的设备价值贬损通常较大。不符合信息完备的特征的例子就更多了。事实上,很多情况下信息完备既是不现实的,也是不经济的。举个例子来说,购买一支价格为 2 元的圆珠笔,为节省 0.5 元而跑遍一个地区的所有商店获取价格信息是非常不划算的。

一般地,在经济学中把完全竞争市场作为一种纯粹的理论模型,其作用在于为真实的厂商行为和市场竞争提供一个分析的基准点。当我们了解了这一基准模型的主要特征以后,逐渐去除掉一些不现实的假定,就可以更为深入地理解现实的经济活动,从而为企业决策提供支持。

二、完全竞争市场的需求曲线和完全竞争厂商的需求曲线

通常,在经济学中,我们把生产或提供同种或相类似的产品的所有厂商的集合称为一个行业。在任意一个产品市场上,消费者对整个行业所生产的产品或提供的服务的需求称为行业的面对的需求量,相应的需求曲线称为行业需求曲线或市场需求曲线。它与我们前面分析的市场需求曲线的形状和特征是一致的,即是一条向右下方倾斜的曲线,如图 7.1(a)所示,曲线 D 即为市场需求曲线。与此对应,消费者对行业内的单个厂商所生产的产品或提供的服务的需求量称为厂商所面临的需求量,相应的需求曲线称为厂商需求曲线。由于单个厂商是市场价格的接受者,因此单个厂商面对的需求曲线就是一条起始于市场均衡价格的水平线,即如图 7.1(b)所示的曲线 d。

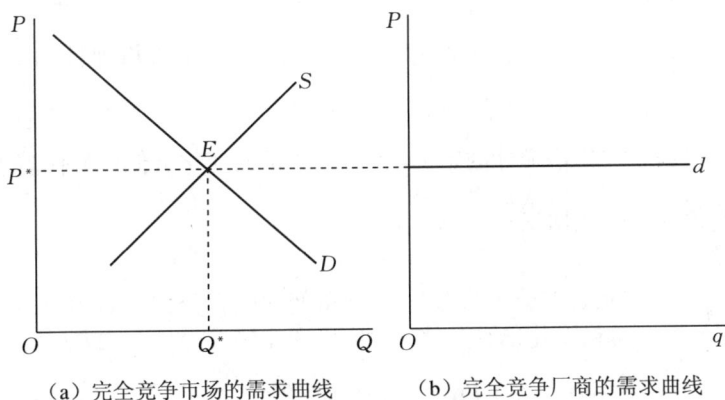

(a) 完全竞争市场的需求曲线   (b) 完全竞争厂商的需求曲线

图 7.1 完全竞争市场和完全竞争厂商的需求曲线

如图 7.1(a)所示,当由于某种原因如消费者偏好、收入水平、其他商品或服务的价格以及消费者对未来价格的预期等发生变化,市场需求曲线相应地会发生移动。例如需求增加,需求曲线从 D_1 向右上方移动到 D_2,那么市场均衡价格相应从 P_1 变化到 P_2,这时完全竞争厂商面对的需求曲线 d_1 就会向上平移到 d_2,如图 7.1(b)所示。

前面章节我们在介绍需求的价格弹性时曾指出,当需求价格弹性为无穷大时,需求曲线为一条水平线。现在举例说明,在单个厂商是价格接受者的情况下,需求价格弹性趋向于无穷大。设某行业有规模大小完全相同的厂商 1 000 家,厂商数量用 N 来表示,即 $N=1 000$。每一家厂商的年产量为 1 单位某种产品,整个行业的总产量为 $Q_1=1 000$ 单位。假设其中一家厂商(称为甲厂商)产

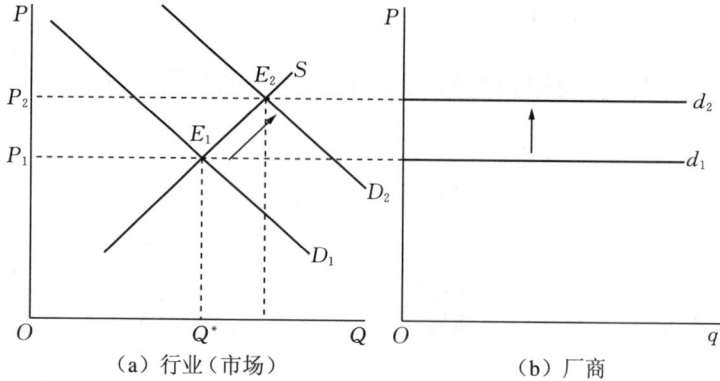

图 7.2　完全竞争厂商需求曲线的移动

量提高了 1 倍,为年产量 2 单位,即从 $q_1 = 1$ 变化为 $q_2 = 2$,$\Delta q = 1$ 则整个行业的供给量变化为 $Q_2 = 1\,001$ 单位,产量的变化量为 $\Delta Q = 1$,则行业产量的变化率 $\dfrac{\Delta Q}{Q_1} = \dfrac{1}{1\,000} = 0.1\%$,另设人们对该行业产品的需求价格弹性为富有弹性,$E_d = 2$。

那么,根据需求价格弹性的定义,我们用产量的变化近似地替代需求量的变化,价格变化的百分比用 $\dfrac{\Delta P}{P}$ 表示,则有:

$$E_d = \frac{需求量变化的百分比}{价格变化的百分比} = \frac{产量变化的百分比}{价格变化的百分比} = \frac{\Delta Q / Q_1}{\Delta P / P}$$

上式变形可得 $\dfrac{\Delta P}{P} = \dfrac{\Delta Q / Q_1}{E_d} = \dfrac{0.1\%}{2} = 0.05\%$

上式表明,当甲厂商的产量增加 100% 后,行业的均衡价格将变化 0.05%。如果该行业的产品价格为 10 000 元时,由于甲厂商产量增加 100%,价格会从 10 000 元下降到 9 995 元,如果该行业的产品价格为 1 000 元,则价格会下降到 999.5 元,当行业的产品价格为 100 元,则价格会下降到 99.95 元,更进一步,当行业生产的产品价格为 10 元,价格会下降到 9.995 元,实际上是微乎其微的。

反过来看一下甲厂商的需求价格弹性系数,用甲厂商产量变化近似替代需求量的变化,那么当市场价格变化 0.05% 时,甲厂商的需求价格弹性 E_f 为:

$$E_f = \frac{需求量变化的百分比}{价格变化的百分比} = \frac{产量变化的百分比}{价格变化的百分比} = \frac{\Delta q / q_1}{\Delta P / P} = \frac{100\%}{0.05\%} = 2\,000$$

进一步扩展上述的分析,当该行业的厂商数量 N 趋向于无穷大时,甲厂商产量增加 100% 时,行业产量的变化率将趋向于零,即 $\dfrac{\Delta Q}{Q_1} \to 0$。给定行业的需

求价格弹性 $E_d = 2$,可见行业的价格变化也趋于零,即 $\dfrac{\Delta P}{P} \to 0$。从甲厂商的需

求价格弹性系数的计算公式中可见,当行业的价格变化趋于零时,厂商的需求价格弹性 E_f 趋于无穷大,需求曲线为一条水平线。

三、完全竞争厂商的收益曲线

1. 厂商的收益

任何厂商,不管处于何种市场结构中,其收益就是厂商的销售收入,或称厂商的毛收入、营业收入。厂商的收益有总收益(total revenue,TR)、平均收益(average revenue,AR)和边际收益(marginal revenue,MR)。

总收益是指厂商按照一定的价格出售一定数量的产品或服务所获得的全部收入,如果用 P 来表示市场价格,用 Q 来表示销售量,那么有:

$$TR(Q) = P \cdot Q$$

平均收益是指厂商销售单位产品或服务所获得的收入,有:

$$AR(Q) = \frac{TR(Q)}{Q} = \frac{P \cdot Q}{Q} = P$$

平均收益与市场价格是相等的,这一结论在任何一种市场结构中都是成立的。

边际收益是指厂商增加或减少一单位产品或服务的销售量所带来的总收益的变化量,有:

$$MR(Q) = \frac{\Delta TR(Q)}{\Delta Q} = \frac{\mathrm{d}TR(Q)}{\mathrm{d}Q}$$

这里,平均收益与总收益、边际收益与总收益以及平均收益与边际收益等几方面的关系与前面分析平均产量、边际产量和总产量的关系相类似,即平均收益曲线是总收益曲线上任一点与原点连线的斜率,边际收益曲线是总收益曲线上任一点的切线的斜率,当平均收益等于边际收益时,平均收益达到最大。

2. 完全竞争厂商的收益曲线

上述是一般意义上的总收益、平均收益和边际收益的定义和相互关系。那么,对于完全竞争厂商这些变量又具有什么特征呢?

由于完全竞争厂商面对是一条起始于市场价格的水平线,市场价格是不变的。设厂商的销售量由 q_1 变化到 q_2,总收益从 TR_1 变化到 TR_2,可得下列关系:

$$AR(q) = \frac{TR(q)}{q} = \frac{P \cdot q}{q} = P$$

$$MR(q) = \frac{\Delta TR(q)}{\Delta q} = \frac{TR_2 - TR_1}{q_2 - q_1} = \frac{P \cdot q_1 - P \cdot q_2}{q_2 - q_1} = P$$

或者 $MR(q) = \frac{\mathrm{d}TR(q)}{\mathrm{d}q} = \frac{\mathrm{d}(Pq)}{\mathrm{d}q} = P$

即 $MR = AR = P$

上述情况可用一个实例来说明。如表 7.1 所示的某完全竞争厂商的收益表,表中数据是根据总收益、平均收益和边际收益的定义计算出来的。

表 7.1　某完全竞争厂商的收益表

价格(P)	销售量(q)	总收益 $TR = P \cdot q$	平均收益 $AR = TR/q$	边际收益 $MR = \Delta TR/\Delta q$
10	22	220	10	10
10	28	280	10	10
10	30	300	10	10
10	37	370	10	10
10	42	420	10	10
10	54	540	10	10
10	66	660	10	10
10	68	680	10	10

运用上述数据可以描出完全竞争厂商的总收益曲线、边际收益曲线和平均收益曲线,如图 7.3 和图 7.4 所示。

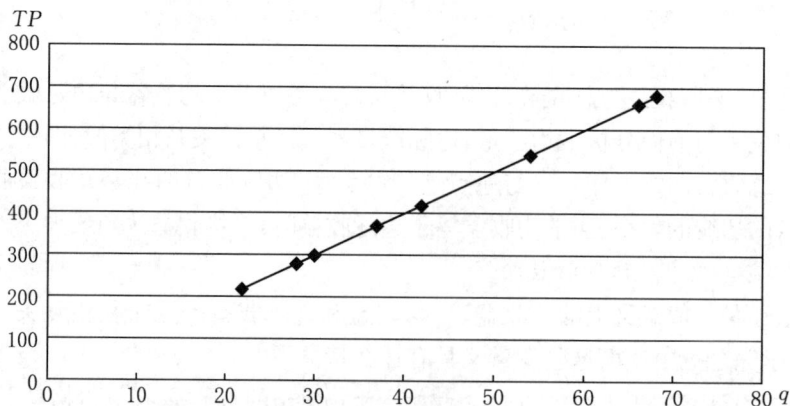

图 7.3　完全竞争厂商的总收益曲线

由图 7.3 可见,销量为零时,总收益为零,总收益曲线是一条起始原点的射线,其斜率即为市场既定的价格。

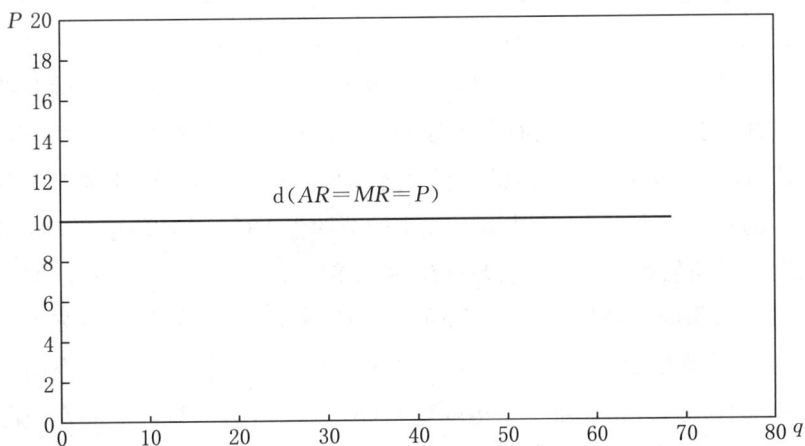

图 7.4　完全竞争厂商的平均收益曲线和边际收益曲线

由图 7.4 可见,完全竞争厂商面对的需求曲线、平均收益曲线、边际收益曲线和价格线均为起始于给定市场价格的水平线,四条线重合在一起。

第二节　短　期　均　衡

一、厂商利润最大化的基本条件

1. 利润最大化条件

在前面章节中,我们几次提到厂商追求的是利润最大化,是在利润最大化的引导下选择最优的决策的。这里利润最大化中的利润概念指的是经济利润,即厂商的总收益减去总成本,设利润水平为 π,则有: $\pi = TR - TC$。

这里的总成本是经济学意义的经济成本,是由外显成本和内隐成本两部分构成的。当总收益大于总成本时,厂商有利润可得,当总收益等于总成本时,厂商达到盈亏平衡,而总收益小于总成本时,厂商有亏损。这里要注意,厂商达到盈亏平衡时,并非会计学意义上的盈亏平衡,这时厂商仍能获得正常利润,正常利润看作是企业家才能这种生产要素应该获得的报酬,在经济分析中应当计入总成本,这意味着盈亏平衡时只是经济利润为零。

在什么情况下厂商的利润才能达到最大化呢? 厂商在进行相关产量决策时,主要是考虑如果增加 1 单位的产量总成本会如何变化,总收益会如何变化,如果总收益的变化量(即边际收益)大于总成本的变化量(即边际成本),那么,厂商就应当增加产量。反之,如果边际收益小于边际成本,厂商就应当减少产量。只有在边际收益等于边际成本时,厂商才不会进一步变动产量,即这时达到的利润最大化。如图 7.5 所示,向右下方倾斜的曲线为边际收益曲线 MR(这是一般意义上的边际收益曲线,与在完全竞争市场情况下的呈水平线的边际收益曲线不同),边际成本曲线 MC 向右上方倾斜。当厂商准备生产 Q_2 产量时,边际收益为 MR_2,小于对应于该产量的边际成本 MC_2,这时,如果厂商减少 1 单位产量,减少的总收益为 MR_2,而由此总成本的节约为 MC_2,节约的成本大于减少的收益,因此厂商的利润(总收益和总成本的差额)水平可以增加。反之,当厂商准备生产 Q_3 产量时,这时 MR_3 大于 MC_3,厂商增加 1 单位产量所带来的收益的增加额大于带来的成本,因此厂商应当增加产量。在边际收益曲线与边际成本曲线相交的点上,边际收益等于边际成本($MR_1 = MC_1$),这时厂商在边际上无论是增加还是减少产量都不会改变利润水平,因此厂商不再变动产量,利润达到最大。

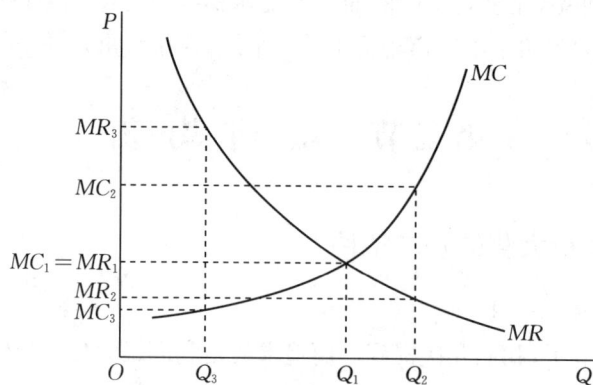

图 7.5　厂商的利润最大化

利润最大化的基本条件还可用数学加以证明:

$$\pi = TR(Q) - TC(Q)$$

$$\frac{\mathrm{d}\pi}{\mathrm{d}Q} = \frac{\mathrm{d}TR(Q)}{\mathrm{d}Q} - \frac{\mathrm{d}TC(Q)}{\mathrm{d}Q} = MR - MC$$

根据微积分知识,目标函数极大化的一阶条件是其一阶导数等于零,即 $\frac{\mathrm{d}\pi}{\mathrm{d}Q} = 0$,因此有 $MR = MC$。

利润极大的二阶条件为目标函数的二阶导数小于零，即 $\dfrac{\mathrm{d}^2 \pi}{\mathrm{d} Q^2} < 0$，则有：

$$\frac{\mathrm{d}^2 \pi}{\mathrm{d} Q^2} = \frac{\mathrm{d}^2 TR}{\mathrm{d} Q^2} - \frac{\mathrm{d}^2 TC}{\mathrm{d} Q^2} = \frac{\mathrm{d} MR}{\mathrm{d} Q} - \frac{\mathrm{d} MC}{\mathrm{d} Q} < 0$$

由边际收益曲线向右下方倾斜，边际成本曲线向右上方倾斜，因此上述二阶条件满足，即当边际收益等于边际成本时，边际收益曲线的斜率小于边际成本曲线的斜率，在该点利润达到极大。

2. 完全竞争厂商的利润最大化条件

由于在完全竞争市场中，厂商的需求曲线、平均收益曲线、边际收益曲线和价格线重合，一般情况下的边际收益等于边际成本利润最大化条件，可以写成价格等于边际成本，即 $P = MC$。这是由完全竞争市场的特殊性造成的。

$P = MC$ 确定的完全竞争厂商利润极大化的基本条件，不过厂商最终能否获得经济利润，还要看市场价格与平均成本的关系。在完全竞争市场中，由经济利润的定义式可知：

$$\pi = TR - TC = q \cdot AR - q \cdot AC = q(AR - AC)$$

由 $AR = MR = P$，可得：

$$\pi = q(MR - AC) = q(P - AC)$$

这样，可得如下关系：

当 $P > AC$ 时，$\pi > 0$，厂商可以获得经济利润；当 $P < AC$ 时，$\pi < 0$，厂商存在亏损；当 $P = AC$ 时，$\pi = 0$，厂商无经济利润也无亏损，达到盈亏平衡。这一条件无论在短期还是长期情况下都是成立的，只不过在长期情况下，有经济利润和有亏损时都不能达到均衡状态，下一节将会详细说明。

另外，在短期情况下，当 $\pi < 0$ 时，厂商存在亏损的情况下，是否仍然营业则取决于价格与平均可变成本的关系，由上面的利润关系式可得：

$$\pi = q(P - AC) = q(P - AVC - AFC)$$
$$= q(P - AVC) - q \cdot AFC = q(P - AVC) - FC$$

由上式可得如下关系：

当 $\pi < 0$ 且 $P > AVC$ 时，厂商的收益除了能够弥补全部的可变成本外，还能弥补一部分固定成本，厂商仍将继续营业；当 $\pi < 0$ 且 $P < AVC$ 时，厂商除了亏损掉全部的固定成本外，收益还不能弥补可变成本，厂商停止营业；当 $\pi < 0$ 且 $P = AVC$ 时，厂商的亏损额正好等于全部固定成本。这是厂商从营业到不

营业的临界点,价格低于这一点,厂商将停止营业,价格高于这一点,尽管仍存在亏损,但营业比不营业要好,起码可以弥补一部分固定成本,达到亏损最小化。

二、完全竞争厂商的短期均衡

在短期情形下,完全竞争厂商的生产规模是给定的,从而固定生产要素也是给定的,当厂商面对既定的市场价格时,只能通过调整产量来实现利润最大化。完全竞争厂商在短期情况下的产量决策可以分为五种情况,下面分而述之。

1. 有经济利润的情形

在这种情形下,单个厂商面对的水平的价格线与平均成本曲线有两个不重合的交点,平均成本曲线在价格线下面有一段弧。如图 7.6 所示,价格线 P_1 同时也是厂商面对的需求曲线 d_1、边际收益曲线 MR_1 和平均收益曲线 AR_1。MR_1 与厂商的边际成本曲线 MC 相交于 E_1 点,则 E_1 点所对应的产量 Q_1 就是厂商利润最大化的产量。

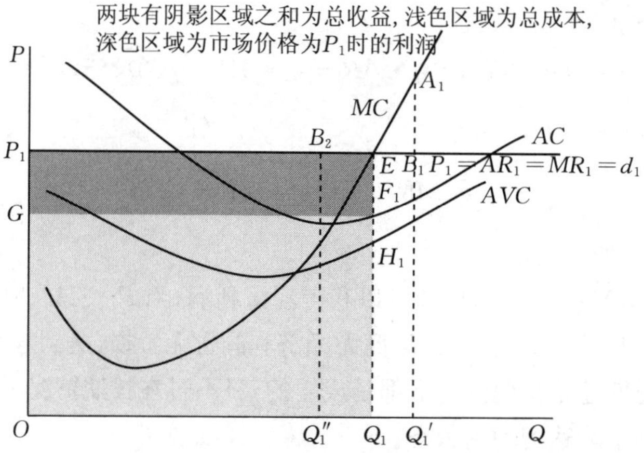

图 7.6　完全竞争厂商短期均衡:有经济利润的情形

从图 7.6 中可见,如果这时厂商选择大于 Q_1 的产量水平,假设为 Q_1',那么与 Q_1' 相对应的边际成本为 A_1Q_1',边际收益为 B_1Q_1',边际成本大于边际收益,这时厂商减少产量可以提高利润水平,由于本处 Q_1' 的选择是大于 Q_1 的任一产量,因此,这时只要产量高于 Q_1,厂商就应该减少以提高利润。同理,如果这时厂商选择小于 Q_1 的产量水平为 Q_1'',有边际收益大于边际成本,厂商应该增加产量以提高利润。只有在 Q_1 的产量水平上,厂商才不可能进一步改变产量以提高利润,达到了利润最大化。

在利润最大化的产量水平 Q_1 上,对应的平均成本为 $F_1Q_1(OG_1)$,对应的平

均可变成本为 $H_1Q_1(OI_1)$，因此，$OQ_1 \cdot OP_1$ 即长方形 $OQ_1E_1P_1$ 的面积为厂商的总收益，$OQ_1 \cdot OG_1$ 即长方形 $OQ_1F_1G_1$ 的面积为厂商的总成本，可得：

$$\pi = TR - TC = OQ_1 \cdot OP_1 - OQ_1 \cdot OG_1$$
$$= S_{长方形OQ_1E_1P_1} - S_{长方形OQ_1F_1G_1} = S_{长方形G_1F_1E_1P_1}$$

这一结果表明，这时厂商的经济利润为长方形 $G_1F_1E_1P_1$ 的面积，如图 7.6 中的深色部分。

从图 7.6 中还可知，在 Q_1 产量水平上平均可变成本为 H_1Q_1，则线段 F_1H_1 就是厂商的平均固定成本，面积 $OQ_1H_1I_1$ 为厂商的总可变成本，面积 $I_1H_1F_1G_1$ 为厂商的总固定成本。这样，当厂商面对 P_1 的价格时，总收益除了能够弥补全部的固定成本和可变成本以外还有剩余，那么剩余的这部分收益就是厂商获得的经济利润。

2. 盈亏平衡的情形

假设现在由于某种原因，整个市场的价格下降，降低到与厂商的平均成本曲线正好相切的水平。这里，由于完全竞争厂商面对的价格线是一条水平线，其与U 形的平均成本曲线相切时，切点一定是平均成本曲线的最低点。如图 7.7 所示，完全竞争厂商面对的价格线为 P_2，由此，厂商的需求曲线 d_2、平均收益曲线 AR_2 和边际收益曲线 MR_2 重合在一起。MR_2 与厂商的边际成本曲线 MC 相交于 E_2 点，则 E_2 点所对应的产量 Q_2 就是厂商利润最大化的产量。

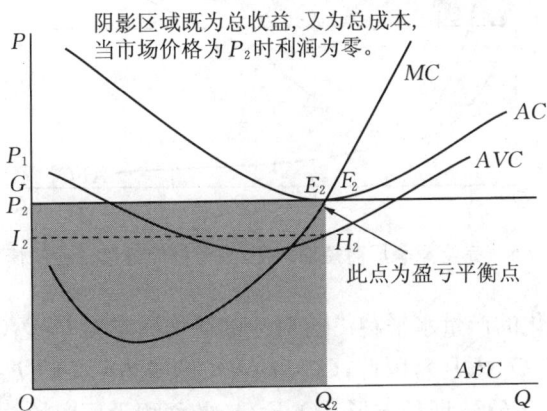

图 7.7　完全竞争厂商短期均衡：盈亏平衡的情形

在利润最大化的产量水平 Q_2 上，对应的平均成本为 $E_2Q_2(OP_2)$，对应的平均可变成本为 $H_2Q_2(OI_2)$，因此，$OQ_2 \cdot OP_2$ 即长方形 $OQ_2E_2P_2$ 的面积为厂商的总收益，$OQ_2 \cdot OP_2$ 即长方形 $OQ_2E_2P_2$ 的面积为厂商的总成本，可得：

$$\pi = TR - TC = OQ_2 \cdot OP_2 - OQ_2 \cdot OE_2$$
$$= S_{长方形OQ_2E_2P_2} - S_{长方形OQ_2E_2P_2} = 0$$

这一结果表明,这时厂商的经济利润为零,即处于盈亏平衡水平,E_2 点也可以称为盈亏平衡点。

图 7.7 显示,在 Q_2 产量水平上平均可变成本为 H_2Q_2,则线段 E_2H_2 就是厂商的平均固定成本,面积 $OQ_2H_2I_2$ 为厂商的总可变成本,面积 $I_2H_2E_2P_2$ 为厂商的总固定成本。因此,当厂商面对 P_2 的价格时,总收益恰好能够弥补全部的固定成本和可变成本,厂商经济利润为零。

3. 有亏损但继续营业的情形

当厂商面对的市场价格进一步下降时,假如这时与平均成本曲线没有交点,但与平均可变成本曲线有两个不相同的交点。如图 7.8 所示,完全竞争厂商面对的价格线为 P_3,由此,厂商的需求曲线 d_3、平均收益曲线 AR_3 和边际收益曲线 MR_3 重合在一起。MR_3 与厂商的边际成本曲线 MC 相交于 E_3 点,则 E_3 点所对应的产量 Q_3 就是厂商利润最大化的产量。

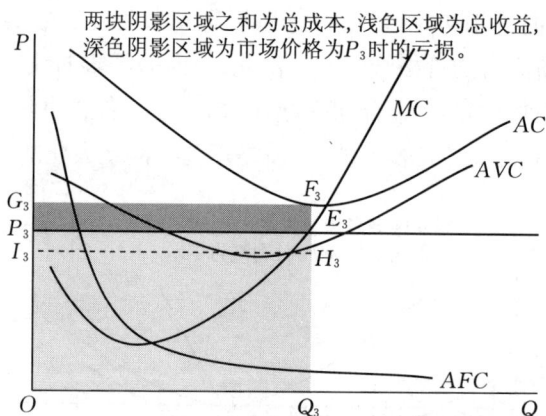

图 7.8　完全竞争厂商短期均衡:有亏损但继续营业的情形

在利润最大化的产量水平 Q_3 上,对应的平均成本为 $F_3Q_3(OG_3)$,对应的平均可变成本为 $H_3Q_3(OI_3)$,因此,$OQ_3 \cdot OP_3$ 即长方形 $OQ_3E_3P_3$ 的面积为厂商的总收益,$OQ_3 \cdot OG_3$ 即长方形 $OQ_3F_3G_3$ 的面积为厂商的总成本,可得:

$$\pi = TR - TC = OQ_3 \cdot OP_3 - OQ_3 \cdot OG_3$$
$$= S_{长方形OQ_3E_3P_3} - S_{长方形OQ_3F_3G_3} = S_{长方形P_3E_3F_3G_3} < 0$$

这一结果表明,这时厂商的经济利润为负,即处于亏损状态,亏损额为长方形 $P_3E_3F_3G_3$。图 7.8 表明,在 Q_3 产量水平上平均可变成本为 H_3Q_3,则线段

F_3H_3 是厂商的平均固定成本,面积 $OQ_3H_3I_3$ 为厂商的总可变成本,面积 $I_3H_3F_3G_3$ 为厂商的总固定成本,总固定成本中只有一部分(面积 $I_3H_3E_3P_3$ 部分)得到弥补。因此,当厂商面对 P_3 的价格时,总收益除能够弥补全部的可变成本以外,只能弥补部分固定成本,厂商出现亏损。如果在这时厂商停止营业,厂商将亏损掉全部的固定成本即面积 $I_3H_3F_3G_3$ 部分,但如果继续营业,可使亏损减少到面积 $I_3H_3E_3P_3$,可见继续营业还合算的。

4. 停止营业点情形

当厂商面对的市场价格进一步下跌到如图 7.9 所示的 P_4 水平时,价格线 P_4 与平均可变成本曲线相切,同样切点为平均可变成本曲线的最低点。MR_4 与厂商的边际成本曲线 MC 相交于 E_4 点,则 E_4 点所对应的产量 Q_4 就是厂商利润最大化的产量。

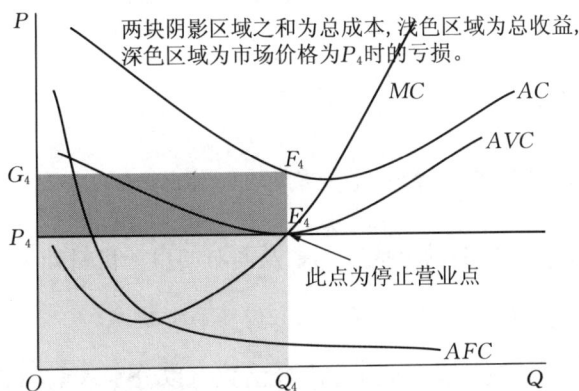

图 7.9　完全竞争厂商短期均衡:停止营业点的情形

在利润最大化的产量水平 Q_4 上,对应的平均成本为 $F_4Q_4(OG_4)$,对应的平均可变成本为 $E_4Q_4(OP_4)$,因此,$OQ_4 \cdot OP_4$ 即长方形 $OQ_4E_4P_4$ 的面积为厂商的总收益,$OQ_4 \cdot OG_4$ 即长方形 $OQ_4F_4G_4$ 的面积为厂商的总成本,可得:

$$\pi = TR - TC = OQ_4 \cdot OP_4 - OQ_4 \cdot OG_4$$
$$= S_{长方形 OQ_4E_4P_4} - S_{长方形 OQ_4F_4G_4} = S_{长方形 P_4E_4F_4G_4}$$

这时,厂商达到了停止营业点,总收益等于总可变成本。如图 7.9,在 Q_4 产量水平上平均可变成本为 E_4Q_4,则线段 F_4E_4 是厂商的平均固定成本,面积 $OQ_4E_4P_4$ 为厂商的总可变成本,面积 $P_4E_4F_4G_4$ 为厂商的总固定成本。因此,当厂商面对 P_4 的价格时,总收益只能弥补全部的可变成本。如果在这时厂商停止营业,厂商将亏损掉全部的固定成本,如果继续营业,也只是亏损掉全部的固定成本。可见,这一价格是厂商营业与否的临界点,在该点营业与否是没有差异的,称之为停止营业点。

5. 停止营业的情形

当厂商面对的市场价格下跌到 P_5 所示的水平时,价格线与平均可变成本曲线也没有交点,这时如果厂商营业,其收益连可变成本都不能完全弥补,因此在这种情况下,营业只能造成更多的亏损,厂商会选择停止营业。如图 7.10 所示。

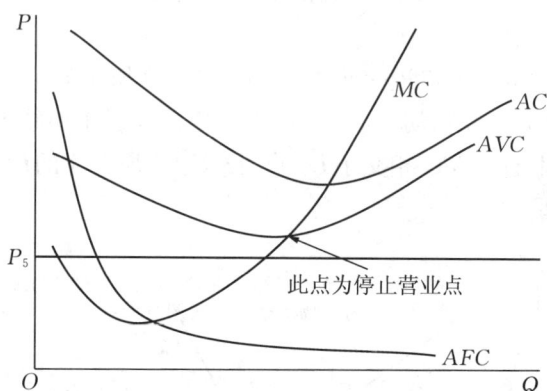

图7.10 完全竞争厂商短期均衡:停止营业的情形

假设,某完全竞争厂商的总成本函数及面对的市场价格如下:

$$TC = 3Q^3 - 6Q^2 + 12Q + 30, \ P = 80$$

根据各种成本函数的关系,由总成本函数可以分别求取固定成本、可变成本、边际成本、平均成本、平均可变成本,可得:

$$FC = 30$$
$$VC = 3Q^3 - 6Q^2 + 12Q$$
$$MC = 9Q^2 - 12Q + 12$$
$$AC = 3Q^2 - 6Q + 12 + \frac{30}{Q}$$
$$AVC = 3Q^2 - 6Q + 12$$

另外,由市场价格可得:

$$TR = P \cdot Q = 80Q$$

由此,当产量从 0 单位变化到 8 单位时,各项成本的变化如表 7.2 所示。总收益和总成本曲线见图 7.11,边际收益、边际成本和平均成本曲线见图 7.12,利润曲线见图 7.13。

表 7.2 某完全竞争厂商的短期成本、收益和利润

Q	P	FC	VC	TC	MC	AC	AVC	TR	利润
0	80	30	0	30				0	−30
1	80	30	9	39	9	39	9	80	41
2	80	30	24	54	24	27	12	160	106
3	80	30	63	93	57	31	21	240	147
3.5	80	30	96.7	126.7	80	36.3	27.7	279.6	152.9
4	80	30	144	174	108	43.5	36	400	85
5	80	30	285	315	177	63	57	480	−54
6	80	30	504	534	264	89	84	560	−289
7	80	30	819	849	369	121.3	117	560	−289
8	80	30	1 248	1 278	492	159.8	156	640	−638

从表 7.2 中可以看到当市场价格为 80 元时,当产量为 3.5 个单位时,$MR =$ MC,利润达到极大,经济利润为 152.9 元。

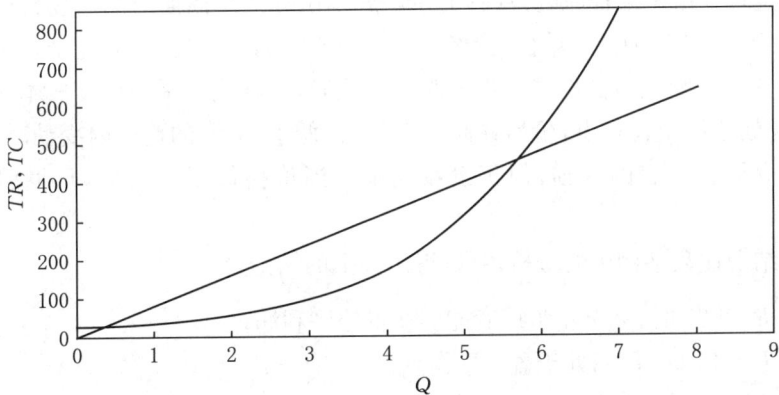

图 7.11 某完全竞争厂商的总收益和总成本曲线

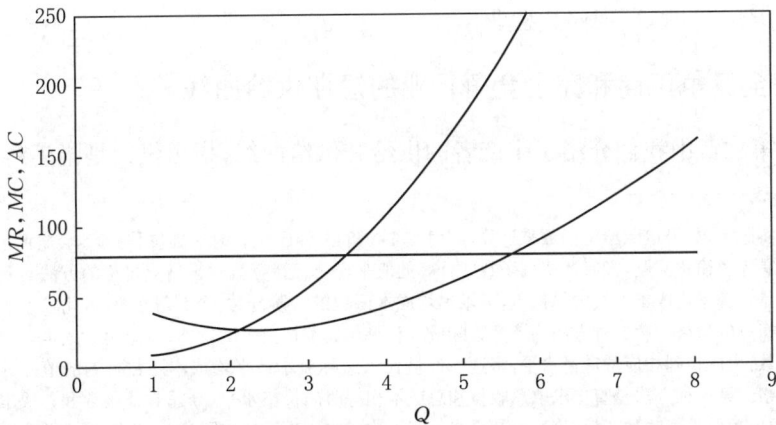

图 7.12 某完全竞争厂商的边际收益、边际成本和平均成本曲线

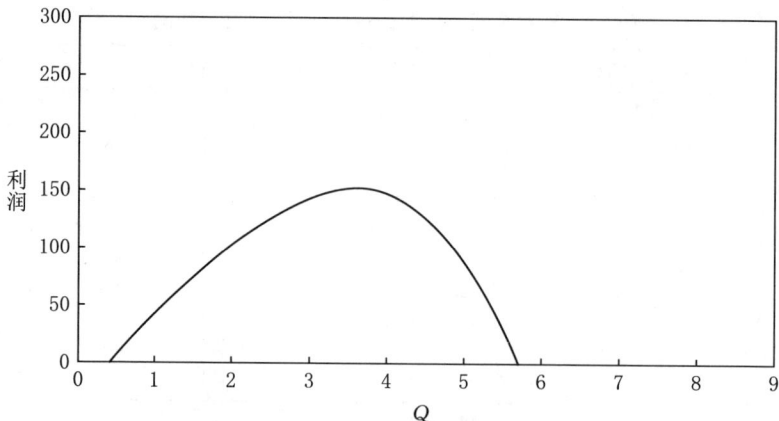

图7.13　某完全竞争厂商的利润曲线

假定现在由于某种原因,具有上述总成本函数的厂商面对的市场价格下滑到27元①时,产量为2个单位,价格线与平均成本曲线相切,这时完全竞争厂商达到了盈亏平衡。当价格进一步下跌到9元时,价格线与平均可变成本曲线相切,厂商处于停止营业点,价格在高于9元时,低于27元的范围内变动时,完全竞争厂商承受一定的亏损,但仍继续营业。当价格低于9元时,厂商将停止营业。

总结上述数字例子的分析,可以得出如下的结论:

当 $P > 27$ 时,完全竞争厂商能够获得经济利润;

当 $P = 27$ 时,厂商处于盈亏平衡点;

当 $9 < P < 27$ 时,厂商有亏损但继续营业;

当 $P = 9$ 时,厂商处于停止营业点;

当 $P < 9$ 时,厂商停止营业。

三、完全竞争厂商和完全竞争行业的短期供给曲线

在第二章中我们介绍了生产者的供给和供给曲线,指出供给是指生产者(厂

---

① 实际上,如果按照给定函数来计算,厂商并非在价格等于27元时达到盈亏平衡,会略低于27元,这里主要是为了简化问题,没有严格按函数式计算的值来说明。计算盈亏平衡点价格的方法有几种。第一种方法是计算平均成本曲线的最低点,可求平均成本函数的一阶导数,令其等于0,由此求得的价格就是盈亏平衡点的价格。第二种方法为计算边际成本和平均成本相交时的价格,可令边际成本函数等于平均成本函数,由此得到相应的产量水平,将这一产量代入边际成本或平均成本函数得到的值即为盈亏平衡点的价格。第三种方法是直接求取总收益和总成本相等时的价格水平,令总收益函数和总成本函数相等,可以求出盈亏平衡时的产量,将这一产量代入到平均成本或边际成本函数中,即可得到盈亏平衡点的价格。

商)面对一定的价格愿意并且能够提供的某种产品或服务的数量,这一概念表达了厂商在各种不同的价格水平上能够选择的最佳的产出水平。从前面完全竞争市场短期均衡的分析来看,面对每一个市场给定的价格,厂商决策的准则都是利润最大化,即根据边际收益等于边际成本的原则确定最优的产出水平。由于完全竞争厂商面对的价格是既定的,厂商的需求曲线、价格线和边际收益曲线都是水平线,因此,当边际收益等于边际成本时,均衡点都位于边际成本曲线上。这说明,边际成本曲线上的任何一点都对应着一个价格和产量水平,当该价格由整个市场给定时,产量水平就是厂商要选择的最优值,所以边际成本曲线就是完全竞争厂商在短期情况下的供给曲线。

　　由于当价格水平低于平均可变成本曲线的最低点时,厂商停止营业,即供给量为零,因此,完整的厂商短期供给曲线是其平均可变成本曲线最低点以上的边际成本曲线部分。

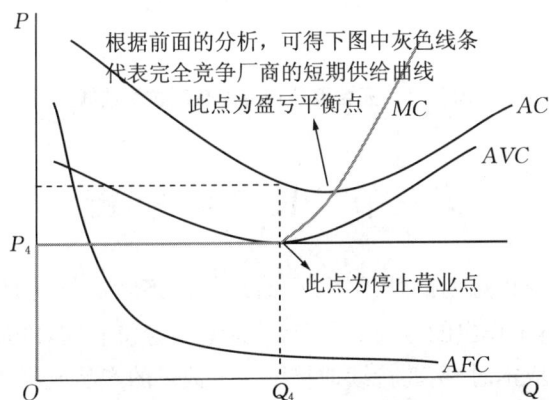

根据前面的分析,可得下图中灰色线条代表完全竞争厂商的短期供给曲线
此点为盈亏平衡点
此点为停止营业点

图 7.14　完全竞争厂商的短期供给曲线

　　如图 7.14 所示,单个厂商的短期供给曲线是一条折线,是分段函数,即当 $P < AVC$ 时,供给量为零,当 $P \geqslant AVC$ 时,供给曲线为边际成本曲线。因此,完全竞争厂商的短期供给曲线也可表示如下:

$$Q_x = \begin{cases} MC, 当 P \geqslant AVC \\ 0, 当 P < AVC \end{cases}$$

　　上述是单个厂商的短期供给曲线,如果要确定整个行业的短期供给曲线,则可以通过将行业内所有厂商在每一个价格水平上的供给量水平加总起来得到,如图 7.15 所示。图 7.15 中(a)表示行业内的 A_1 厂商的短期供给曲线,(b)图表示行业内的 A_2 厂商的短期供给曲线。当价格为 P_1 时,A_1 厂商的供给量为

Q_{11}，A_2 厂商的供给量为 Q_{21}，可得行业供给曲线上一点，点的坐标为（Q_{11}＋Q_{21}，P_1）。当价格为 P_2 时，A_2 厂商的供给量为 Q_{12}，A_2 厂商的供给量为 Q_{22}，又可以得到行业供给曲线上一点，点的坐标为（Q_{21}＋Q_{22}，P_2）。上述过程连续进行下去，即可得图 7.15(c)中的行业供给曲线。本例中只有两个厂商，当行业内有许多厂商时，可以按同样的方法水平加总以得到行业供给曲线。

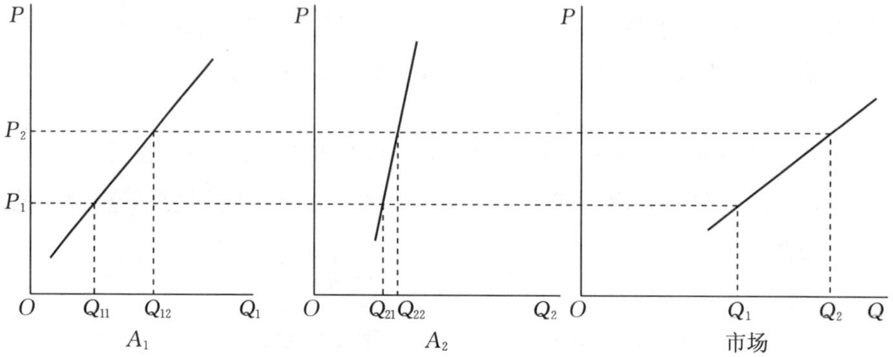

图 7.15　完全竞争行业的短期供给曲线

第三节　长　期　均　衡

在完全竞争市场短期的情形下，厂商最优的产量决策总是在价格（边际收益）等于边际成本下作出的，这时厂商有可能获得经济利润，也有可能亏损，当价格大于平均可变成本时，厂商持续地提供一定数量的产品或服务；当价格小于平均可变成本时，厂商会停止营业。但是就长期来说，厂商的规模可以调整，短期内出现的经济利润或亏损就成为引导厂商行为一个信号，出现经济利润会吸引行业的厂商进入这一行业，而出现亏损会使行业内现有厂商退出。本节主要研究在长期情况下，完全竞争厂商和完全竞争行业的长期均衡问题。

一、完全竞争厂商的长期均衡

在完全竞争市场中长期均衡的一个显著特征就在于现有厂商的规模可以调整，行业外的厂商可以进入本行业，行业内的厂商也可退出本行业，而且根据完全竞争市场的特征，厂商作出这些调整都是无代价的。

在长期均衡的分析中，我们分为两个层次进行分析。第一个层次是厂商层次，即假定行业内其他厂商的行为不变动的情形下，单个厂商因应市场价格的变化进行规模及是否留在该行业的决策。第二个层次是行业或市场层次的，即当行业内所有厂商的行为均因应市场价格变动而作出调整的问题。

我们运用图 7.16 来首先说明完全竞争厂商层次的长期均衡。厂商面对的长期平均成本曲线为 LAC，长期边际成本曲线为 LMC。图 7.16 中画出了三种规模情况下厂商的短期平均成本曲线和边际成本曲线，分别为 SAC_1、SAC_2、SAC_3、SMC_1、SMC_2 和 SMC_3。

现在，假设厂商面对的市场价格为 P_1，如果当时厂商正已第一种生产规模进行生产，在短期时，厂商将选择 $SMC_1 = P_1$ 所对应的产量水平 Q_1，可以获得长方形 $P_1E_1F_1G_1$ 所示的经济利润。在长期时，当市场价格给定为 P_1 时，厂商并不会局限在第一种生产规模，他会寻求能够获得长期利润最大的生产规模进行生产。从图 7.16 中可见，在长期中，如果厂商选择第三种生产规模进行生产，一旦生产规模选定，厂商的决策马上就转入短期，在这里厂商将选择 $SMC_3 = P_1$ 所对应的产量水平 Q_2，厂商可以获得长方形 $P_3E_3F_3G_3$ 面积的经济利润。同理，厂商也可以选择第二种生产规模，同样也可以获得一定的经济利润。厂商到底选择哪一种生产规模取决于各种不同的生产规模下能够获得的经济利润的高低，能够获得最高经济利润的规模就是在其他厂商的行为给定的情况下，该厂商长期均衡应选择的最优规模。

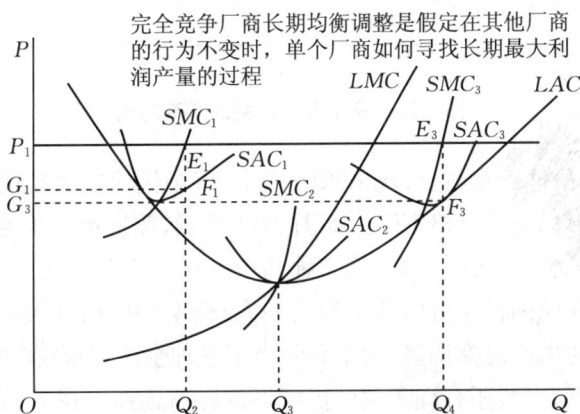

图 7.16　完全竞争厂商的长期均衡

二、完全竞争行业的长期均衡

确切地说，上述完全竞争厂商的长期均衡并不是均衡，厂商不可能停留在这一位置不变动自己的行为。这是因为，当行业内存在经济利润时，会使行业内的厂商同样调整自身的规模，而行业外的厂商也会受经济利润的吸引而进入本行业。因此，考察完全竞争市场的长期均衡还要从整个行业互动的角度出发。

在上例中,当市场价格为 P_1 时,行业内现有的厂商能够获得经济利润,而且通过调整产量还能获得更大的经济利润。前面我们曾说明,在完全竞争市场上单个厂商行为的变化对整个市场的影响微乎其微,可以忽略不计。但是,当行业内存在经济利润时,并非只有一个厂商会想到调整自己的行为,行业内外的厂商都会作出相应的调整。这样,受经济利润的吸引,本行业内的厂商会扩大生产规模,行业外的厂商会进入到本行业。这两种行为变化都会使整个市场的供给量大幅度增加,即当所有厂商都改变自己的行为时,当然会对整个行业的供给产生影响。

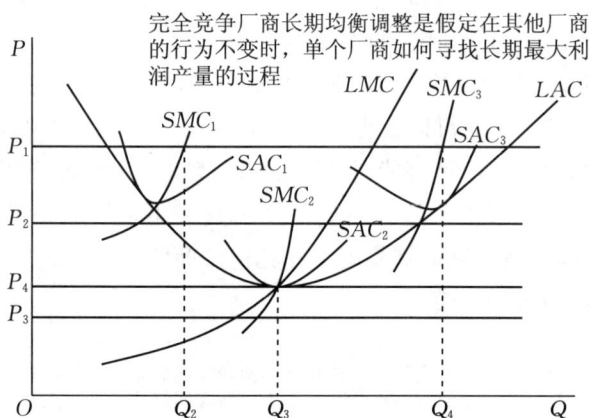

图 7.17　完全竞争厂商的长期均衡

在此,其他条件给定时,市场需求也给定,市场供给的大幅度变化带来的直接后果就是使市场均衡价格下降。如图 7.17 所示,假定市场供给增加造成均衡价格下降到 P_2 水平,从图上看,第一种和第三种生产规模无法获得经济利润,但第二种生产规模同样还可以获得经济利润,长期中厂商继续调整生产规模向经济利润最大的生产规模调整,图中只画出了三种生产规模,在生产规模可以无限细分的情况下,当然还有许多生产规模可供厂商选择。在 P_2 的价格水平上,价格线仍高于长期平均成本曲线,行业内仍有经济利润可得,还会促使行业内外的厂商调整产量和进入,这种行为还会造成市场供给增加,市场价格下降。进一步假定市场价格下降到 P_3 的水平。这时,价格线位于长期平均成本曲线以下,行业内所有厂商都面临亏损,现有的厂商会选择调整生产规模或退出,这种行为的结果是造成行业的供给下降,市场价格回升。如果市场价格回升到超过长期平均成本的水平,又会吸引其他厂商进入,市场价格又会下降。如此价格反复波动,直到当市场价格线与长期平均成本曲线相切时,如图 7.17 所示的 P_4 水平。在此市场价格下,单个厂商选择的最优生产规模为第二种生产规模(由 SAC_2 和

SMC_2 表示），偏离这一规模的厂商都会亏损。同时，由于行业内不存在经济利润也不存在亏损，行业外的厂商没有诱因进入本行业，行业内的厂商也没有动机退出本行业，这时达到了行业的长期均衡。从上述分析和图中可见，长期均衡应当满足下列条件：

$$P = SMC = SAC = LAC = LMC$$

这一条件中，$SMC = SAC$ 的产量水平位于短期平均成本曲线的最低点，在该点决定单个厂商应当选择的最优生产规模，而 $LAC = LMC$ 则决定了长期条件下行业内厂商的数目，在这一点没有厂商数目的变化，即既没有厂商进入，也没有厂商退出。

上述行业长期均衡的条件还可以表达为，当行业的经济利润为零时，完全竞争市场达到了长期均衡。这是一个相当有趣的结果，每一个厂商都在追逐经济利润，而追逐的最终结果却是经济利润为零。这里需要再重申一点，经济利润实质上是一种超额利润，当经济利润为零时，并不意味着有些生产要素没有获得相应的报酬，经济学中的作为企业家才能这种要素的报酬，即正常利润已经计算入厂商的总成本中了。

三、完全竞争行业的长期供给曲线

完全竞争市场中厂商和行业的短期供给曲线是厂商边际成本曲线高于平均可变成本的那一部分，由于边际成本曲线是向右上方倾斜的，因此可以得出厂商和行业（将行业所有厂商的短期供给曲线水平加总）供给曲线都是向右上方倾斜的。那么，从长期来看，完全竞争市场的长期供给曲线是否也如短期中的一样是向右上方倾斜的呢？

回答上述问题涉及当本行业的生产规模变动时，行业的投入要素的特征，由于行业投入要素的差异，本行业的生产规模变动时，会影响到要素价格水平，进而影响到行业的生产成本，即成本曲线的位置可能发生变动。就此，我们可以把某一完全竞争行业的要素投入划分为几种类型。第一种类型的要素是广布的或非专用性的。例如普通的劳动力，建筑中用的黄沙水泥等要素。第二种类型的要素是稀缺的、集中的或专用性的。例如，铜矿、铁矿等集中于某一地的生产要素，又如高级的计算机程序员、熟悉某一种早期的计算机编程语言的程序员等，还有为生产某一种产品需要定制的机器设备等。第三种类型的要素是规模经济效应明显的。如原有的计划经济体制下，企业是为完成国家计划的一个部门，不需要为适应市场变化的经营管理人员，对工商管理专业的毕业生需求很小。如果为单一的一个企业提供这类劳动力，成本会相当高，在经济上也是不划算的。

当经济体制从计划经济转向市场经济后,这类劳动力的需求大增,那么为培养工商管理人才设立专门的学院、系、专业,以及为此引进大量的专业教师成为可能,从而培养一个工商管理类的劳动力的成本能够大大下降,这类生产要素的价格也会降低。

接下来,我们就根据不同的生产要素类型,分析完全竞争行业的长期供给曲线。

1. 成本不变行业的长期供给曲线

当某一完全竞争行业所要求投入的要素是广布的或非专用性的情况下,该行业生产规模扩大时不会对这类要素需求产生重大的影响,这类要素的价格保持不变,从而行业的生产成本(成本曲线)也保持不变,一般将这类行业称为成本不变的行业。

如图 7.18(b)所示,LAC 为成本不变行业的长期平均成本曲线,LMC 为其长期边际成本曲线,SAC 和 SMC 为其最优生产规模情况下的短期平均成本和边际成本。由于行业生产规模变化时,要素价格不发生变化,因此,上述成本曲线也保持不变。在图 7.18(a)中代表行业的供求关系及其变化。假设行业原来的均衡点位于需求曲线 D_1 和供给曲线 S_1 的交点 E_1,行业的均衡产量为 Q_1。这时,如果由于某种原因,对行业生产的产品或提供的服务的需求增加,需求曲线移动到 D_2,均衡点移动到 E_2,均衡价格提高到 P_2,均衡产量增加到 Q_2。由于整个市场的价格提高,对一个有代表性的厂商来说,要在现有的规模上进行调整,以寻求更大的利润。

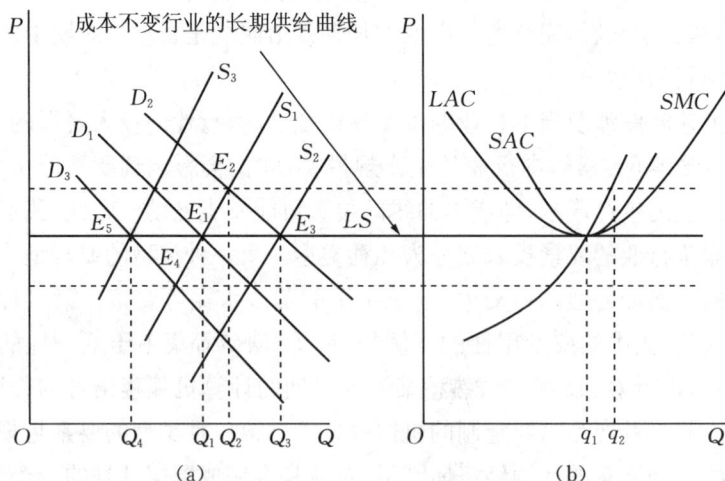

图 7.18　成本不变行业的长期供给曲线

图 7.18(b)中厂商的利润最大化产量从 q_1 变化到 q_2。在市场价格为 P_2 时,代表性厂商可以获得经济利润。当然其他厂商也不会放弃这样的机会,也会增加产量,这样就会使整个行业的供给水平增加。例如使供给曲线移动到 S_2,S_2 与 D_2 相交于 E_3 点,市场均衡价格调整到 P_1,均衡产量增加到 Q_3,代表性厂商又回到原来的产量水平,经济利润消失。不过,要说明的一点是均衡价格回到 P_1 水平有时可能需要相当长的时间,而且也不一定是一步到位的,有时还会出现过度调整,使得均衡价格首先会下降到 P_1 以下,这里只是说明长期趋势上会调整回 P_1 价格。如果将上述分析的起始点反转,也可以得到当需求减少时,均衡价格下降会引起相反的调整,最终仍会回到原来的均衡价格。我们把长期均衡点 E_1 和 E_3 连结起来就可以得到成本不变行业的长期供给曲线,这是一条水平线。

2. 成本递增行业的长期供给曲线

当某一完全竞争行业所要求投入的要素是稀缺的、集中的或专用性的情况下,该行业生产规模扩大时对这类要素需求会产生明显的影响,要素价格将会提高,从而行业的生产成本(成本曲线)向上移动,一般将这类行业称为成本递增的行业。

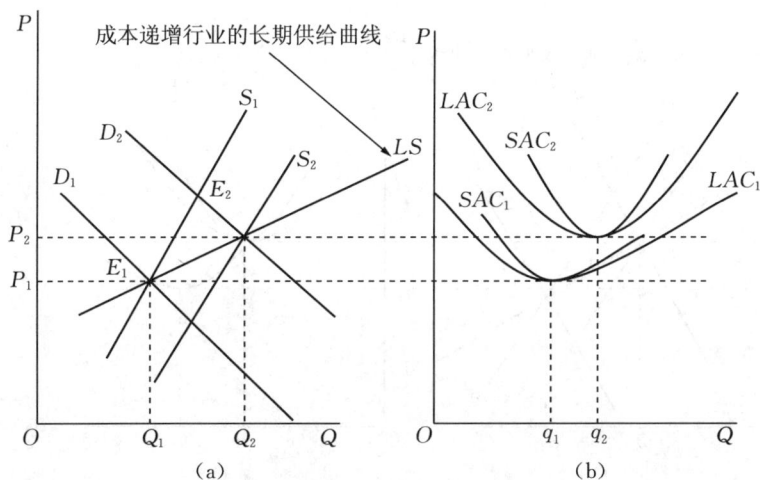

图 7.19 成本递增行业的长期供给曲线

在图 7.19(b)中,LAC_1 为成本递增行业的最初的长期平均成本曲线,LMC_1 为其最初的长期边际成本曲线。由于行业生产规模变化时,要素价格发生变化,因此,上述成本曲线会发生移动。在图 7.19(a)中代表行业的供求关系及其变化。假设行业原来的均衡点位于需求曲线 D_1 和供给曲线 S_1 的交点 E_1,行业

的均衡产量为 Q_1。这时,如果由于某种原因,对行业生产的产品或提供的服务的需求增加,需求曲线移动到 D_2,均衡点移动到 E_2,均衡价格提高到 P_2,均衡产量增加到 Q_2。由于规模扩张对要素需求增加,要素价格将提高,则有代表性的厂商面对的短期和长期成本曲线都会上移(短期成本曲线未画出来),在图中上移到 LAC_2 和 LMC_2,厂商利润最大化的产量为 q_2。

若在 P_3 的价格水平上厂商能够获得经济利润,那么现有厂商及行业外的厂商行为将调整,调整的结果会使供给增加,从 S_1 移动到 S_2。但由于成本是递增的,供给的增加幅度较小,最终市场均衡价格不会回落到 P_1 的水平,而是在高于 P_1 的 P_3 水平。厂商最终调整的结果是在新的成本曲线的情况下达到长期均衡,均衡时厂商的长期利润为零,产量为 q_3。我们把长期均衡点 E_1 和 E_3 连结起来就可以得到成本递增行业的长期供给曲线,这是一条向右上方倾斜的曲线。

3. 成本递减行业的长期供给曲线

当某一完全竞争行业所要求投入的要素是规模经济效应明显的情况下,该行业生产规模扩大时对这类要素需求会产生明显的影响,要素价格将会下降,从而行业的生产成本(成本曲线)向下移动,一般将这类行业称为成本递减的行业。

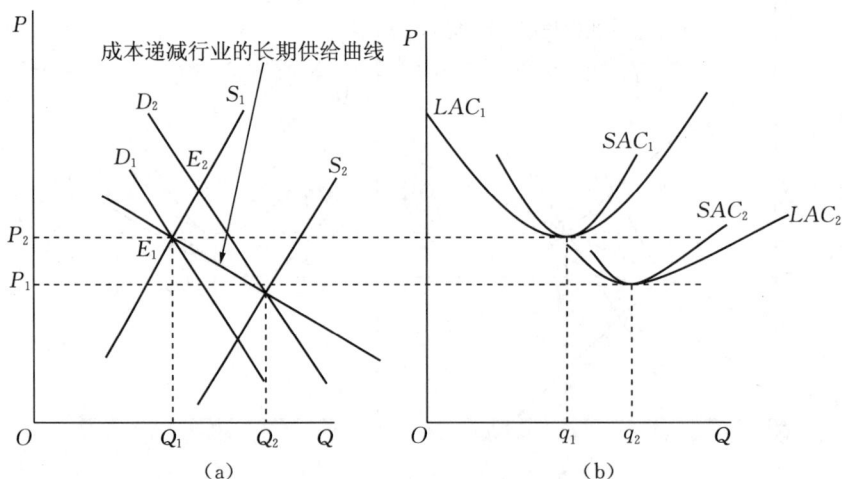

图 7.20　成本递减行业的长期供给曲线

成本递减行业的长期供给曲线可从图 7.20 看出。在图 7.20(b)中,LAC_1 为最初的长期平均成本曲线,LMC_1 为最初的长期边际成本曲线。由于行业生产规模变化时,要素价格发生变化,那么,上述成本曲线会向下移动。在图 7.20(a)中代表行业的供求关系及其变化。假设行业原来的均衡点位于需求曲线 D_1 和

供给曲线 S_1 的交点 E_1，行业的均衡产量为 Q_1。这时，如果由于某种原因，对行业生产的产品或提供的服务的需求增加，需求曲线移动到 D_2，均衡点移动到 E_2，均衡价格提高到 P_2，均衡产量增加到 Q_2。由于规模扩张对要素需求增加，要素的规模经济效应明显，要素价格反而下降，则有代表性的厂商面对的短期和长期成本曲线都会向下移动（短期成本曲线未画出来），在图中下移到 LAC_2 和 LMC_2。

起初需求的变化使得价格水平提高到 P_3，代表性厂商将据此选择利润最大化的产量为 q_3。如果在 P_3 的价格水平上厂商能够获得经济利润，那么现有厂商及行业外的厂商行为将作调整，调整的结果会使供给增加，从 S_1 移动到 S_2。但由于成本是递减的，供给的增加幅度较大，市场均衡价格会降低到原来的均衡价格 P_1 的水平以下，为 P_3 水平。同样，厂商最终调整的结果是在新的成本曲线的情况下达到长期均衡，均衡时厂商的长期利润为零，产量为 q_3。我们把长期均衡点 E_1 和 E_3 连结起来就可以得到成本递减行业的长期供给曲线，这是一条向右下方倾斜的曲线。

习题七

1. 厂商获得利润最大化的条件是（　　　）。

A. 边际收益大于边际成本的差额达到最大

B. 边际收益等于边际成本

C. 价格高于平均成本的差额达到最大

D. 以上均不正确

2. 在完全竞争市场上，厂商短期均衡的条件是（　　　）。

A. $P = AR$ 　　　　 B. $P = MC$ 　　　　 C. $P = MR$ 　　　　 D. $P = AC$

3. 通常，当市场价格水平若低于（　　　）时，厂商会停止营业。

A. 平均成本 　　　　　　　　　 B. 平均可变成本

C. 边际成本 　　　　　　　　　 D. 平均固定成本

4. 成本递减行业的长期供给曲线是（　　　）。

A. 向右上方倾斜的曲线 　　　　 B. 垂直于横轴的直线

C. 向右下方倾斜的曲线 　　　　 D. U 形曲线

5. 在完全竞争的市场中，行业的长期供给曲线取决于（　　　）。

A. 短期平均成本曲线最低点变动的轨迹

B. 短期边际成本曲线最低点变动的轨迹

C. 长期平均成本曲线最低点变动的轨迹

D. 长期边际成本曲线最低点变动的轨迹

6. 如果在某完全竞争行业中市场价格为12元,某企业的产量为50单位,平均成本为10元,边际成本为15元,平均可变成本为7元。试确定这时该企业是否达到了利润最大化? 为什么? 如果没有达到利润最大化,企业该如何调整其产量?

7. 甲乙两个完全竞争厂商的总收益均为20万元,总固定成本均为10万元,总可变成本分别为18万元和12万元。试求两个企业的利润或亏损额? 甲企业和乙企业是否应当继续营业? 为什么?

8. 某完全竞争厂商的长期平均成本曲线最低时的成本为20元,产量为5 000单位,当产量为8 000单位时,长期边际成本曲线与平均收益曲线相交。当前市场上产品价格为40元,试求这时该厂商的产量和利润分别是多少? 当该完全竞争行业达到长期均衡时,价格和该厂商的产量将变为多少? 这时厂商的利润为多少?

9. 某完全竞争市场的需求函数为 $Q_d = -400P + 400$,该行业存在100个完全相同的厂商,单个厂商的短期成本函数为 $C_i = 0.1q_i^2 + q_i + 10$, $i = 1, 2, 3, \cdots, 100$。 试求:

(1) 典型厂商的短期供给函数;

(2) 行业的供给函数;

(3) 整个完全竞争市场的均衡价格和均衡产量。

10. 某完全竞争厂商的短期成本函数为 $TC = 0.1q^3 - 2q^2 + 15q + 10$。试求该厂商停止营业时的价格水平和短期供给函数。

11. 假如你是一个公司的管理者,目前能够获得短期利润。在长期内,该行业为成本不变行业,你认为该行业会如何变化? 你的企业的成本和产品价格会如何变化? 如果该行业属于成本递增行业,会对你的结论有影响吗? 成本递减行业呢?

12. 如果某行业属于完全竞争行业,置身于这样的行业的企业会不会存在改进技术、提高劳动生产率的动力? 为什么?

第八章

完全垄断市场

　　人们往往认为垄断的情况下，垄断者一定可以获取巨额的垄断利润，这其实是一个误区。即使是完全垄断(垄断达到极致)也要受制于市场需求，当价格提高到一定程度时，需求量也会降低至零。因此，我们既要破除某些理论所认为的某些行业"自然而然需要垄断"的谬见，也要破除垄断的情况下一定可以"为所欲为"的情绪化观点。

——题记

学 习 目 标

通过本章的学习，你应当能够：

1. 掌握完全垄断市场的定义和基本特征；

2. 掌握垄断形成的基本原因；

3. 掌握完全垄断市场的需求曲线和边际收益曲线的形状及二者之间的相互关系；

4. 掌握完全垄断厂商的短期均衡中的有利润、有亏损、盈亏平衡和停止营业的基本条件；

5. 理解完全垄断厂商长期均衡的三种基本情况；

6. 掌握垄断者实施价格歧视的基本条件；

7. 掌握垄断者实施价格歧视的三种主要类型，尤其是市场分割的方法；

8. 理解垄断的经济后果及反垄断政策。

　　作为市场结构的一个极端，如果说完全竞争市场缺乏现实性，更多是作为理论分析中评价和判断的基准的话，那么，市场结构的另一个极端，完全垄断市场离每个人的现实生活更加接近一些。例如，日常生活中须臾离不开的公用事业行业就是突出的垄断例证。在菜市场常见的讨价还价行为，到了公用事业企业似乎不再适用，我们都按照水、电、煤气、邮政、电信等公司制定的价格来决定消费的数量。垄断是如何产生的？具有垄断力量的厂商对市场的价格具有较强的控制能力，那么是否这类厂商是为所欲为的？垄断厂商价格和产量的决策有什么特点？

本章主要研究完全垄断市场中厂商价格和产量的决策，与完全竞争市场中厂商和消费者都是价格的接受者相反，完全垄断厂商是价格的制定者。价格制定者的特征反映了垄断厂商生产的产品或提供的服务很少有替代品，或者即使有替代品其替代性也相当地弱。另一方面，一个厂商垄断一个行业的关键在于能够长期时间地维持这种垄断地位，有效地限制新进入者，为其进入设置各种各样的壁垒。垄断厂商就是要在这样的条件下决定能使自身利润最大化的价格和产量组合。

本章首先按区分市场结构的主要标准说明完全垄断市场的特征，在此基础上说明垄断形成的基本原因。接下来分析完全垄断市场的需求曲线和边际收益。由于完全垄断厂商可以限制新进入者，其面对的市场需求曲线和边际收益曲线呈现出与其他市场结构不同的特点，这也是决定其利润最大化决策的主要因素之一。同样，根据垄断厂商的生产规模能否变动，决策也分为短期和长期两大类，我们在第二节和第三节着重介绍垄断厂商的短期均衡和长期均衡的基本情况和均衡条件。

第一节　定　义　和　特　征

按照区分市场结构的四个特征，经济学家通常把市场划分为四种结构类型。另一种简略的划分方法是将市场结构划分为两大类，一类是完全竞争市场，而把另一类或多或少带有一些垄断成分的市场称为不完全竞争市场。根据带有的垄断成分的差异，分为完全垄断市场、垄断竞争市场和寡头垄断市场。本节将首先介绍完全垄断市场的特征，接着从一般意义上说明产生垄断（而不是完全垄断）的原因，然后对完全垄断厂商的需求曲线和边际收益进行一些分析，最后说明衡量市场垄断力的重要指标勒纳指数。

一、完全垄断市场的特征

简单说来，垄断（monopoly）是指一家厂商或少量厂商在一个给定市场上对某一产品具有排他性的控制权。从理论上可以定义垄断的范围，但在实践中往往由于在确定的市场范围不同，在一个定义范围较为狭窄的市场上看来是垄断的厂商，而在一个定义范围较广的市场上则是竞争性的。例如，只考虑铁路运输,无疑铁路运输企业是垄断的,不过市场范围放宽到运输行业,铁路运输还要受到来自公路、航空和水路运输的竞争,就不能说是垄断的。可见,市场范围的限制对经济分析的准确性和有效性有着十分突出的影响。

经济学中所谓的完全垄断市场具有以下三个方面的特征:

(1) 完全垄断市场上只有一个卖者,整个行业就是厂商本身。厂商层次的决策和行业层次的决策是一致的,厂商可以独立决定价格或产量,是市场价格的制定者。在这里,要说明一点,虽然完全垄断厂商可以单独决定价格或者产量,但它不是为所欲为的,其行为仍然要受制于市场需求。例如,在目前电价为每度 0.60 元时,某户居民每月用电 100 度,而假设在现有的收入水平下,电价变为每度 20 元时,该户居民照明可能宁愿选择使用蜡烛,取暖采用煤炭或煤气,甚至连家用电器都不添置。此外,在实际生活中,垄断往往还要受到政府管制的影响。

(2) 在完全垄断市场上,该垄断厂商生产的产品或提供的服务基本上没有替代品。这里所谓的没有替代品是指在现有条件下还没有出现满足相同需求的产品或服务,人们要想满足此类需求就必须购买这类产品或服务。例如,在电的例子中,蜡烛虽然不失为满足人们照明需求的一种替代品,但对电驱动家用电器来说,蜡烛无法替代,在现有技术条件下也没有哪一种产品能够在这方面的用途上替代电。此外,关于替代品,还要注意的是,垄断可以划分为有保障垄断和无保障垄断。对于有保障垄断,垄断厂商可以有效地控制新进入者进入本行业,使得潜在竞争者无法威胁本厂商的地位,而对无保障垄断则时刻面临着被更新的产品或服务替代的威胁。

(3) 完全垄断市场中,新进入者无法进入该市场,或者进入的成本相当高以至不可能。在完全竞争市场中,保持市场竞争的一个重要特征在于厂商能够自由地、无成本地进入或退出本行业,当市场中存在经济利润时,新厂商的进入会使经济利润消失,当市场中存在亏损时,现有厂商会退出,从而保证了该行业内的厂商在长期内只获得正常利润。在完全垄断市场中,垄断厂商能够将竞争者阻拦在行业外,从而使得出现经济利润时由本厂商获得。

二、垄断形成的基本原因

上面在介绍完全垄断市场的基本特征时,实际上强调说明了对新进入者的限制是垄断形成的主要原因,这种限制一般也可以称为进入壁垒或进入障碍。那么,这种进入壁垒有哪些表现形式呢?

大致说来,对新进入者的限制表现在两个方面,其一是行政和法律方面限制,其二是自然和经济方面的限制。下面分别予以说明。

1. 行政和法律的限制

行政和法律的限制主要是指某些厂商对其产品或服务的专营权是由法律规定和保护的。对新进入者的法律限制,主要形式有政府的特许权、资格限制、专利和版权。

例如,烟草专卖就是政府的特许权造成垄断的一例。资格限制一方面出现在某些带有较强的技术性、危险性,或者需要特殊的培训或设备的行业,如建筑物拆除,不同类型的建筑物拆除需要特殊的方法和设备,某些类型的拆除还带有较高的危险性,比如定向爆破等,政府由此设定了一些进入条件,即规定具备何种条件的厂商才能够从事某类业务。再如,我国工商行政管理中,有许多行业对企业设置了资质等级,只有具备了某一等级的资质后才能从事相关业务,在会计、审计行业中,小型审计师事务所是不能从事上市公司的审计业务。另一方面,资格限制出现在劳动力市场准入方面,如注册会计师、结构工程师、资产评估师、房地产估价师、医师、律师等,还有各类上岗证书等。这类资格认证限制了劳动力可以进入的行业,从而在某些行业中产生了一定的垄断性。专利和版权是现代经济社会中最为常见的法律限制造成垄断的例子。专利和版权主要是为了保护发明者、创作者的发明创作的积极性,给予其一定期限的保护,在保护期满前,任何人都不得进入专利保护的行业或市场。

2. 自然和经济方面的限制

自然和经济方面的限制是经济学家最为关注的一类产生垄断的因素。自然限制可以分为两类。一类是技术性壁垒,如商业秘密、规模经济。另一类是自然资源壁垒。

商业秘密是通过控制一种不为人所知的生产技术或诀窍,从而限制其他厂商进入本行业的限制。如最为著名的可口可乐的配方即是一例。造成垄断最为重要的技术性壁垒就是规模经济,由于规模经济而产生的垄断一般称为自然垄断。前面我们介绍过规模经济的含义,是指由于厂商生产规模的扩大而导致的长期平均成本下降。生产规模扩大首先使劳动分工深化,从而使生产的专业化程度和劳动生产率提高,大规模生产还有利于资源的集约化使用,也使得厂商具有较强的讨价还价能力。如图 8.1 所示,AC 为某行业的平均成本曲线,规模经济效应明显,即随着产量水平增加,平均成本持续地下降。假设现有的市场容量为 Q^*,某一厂商生产 Q_1 的产量时,从图中可知其平均成本水平为 AC_1,如果这时将 Q_1 的产量分配给两家厂商生产时,每家厂商的平均成本都是为 AC_2,AC_2 大于 AC_1,这从经济上来说是不划算的。如果 AC_1 比之 AC_2 足够地小,由两家厂商共同生产 Q_1 的产量的不经济性就会十分明显,这时由一家厂商来生产更为经济。

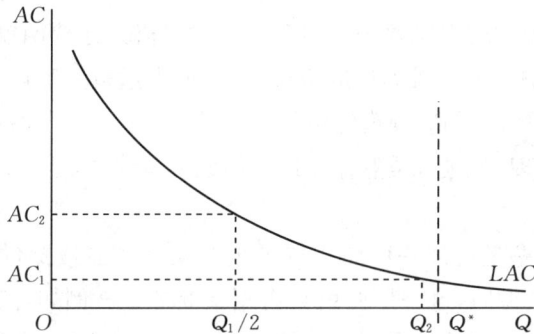

图 8.1 规模经济带来的垄断

此外,随着规模扩大,平均成本持续下降时,该市场也只能维持一家厂商。例如,当某家厂商先期进入该行业时,该厂商扩大规模可以带来持续的成本下降,它就有动力扩大生产规模,而后期进入的厂商,由于生产规模较小,平均成本较高,在竞争的过程中就处于不利的地位,最终只能退出这一行业。假设两家厂商同时进入这一行业时,一些偶然性的因素也可能改变市场格局,当其中一家厂商出售的产品量稍多一些时,其平均成本会就低于另一家,另一家厂商则由于市场需求减少,产品销量下降,平均成本会提高,这样不断进行下去,一家的平均成本持续下降,而另一家的成本持续上升,最后将不得不退出这一行业。

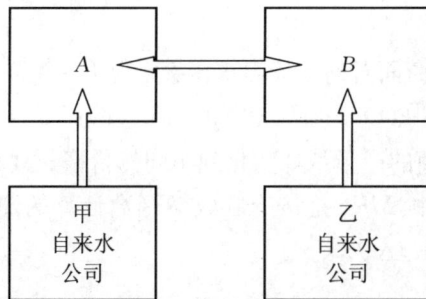

图 8.2 自然垄断一例

由一家厂商垄断一种产品或服务的生产带来的经济性,也可见图 8.2。假设市场上有两幢相邻的居民楼 A 和 B,市场上有两家自来水公司甲和乙。初始情况是 A 居民楼使用甲自来水公司的自来水,B 居民楼则购买乙自来水公司的自来水。如果 A 到甲与 B 到乙的距离相等,那么从甲公司到 A 居民楼间要铺设一条供水管道,同样,从乙公司到 B 也要铺设一套,管道及相关的铺设成本会增加一倍,从经济上来说是不划算的。如果甲乙两公司合并为一家,那么只要从 A 居民楼延伸一条较短的管道即可将自来水通入 B 居民楼,成本要小得多。当然,在存在两家独立的自来水公司时,也可以这样做,但要两家公司间就收益的分配、管道的维护成本分摊等达成协议,交易成本远较一家厂商内部协调要高。从这个例子中也可以看到,规模经济效应明显时,由一家厂商提供一种产品从经济上来说更为合理。不过,虽然存在这样的成本节约,但是一家厂商的垄断又会带来新的问题。

自然资源壁垒是指某一厂商掌握了生产某种产品或提供某种服务的稀缺的、独有的自然资源时,这一厂商就会占据垄断地位。例如,南非的钻石公司德比尔斯(De beers)垄断了世界钻石生产的 80%,从而成为钻石市场的垄断者。

三、完全垄断市场的需求曲线和边际收益

在完全垄断市场上只有一家厂商,厂商即是行业本身,因此行业的需求曲线就是垄断厂商面对的需求曲线,这是一条向右下方倾斜的曲线。厂商如果希望提高销售量,就只有降低价格。如果我们将需求曲线向纵轴方向延伸,当需求曲线与纵轴(价格轴)相交时,需求量为零。这时的价格实际上就是厂商无法销售出去任何一单位产品的临界点,即当价格超过这一水平后,需求量为零,这也说明了前面我们提到的,尽管完全垄断厂商是价格的制定者,但它也不是为所欲为的,仍然要受制于市场需求。

我们用一个实际的例子来说明完全垄断厂商的需求、价格、边际收益和总收益之间的相互关系。

假设完全垄断厂商面对的市场需求函数[①]为 $P=120-8Q$,那么其总收益函数为 $TR=P \cdot Q=120Q-8Q^2$,边际收益函数为 $MR=\Delta TR/\Delta Q=dTR/dQ=120-16Q$。当厂商的产量从 0 变化到 10 时,价格、总收益和边际收益的变化如下表 8.1 所示。其中,MR_1 是按边际收益函数计算的,MR_2 则是按差分形式计算的,即 $MR=\Delta TR/\Delta Q$。

表 8.1　完全垄断厂商的产量、价格、总收益和边际收益

Q	P	TR	MR_1	MR_2
0	120	0	120	
1	112	112	104	112
2	104	208	88	96

---

① 确切地说,是市场反需求曲线,前面已经有所说明,这里不再赘述。

（续表）

Q	P	TR	MR_1	MR_2
3	96	288	72	80
4	88	352	56	64
5	80	400	40	48
6	72	432	24	32
7.5	60	450	0	2
7	64	448	8	16
8	56	448	−8	2
9	48	432	−24	−2
10	40	400	−40	−16

从需求函数和表 8.1 中的数据可以看出，厂商的产量和价格呈现反方向变动关系，厂商增加销售量会带来价格水平下降，这样完全垄断厂商的边际收益比价格要小（除了产量为零的一点两者相等外）。在图 8.3 中绘出了完全垄断厂商的需求曲线和边际收益曲线，在图中可见边际收益曲线位于需求曲线的下方。这是因为当垄断厂商提高产量时，价格在下降，边际收益等于产量变化一单位时总收益的变化量，如果价格不变，边际收益将与价格相同，当价格下降时，边际收益将小于价格，同时由于这一价格上在此之前所有产量都要按新的价格计算，边际收益的下降幅度会更大。例如在表 8.1 中，产量从 5 单位提高到 6 单位，价格则从 80 元下降到 72 元，这一单位使收益降低了 8 元，加上此前的 5 个单位产品都要按 72 元计算，会使收益相应降低 40(5×8)元，与产量为 5 个单位的价格 80元相比，产量增加一单位的边际收益即为 80−40−8＝32（见 MR_2 这一列）。

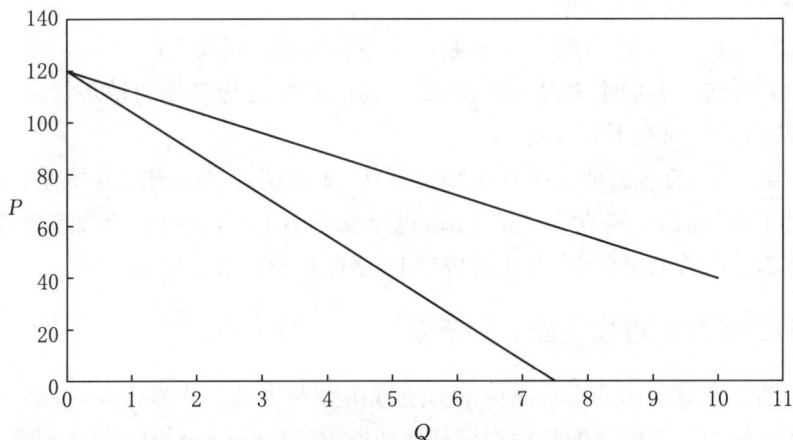

图 8.3　完全垄断厂商的需求曲线和边际收益曲线

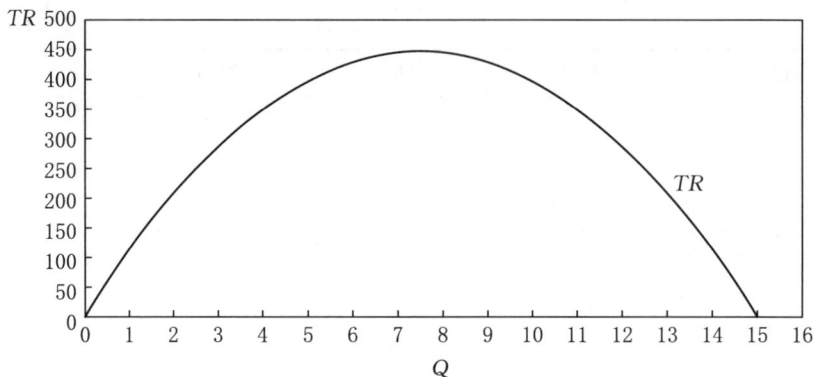

图 8.4　完全垄断厂商的总收益曲线

从表 8.1 和图 8.3 中可见,当边际收益为零时,垄断厂商对外销售 7.5 个单位的产品,总收益达到最大,为 450 元。这一点如果运用微积分中求取无约束条件的极值非常容易。另外,根据平均收益的定义,完全垄断厂商的平均收益曲线是与市场需求曲线重合的,这在任何市场结构中都成立。

前面我们在介绍需求价格弹性时,曾经说明过边际收益、价格和需求价格弹性的关系,如下式所示:

$$MR = P\left(1 - \frac{1}{\mid E_d \mid}\right)$$

在完全垄断市场上这一关系式相当有用,结合图 8.4,我们可以得出以下几个认识:

(1) 当 $E_d > 1$ 时,$MR > 0$,垄断厂商的总收益与产品的销售量同方向变动,总收益曲线向右上方倾斜;

(2) 当 $E_d = 1$ 时,$MR = 0$,垄断厂商的总收益达到极大;

(3) 当 $E_d < 1$ 时,$MR < 0$,垄断厂商的总收益与产品的销售量反方向变动,总收益曲线向右下方倾斜。

归纳一下,总收益曲线呈现抛物线形状,随着销售量的增加开始递增,边际收益大于零,到达一定点后开始递减,边际收益小于零,总收益曲线递增和递减的拐点为总收益的极值点,对应销售量下,垄断厂商的边际收益为零。

四、勒纳指数和市场垄断力的衡量

垄断厂商对市场的影响或控制力通常用垄断力的大小来说明,垄断力有时也称为市场力。垄断力的常用指标是勒纳指数(Lerner Index),用以衡量一个特定市场上一个厂商对价格和产量的影响程度。

前面我们推导得出了厂商利润最大化的条件是边际收益等于边际成本,结合上述边际收益、价格和需求价格弹性的关系,我们可以得到勒纳指数的表达式:

由 $MR = MC$ 和 $MR = P\left(1 - \dfrac{1}{\mid E_d \mid}\right)$

可得 $MC = P\left(1 - \dfrac{1}{\mid E_d \mid}\right)$

整理得 $MC = P - \dfrac{P}{\mid E_d \mid} \Rightarrow P - MC = \dfrac{P}{\mid E_d \mid} \Rightarrow \dfrac{P - MC}{P} = \dfrac{1}{E_d}$

勒纳指数度量了垄断价格与边际成本的差值与垄断价格的比率,这一比率越大,意味着厂商对市场的垄断力越大,厂商对市场价格和产量的控制力也就越强。同时,勒纳指数的表达式也说明了垄断力的大小与需求价格弹性间的关系,即需求价格弹性越小,垄断力越大,反之,垄断力越小。这也容易理解,当需求价格弹性较大时,该行业的产品有较多的替代品或者替代品的替代程度较大,市场竞争程度较强,厂商不容易控制市场。而当需求价格弹性较小时,该行业的产品没有替代品或替代品的替代程度较小,市场竞争程度较弱,那么厂商就能够在相当大程度上控制市场。

第二节　短期均衡和长期均衡

在一定的时期内,垄断厂商的生产规模也是固定的,存在着固定的投入要素,垄断厂商要在这种限制下决定利润最大化的产出水平。在长期内,垄断厂商的所有要素同样可以变动,垄断厂商需要确定最佳的生产规模。本节将分别介绍垄断厂商的短期均衡和长期均衡。

一、垄断厂商的短期均衡

与完全竞争市场的短期均衡相似,根据完全垄断厂商面临的短期成本曲线与市场需求曲线位置的不同,短期均衡也可以分为五种情况,即有经济利润、盈亏平衡、有亏损但继续营业、停止营业点和停止营业情形。下面依次进行分析。

1. 有经济利润的情形

当垄断厂商面对的市场需求曲线与平均成本曲线有两个不重合的交点,平均成本曲线在需求曲线下面有一段弧。如图 8.5 所示,当需求曲线 D_1 给定时,该曲线同时也是平均收益曲线 AR_1,垄断厂商的边际收益曲线 MR_1 相应给定,位于需求曲线的下方。对于线性的需求曲线,作一条横轴的平行线与纵轴和需求曲线相交于两点，边际收益曲线平分两点间的线段。MR_1 与厂商的边际成本曲线 MC 相交于 E_1 点，则 E_1 点所对应的产量 Q_1 就是垄断厂商利润最大化的产量。

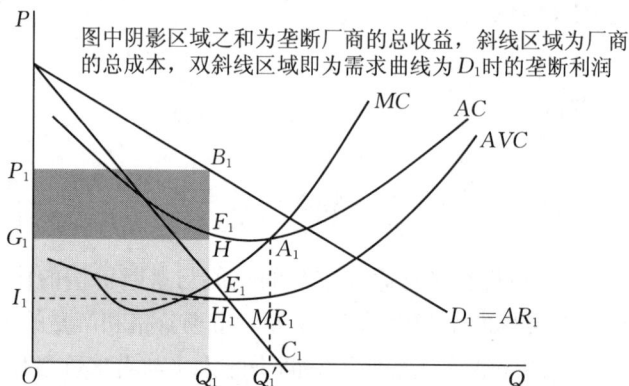

图 8.5　完全垄断厂商的短期均衡：有经济利润的情形

从图 8.5 中可见，如果这时垄断厂商选择大于 Q_1 的产量水平，假设为 Q_1'，那么与 Q_1' 相对应的边际成本为 A_1Q_1'，边际收益为 C_1Q_1'，边际成本大于边际收益，这时厂商减少产量可以提高利润水平，Q_1' 的选择是大于 Q_1 的任一产量，因此，这时只要产量高于 Q_1，厂商就应该减少以提高利润。反过来，如果厂商选择小于 Q_1 的产量水平为 Q_1''，可得边际收益大于边际成本，厂商应该增加产量以提高利润。只有在 Q_1 的产量水平上垄断厂商才不可能进一步改变产量以提高利润，达到了利润最大化。

在完全垄断市场上，根据边际收益等于边际成本决定了利润最大化的产量后，接着根据需求曲线就可以确定在该产量下垄断厂商索取的价格为 P_1。这里要注意不要把边际收益等于边际成本时对应的价格作为垄断厂商应当索取的价格，求取垄断厂商利润最大化的价格应当在需求曲线上寻求。

垄断厂商利润最大化的产量水平 Q_1 上，对应的平均成本为 $F_1Q_1(OG_1)$，对应的平均可变成本为 $H_1Q_1(OI_1)$，因此，$OQ_1 \cdot OP_1$ 即长方形 $OQ_1B_1P_1$ 的面积为厂商的总收益，$OQ_1 \cdot OG_1$ 即长方形 $OQ_1F_1G_1$ 的面积为厂商的总成本，可得：

$$\pi = TR - TC = OQ_1 \cdot OP_1 - OQ_1 \cdot OG_1$$
$$= S_{长方形OQ_1B_1P_1} - S_{长方形OQ_1F_1G_1} = S_{长方形G_1F_1B_1P_1} > 0$$

结果表明，这时垄断厂商可以获得经济利润，经济利润额为长方形 $G_1F_1B_1P_1$ 的面积，即图 8.5 中的阴影部分。

图 8.5 中，在 Q_1 产量水平上平均可变成本为 H_1Q_1，则线段 F_1H_1 就是厂

商的平均固定成本,长方形的面积 $OQ_1H_1I_1$ 为厂商的总可变成本,长方形的面积 $I_1H_1F_1G_1$ 为厂商的总固定成本。这样,当厂商面对 P_1 的价格时,总收益除了能够弥补全部的固定成本和可变成本以外还有剩余,那么剩余的这部分收益就是垄断厂商获得的经济利润。

2. 盈亏平衡的情形

如果该垄断市场上,消费者的需求水平下滑,需求曲线向左下方移动,移动到正好与厂商的平均成本曲线相切的位置。在完全垄断市场上厂商面对的需求曲线是向右下方倾斜的,其与 U 形的平均成本曲线相切时,切点一定是平均成本曲线的最低点的左侧。如图 8.6 所示,市场需求曲线为 D_2,边际收益曲线为 MR_2。MR_2 与厂商的边际成本曲线 MC 相交于 E_2 点,则 E_2 点所对应的产量 Q_2 就是垄断厂商利润最大化的产量,该产量水平在市场需求曲线上对应的价格为 P_2。可以证明,这时市场需求曲线与平均成本曲线切点对应的产量水平与垄断厂商利润最大化的产量水平位于同一条垂线上(证明从略)。

在 Q_2 产量水平上,对应的垄断厂商的平均成本为 $B_2Q_2(OP_2)$,平均可变成本为 $H_2Q_2(OI_2)$,因此,$OQ_2 \cdot OP_2$ 即长方形 $OQ_2B_2P_2$ 的面积为厂商的总收益,同时也是厂商的总成本,可得:

$$\pi = TR - TC = OQ_2 \cdot OP_2 - OQ_2 \cdot OE_2$$
$$= S_{长方形OQ_2B_2P_2} - S_{长方形OQ_2B_2P_2} = 0$$

由此可得,这时垄断厂商的经济利润为零,即处于盈亏平衡水平。该结论同时说明,即使在完全垄断的市场结构中,垄断厂商也不可能永远获取经济利润,能否获得经济利润及其量的大小根本上还是取决于市场需求水平。以下垄断厂商的短期均衡还将进一步说明,日常生活中人们一直认为垄断者一定能够获得垄断利润的观点是错误的,垄断厂商也可能亏损,甚至关门大吉。

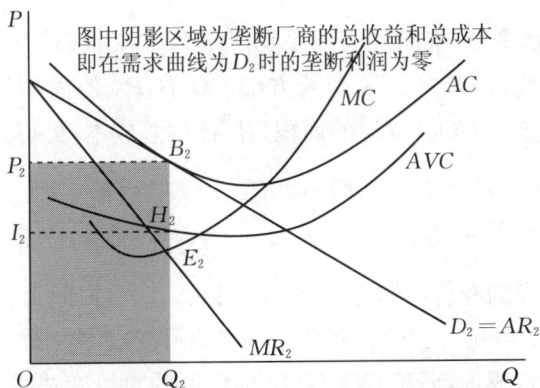

图 8.6　完全垄断厂商的短期均衡:盈亏平衡的情形

图 8.6 显示，在 Q_2 产量水平上平均可变成本为 H_2Q_2，线段 B_2H_2 是厂商的平均固定成本，长方形的面积 $OQ_2H_2I_2$ 为厂商的总可变成本，面积 $I_2H_2B_2P_2$ 为厂商的总固定成本。所以，当垄断厂商面对的市场需求曲线为 D_2 时，总收益恰好能够弥补全部的固定成本和可变成本，垄断厂商的经济利润为零。

3. 有亏损但继续营业的情形

当消费者的需求进一步下滑时，假设市场需求曲线移动到 D_3 位置，与平均成本曲线没有交点，但与平均可变成本曲线有两个不相同的交点。如图 8.7 所示，完全垄断厂商的边际收益曲线为 MR_3，MR_3 与边际成本曲线 MC 相交于 E_3 点，则 E_3 点所对应的产量 Q_3 就是厂商利润最大化的产量，该产量水平在市场需求曲线上对应的价格为 P_3。

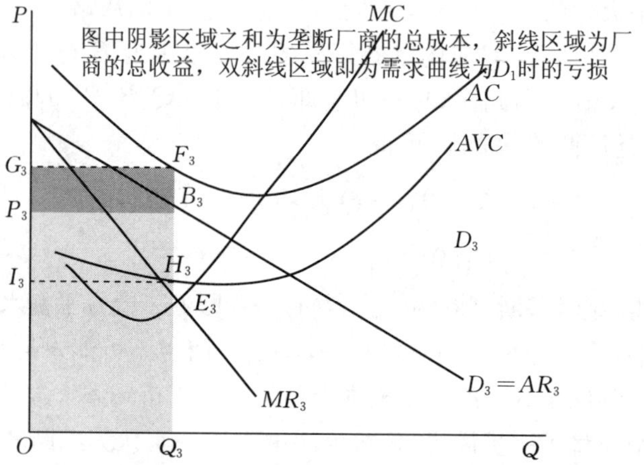

图中阴影区域之和为垄断厂商的总成本，斜线区域为厂商的总收益，双斜线区域即为需求曲线为 D_1 时的亏损

图 8.7　完全垄断厂商的短期均衡：有亏损但继续营业的情形

在 Q_3 产量水平上，垄断厂商的平均成本为 $F_3Q_3(OG_3)$，平均可变成本为 $H_3Q_3(OI_3)$，因此，$OQ_3 \cdot OP_3$ 即长方形 $OQ_3B_3P_3$ 的面积为厂商的总收益，$OQ_3 \cdot OG_3$ 即长方形 $OQ_3F_3G_3$ 的面积为厂商的总成本，可得：

$$\pi = TR - TC = OQ_3 \cdot OP_3 - OQ_3 \cdot OG_3$$
$$= S_{长方形OQ_3B_3P_3} - S_{长方形OQ_3F_3G_3} = S_{长方形P_3B_3F_3G_3} < 0$$

这时垄断厂商的经济利润为负，处于亏损状态，亏损额为长方形 $P_3E_3F_3G_3$ 的面积。由图 8.7 可见，在 Q_3 产量水平上平均可变成本为 H_3Q_3，则线段 F_3H_3 是厂商的平均固定成本，面积 $OQ_3H_3I_3$ 为厂商的总可变成本，面积 $I_3H_3F_3G_3$ 为厂商的总固定成本，总固定成本中只有一部分（面积 $I_3H_3B_3P_3$ 部分）得到弥补。因此,当厂商面对的市场需求曲线为 D_3 时,总收益在弥补了全部的可变成本外,只能弥补一部分固定成本,垄断厂商出现亏损。如果在这时厂商停止营业,厂商将亏损掉全部的固定成本即面积 $I_3H_3F_3G_3$ 部分,但如果继续营业,可使亏损减少到面积 $I_3H_3B_3P_3$,可见继续营业还合算的。

4. 停止营业点情形

当市场需求曲线移动到如图 8.8 所示的 D_4 水平时,与平均可变成本曲线相切,同样切点位于平均可变成本曲线的最低点的左侧。MR_4 与厂商的边际成本曲线 MC 相交于 E_4 点,E_4 点所对应的产量 Q_4 就是厂商利润最大化的产量,该产量水平在市场需求曲线上对应的价格为 P_4。

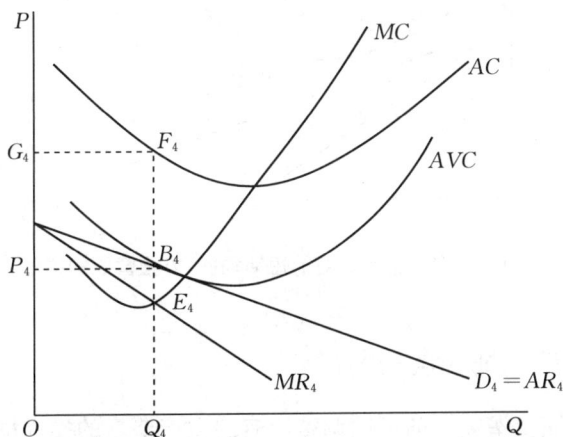

图 8.8 完全垄断厂商的短期均衡:停止营业点的情形

在 Q_4 产量水平上,平均成本为 F_4Q_4(OG_4),平均可变成本为 B_4Q_4(OP_4),因此,$OQ_4 \cdot OP_4$ 即长方形 $OQ_4B_4P_4$ 的面积为垄断厂商的总收益,$OQ_4 \cdot OG_4$ 即长方形 $OQ_4F_4G_4$ 的面积为厂商的总成本,可得:

$$\pi = TR - TC = OQ_4 \cdot OP_4 - OQ_4 \cdot OG_4$$
$$= S_{长方形OQ_4B_4P_4} - S_{长方形OQ_4F_4G_4} = S_{长方形P_4B_4F_4G_4} < 0$$

这时,厂商达到了停止营业点,总收益等于总可变成本。如图 8.8,在 Q_4 产量水平上平均可变成本为 B_4Q_4,则线段 F_4B_4 是厂商的平均固定成本,面积 $OQ_4B_4P_4$ 为厂商的总可变成本,面积 $P_4B_4F_4G_4$ 为厂商的总固定成本。因此,当厂商面对市场需求曲线为 D_4 时,总收益只能弥补全部的可变成本。如果在这时厂商停止营业,垄断厂商将亏损掉全部的固定成本,如果继续营业,也只是亏损掉全部的固定成本。可见,P_4 价格是垄断厂商营业与否的临界点,在该点营业与否是没有差异的,同样可称为停止营业点。

5. 停止营业的情形

当市场需求曲线移动到 D_5 所示的位置时，与平均可变成本曲线也没有交点，如果垄断厂商在这时营业，其收益连可变成本都不能完全弥补，营业只能造成更多的亏损，厂商会选择停止营业，如图 8.9 所示。

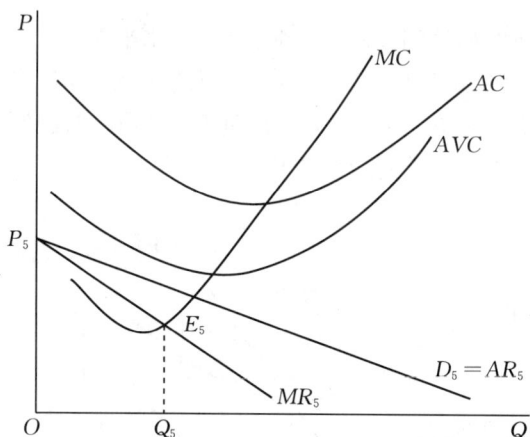

图 8.9 完全垄断厂商的短期均衡：停止营业的情形

二、垄断厂商的长期均衡的情形

在长期内，完全垄断厂商可以调整所有的生产要素的投入量，从而寻求最大的经济利润。由于垄断厂商能够有效地限制新进入者进入本行业，当短期内厂商能够获得经济利润时，不会在长期内消失掉，限制新厂商的进入同时也就有效地防止了经济利润流失。

长期中垄断厂商选择最优生产规模时，可能有三种情况：

（1）短期内能够获得经济利润，如果这一生产规模同时也是长期内最优的生产规模，厂商不需要再进行调整，而如果不是长期最优生产规模，垄断厂商将继续进行调整，以获得更高的经济利润。

如图 8.10 所示，LAC 为垄断厂商的长期平均成本曲线，LMC 为其长期边际成本曲线。假设垄断厂商初始的生产规模为 SAC_1 和 SMC_1 代表的第一种生产规模，根据垄断厂商短期均衡，从图中可见，利润最大化的产量为 Q_1，价格为 P_1，垄断厂商可以获得长方形面积 $I_1H_1F_1P_1$ 数量的经济利润。当市场需求曲线给定时，显然厂商还未获得长期经济利润最大，长期内厂商将进一步调整生产规模，例如调整到 SAC_2 和 SMC_2 代表的第二种生产规模，短期利润最大化的产量为 Q_2，价格为 P_2，厂商可以获得长方形面积 $I_2H_2F_2P_2$ 数量的经济利润，这一利润大于前一种规模下的经济利润。这一过程持续进行下去,直到将生产规模调整到短期边际成本曲线和 LMC 曲线与 MR 在同一点相交,这时对应的利润最大化的产量为 Q_3,价格为 P_3,对应的生产规模为 SAC_3 和 SMC_3 代表的第三种生产规模。垄断厂商达到了长期均衡,既达到了短期利润最大化,也达到了长期利润最大化。

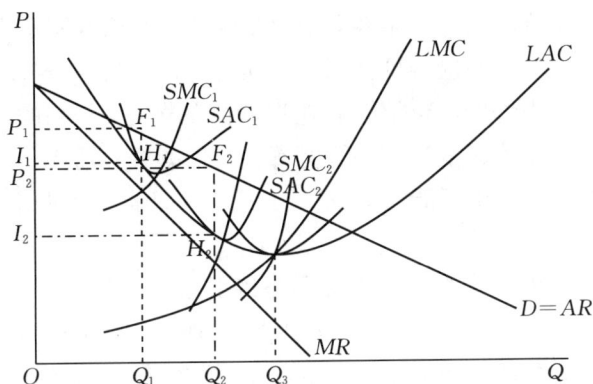

图8.10　垄断厂商的长期均衡

（2）短期内处于盈亏平衡,或者有亏损,甚至停止营业的情形,但有一种生产规模(往往是更大的)能够获取经济利润,长期内厂商会向这一生产规模调整。

这一长期调整与第一种情况类似,只不过,垄断厂商的初始规模下,短期平均成本曲线高于市场需求曲线,如果存在某一种或几种生产规模下短期平均成本曲线与市场需求曲线有两个不相同的交点,这时垄断厂商通过调整生产规模可以摆脱盈亏平衡、亏损、停止营业状态,获取长期的经济利润。

（3）短期内有亏损,长期内没有一种生产规模可以保证垄断厂商保持盈亏平衡或获得经济利润,垄断厂商会选择退出本行业。

第三节　价 格 歧 视

到目前为止,为了简化问题,我们一直采用单一价格假设,即厂商在市场上只制定一个价格。这一假设背后的基本条件是将消费者或顾客看作是同质的,面对一定的价格,在相同约束条件下的消费者会采取同一的行动。事实上,消费者是有很大差别的,是异质的,现代差异化营销理论即建立在这一基础上。如果厂商能够充分利用消费者的异质性特征,就可能获取更高的利润。那么,如果厂商在不同的市场情况下对同一产品采取不同的价格,这就是价格歧视,是非统一定价的一种重要形式。本节主要介绍价格歧视的特征、需要具备的条件、类型及其经济影响。

一、实施价格歧视的条件

价格歧视(price discrimination)是指厂商在同一时间内对同一生产成本的产品向不同的顾客制定不同的价格,或者是对不同生产成本的产品向不同的购买者收取相同的价格。例如铁路客运中对学生和一般旅客制定不同的票价,对学生假期乘车每年享受两次半价优惠。又如对寄送一封信,寄往农村和大城市的成本是不同的,但收取相同的价格,这里就存在着交叉补贴的问题,比如寄往边远农村一封信的平均成本为 30 元,但寄一封信顾客只需支付 1.2 元,而寄往大城市一封信的平均成本可能只有 0.2 元,这样就是寄往大城市信件所获得的利润补贴寄往农村的信件。

厂商要想实施价格歧视,通常需要具备以下几个条件:

(1) 厂商至少要在一个市场拥有某种程度的控制力(市场力或垄断力)。这是因为如果厂商所处的行业为完全竞争行业,那么市场竞争的压力会使价格降到等于边际成本,只有厂商在具有市场力的情况下,才能使价格定在高于边际成本之上以获得经济利润。

(2) 厂商必须有能力通过各种方式阻止在低价市场购买产品的顾客,将产品在高价市场上转卖。当厂商缺乏这种能力时,价格歧视也无法实施。

举例来说,假设甲乙两地都出售同一型号的手机,甲地的售价为 1 500 元/台,而乙地的售价为 1 000 元/台,再假定两地市场需求都不变,那么在不存在运输费用、保管费用等的情况下,最终两地该型号的手机售价将趋于相等。这是因为,两地市场存在 500 元的差价,乙地市场的消费者或其他任何人都有动机从乙地购买该型号手机,转而在甲地销售获利。一旦可以转卖,乙地需求不变,供给减少,价格会趋于上升,而甲地需求不变,供给增加,价格趋于下降,最终两地的市场价格可能都成为 1 250 元,价格趋于一致。如果考虑到运输费用和保管费用等费用,两地之间可能会有一些价差,如 20 元,这 20 元的价差仅仅够弥补转卖发生的费用(就平均意义来说,有时可能还不能弥补)。

从上例可见,维持价格歧视需要能够阻止转卖的发生。对付转卖可以采取多种措施,常见的方法有:

第一,政府行政性干预。例如,通常所讲的地方保护主义,可以在甲乙两地间设置关卡,严禁乙地手机进入甲地。

第二,身份限制。如果某类消费者具有特殊的身份,而且这种身份很容易以较低的成本来识别,就可以用身份限制来阻止转卖。例如,假期期间凭学生证可以购买半价车票,列车上经过不定期的查票,就可以有效地防止转卖或者不符合条件的旅客使用学生票。

第三,技术性限制。技术性限制有两类,一类是通过确定不同的技术规格来限制转卖,另一类是通过掺杂其他分市场无法接受的成分或要素,使产品在不同市场间存在差别。前者如电力,工业用电和民用电价格存在差异,工业用电价格较高,而民用电价格较低,生产者就有动机使用民用电从事生产。如果从技术上设定工业用电电压为380伏,民用电为220伏,就可以有效地防止转卖。后者如医用酒精和食用酒精,可以通过在医用酒精添加一些物质的方式,这样,在不改变其医用价值的情况下,有效地防止其流入食用酒精市场。

第四,垂直一体化。垂直一体化是将其中的一个低价格的分市场纳入到厂商内部,成为厂商的一个部门,从而控制转卖。

(3)不同分市场中消费者对该产品或服务的需求价格弹性必须是不同的。例如,如果厂商面对两个分市场,而两个分市场的需求价格弹性是相同的,那么,厂商没有办法对不同的市场收取不同的价格。设两个分市场为市场1和市场2,相应的价格、边际收益和需求价格弹性分别为 P_1 和 P_2、MR_1 和 MR_2、E_{d1} 和 E_{d2}。应用前面我们得到的关于边际收益、价格和需求价格弹性的关系可得:

$$MR_1 = P_1\left(1 - \frac{1}{|E_{d1}|}\right)$$

$$MR_2 = P_2\left(1 - \frac{1}{|E_{d2}|}\right)$$

当厂商在两个不同的分市场中销售产品时,最终一定会使得每一个分市场的边际收益相等,即 $MR_1 = MR_2$。因为如果二者不相等,如 $MR_1 > MR_2$,厂商就可以通过减少市场2中产品的销售量,增加市场1产品的销售量,获取更高的利润。因此有:

$$P_1\left(1 - \frac{1}{|E_{d1}|}\right) = P_2\left(1 - \frac{1}{|E_{d2}|}\right)$$

这时,如果两个分市场的需求价格弹性相等,即 $E_{d1} = E_{d2}$,可得 $P_1 = P_2$,也就是两个分市场的价格相同。如果两个分市场的需求价格弹性不相等,且 $E_{d1} > E_{d2}$,要想保证上式是相等的,则只有 $P_1 < P_2$ 时才可能。这说明,厂商应当在需求价格弹性较高的分市场索取低价,而在需求价格弹性较低的分市场索取高价。

二、价格歧视的类型

根据价格歧视实施的方法和程度的不同,可以将价格歧视划分为三种类型:

第一种是完全价格歧视(perfect discrimination pricing),或者称为一级差别价格(first degree price discrimination)。第二种是二级价格歧视(second degree price discrimination),或者称为多重价格(multi-part pricing)。第三种是三级差别价格(third degree price discrimination),或者称为市场分割(market segmentation)。

1. 完全价格歧视

完全价格歧视是指厂商根据购买者每购买一单位产品愿意并且能够支付的最高价格,来单独确定每一单位产品价格的方法。如图 8.11,D 为市场需求曲线,在不实行完全价格歧视情况下,厂商的边际收益曲线为 MR,厂商面临不变的边际成本曲线 MC,根据 $MR = MC$,可得厂商利润最大化的价格为 P_2,产量为 Q_2,价格为单一价格。当这一市场为完全竞争市场时,MC 曲线也就是市场供给曲线,则 E_1 点为竞争均衡点,即消费者按价格 P_1 购买 Q_1 数量的产品。可见,在单一价格情况下,完全垄断厂商获得了长方形 $P_1F_1E_2P_2$ 面积的额外收益(即消费者剩余)。而在完全价格歧视的情况下,厂商按消费者愿意并且能够支付的最高价格收费,这样价格就可以销售 Q_1 数量的产品,获得三角形 $P_1E_1P_3$ 面积的全部消费者剩余。

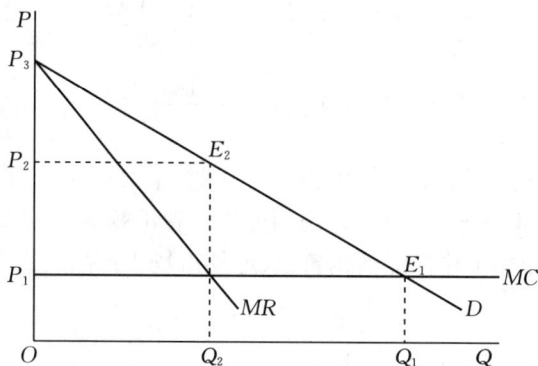

图 8.11 完全价格歧视

2. 二级价格歧视

二级价格歧视是完全价格歧视的一种不完全形式,在这种情况下,厂商不是为每单位产品定价,而是根据单个购买者购买的数量大小来确定价格,因此也称为数量折扣或分段定价。如图 8.12 所示,D 为市场需求曲线,当购买者购买量在零到 Q_1 单位时,厂商索取 P_1 的价格,当购买者购买量超过 Q_1 单位,比如说 Q_1' 时,购买者将按两段来付费,其中 Q_1 单位产品按 P_1 价格支付,$Q_1' - Q_1$ 单位数量产品按较低的 P_2 价格支付。即对购买者超过 Q_1 单位直到 Q_2 单位数量的

产品都索取 P_2 的价格,同理,当购买量超过 Q_2 时,购买者将按三段进行支付。

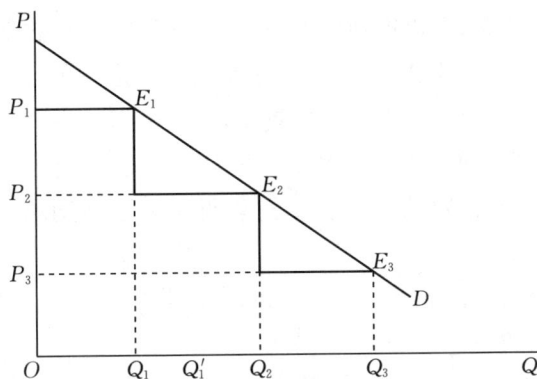

图 8.12　二级价格歧视

这方面的事例如电力公司对工业用电计费时,每月前一定数量收一个较高的价格,随着每月用电数量增加,电价越来越便宜。

3. 三级价格歧视

三级价格歧视也是完全价格歧视的一种不完全形式,其获取消费者剩余的程度相对前两种形式要低一些,一般也称为市场分割。它是指厂商通过一定的机制将不同类型的购买者分割开来,形成不同的分市场,然后厂商将总产量分配到各个分市场,并根据不同分市场的需求价格弹性确定不同的价格。前面已经指出,厂商应当在需求价格弹性较高的市场制定低价,而在需求价格弹性较低的市场制定高价。如图 8.13 所示,为便于分析,我们假设厂商只将市场划分为两个分市场 1 和 2,同时将两个分市场价格决定图画在一起,纵轴表示价格,两条横轴均表示产量,且都是正值。

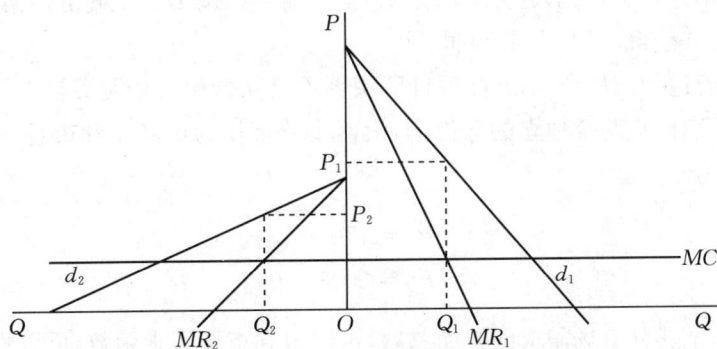

图 8.13　三级价格歧视(市场分割)

在图 8.13 中,假设厂商的边际成本固定为 MC, d_1、d_2 表示分市场 1 和 2 的需求曲线,那么两个市场的边际收益曲线就是 MR_1 和 MR_2。根据厂商在每一个市场中利润最大化,可以得到在市场 1 中厂商出售 Q_1 数量的产品,价格为 P_1,在市场 2 中出售 Q_2 数量的产品,价格为 P_2。在度量单位一致的情况下,可以粗略地说,需求曲线比较陡直时弹性较小,比较平坦时弹性较大(但同时要注意弹性概念和斜率概念的区别,线性需求曲线上每一点的弹性都是不同的)。图中可见,在市场 1 的价格要高于市场 2,可以得出结论,需求价格弹性较小时索取高价,反之则索取低价。

对于在价格歧视的情况下,厂商的利润要大于单一价格的情况,我们可以举一个具体例子来说明。

设:某厂商对某行业市场有一定的市场控制力,面对的市场需求函数和总成本函数:

$$P = 180 - 4Q$$
$$TC = 80 + 20Q$$

在未进行市场分割时,厂商利润最大化的价格和产量可按如下方法计算。

$$TR = 180Q - 4Q^2$$
$$MR = 180 - 8Q$$

由 $MR = MC$,得:

$$180 - 8Q = 20$$
$$Q = 20$$
$$P = 180 - 4 \times 20 = 100$$
$$\pi = 20 \times 100 - 80 - 20 \times 20 = 1\,520$$

上述结论表明,在未进行市场分割时,厂商可以按 100 元的价格销售 20 单位的产品,并获得 1 520 元的利润。

当厂商进行市场分割,并能保证购买者不会从低价市场购买转卖到高价市场上时,厂商面临两个独立的分市场,设两个分市场为市场 1 和市场 2,其需求函数分别为:

$$P_1 = 150 - 5q_1$$
$$P_2 = 300 - 20q_2$$

注意,上述分市场需求函数加总后,可以得到市场需求函数,可以将上述分市场需求函数变形,得:

$$q_1 = 30 - 0.2P_1$$
$$q_2 = 15 - 0.05P_2$$

根据需求函数的含义,将上述两式相加,可得 $Q = q_1 + q_2 = 45 - 0.25P$,经过变形,转化成以产量为自变量,价格为函数的形式,即可得市场需求函数 $P = 180 - 4Q$。

市场分割后,厂商的总成本函数变为:

$$TC = 80 + 20(q_1 + q_2)$$
$$MC = 20$$

当两个分市场均达到均衡时,满足 $MC = MR_1 = MR_2$,即:

$$20 = 150 - 10q_1 = 300 - 40q_2$$

解之,得:

$$q_1 = 13, \; q_2 = 7$$
$$P_1 = 85, \; P_2 = 160$$
$$|E_{d1}| = 1.31, \; |E_{d2}| = 1.14$$

厂商获得的总利润为: $\pi = 1\,745$,大于在没有市场分割情况下的利润 1 520 元。

第四节　垄断和反垄断

垄断一直是备受世人诟病的一种市场结构,往往与高价、垄断利润、浪费、效率低下、不思进取等联系在一起。本节首先来分析完全垄断和完全竞争市场结构下均衡价格和产量的差异,进而对垄断和竞争的效率进行比较,最后说明对垄断进行管制的不同方法及其效果。

一、垄断与竞争下的价格和产量

根据前面的分析,我们知道,由于在完全竞争市场中单个厂商对市场价格的影响微乎其微,每一个厂商面对的都是一条水平的需求曲线,边际收益等于边际成本的利润最大化原则可以表示为价格等于边际成本。而在完全垄断市场上,边际收益小于价格,垄断厂商是在价格大于边际成本的水平上生产的,消费者以较高的价格只得到了较少的产量,称为低配置效率。这一点可借助图 8.14 来说明。

在图 8.14 中,当该市场是完全垄断市场时,D 表示市场需求曲线,MR 为垄断厂商的边际收益曲线,MC 为其边际成本曲线。根据 $MR = MC$,决定了垄断厂商利润最大化的产量为 Q_1，从市场需求曲线中可以得到这时垄断厂商索取的价格为 P_1。当该市场是完全竞争市场时，D 仍然表示市场需求曲线，而 MC 曲线表示的就是行业的供给曲线，即可以理解成这一市场由单一垄断厂商拆分成无数个小厂商，那么这些小厂商的短期供给曲线水平加总就是图中的 MC 曲线，也是市场供给曲线。当然，这种分析假定将一个单一的大厂商拆分成无数个小厂商不会对效率产生影响，实质上是假定不存在规模经济，或规模报酬是不变的。因此，市场需求曲线 D 和 MC 的交点就表示当该市场为完全竞争时的短期均衡点，对应的产量为 Q_2，价格为 P_2。比较 P_1 和 P_2、Q_1 和 Q_2 可知，$P_1 > P_2$，$Q_1 < Q_2$，即垄断均衡情况下的价格高于竞争均衡下的价格，而产量却低于竞争均衡时的产量。

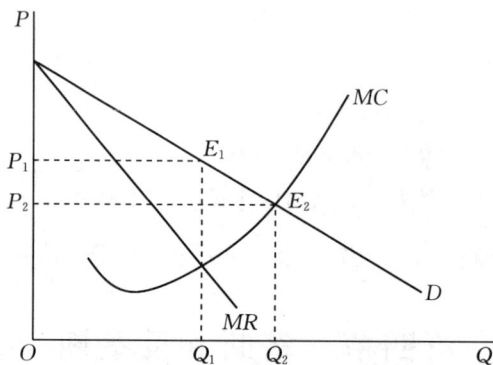

完全竞争情况下的边际成本曲线为市场供给曲线，则 MC 与 D_1 的交点完全竞争市场均衡点，对应价格和产量为完全竞争市场的均衡价格和产量。由此，可以在一个图中比较完全垄断和完全竞争市场的差异。

图8.14　垄断与竞争下的价格和产量

从上述的意义上说，垄断是低效率的，消费者承受了一定的损失。不过，从垄断厂商的角度来看，能够以更高的价格出售产品，这部分收益是由垄断厂商获得的，即从表面上来看，消费者损失的由垄断厂商获得，整个社会没有损失什么，整体效率是不变的。再对上述情况进行深入分析可知，上述结论并不完全正确。如图 8.15，该图复制于图 8.14，各条曲线的含义也如上述。

首先，从消费者的角度来看，在竞争均衡中消费者可以以 P_2 的价格购买到 Q_2 数量的产品，而在垄断均衡中消费者要以 P_1 的价格购买 Q_1 数量的产品，消费者的损失包括两部分，一部分是购买 OQ_1 产品所支付的更高价格的部分，等于 $(P_1 - P_2)Q_1$，即图形中面积 A，另一部分是本来愿意以较低 P_2 价格购买

$Q_2 - Q_1$ 产品的消费者,没有购买这些产品所遭受的损失,用面积 C 来表示。消费者的总损失为面积 $A + C$。

其次,从垄断厂商的角度来看,垄断厂商以较高的价格出售 Q_1 单位的产品,获得的额外的收益等于 $(P_1 - P_2)Q_1$,即面积 A 部分。垄断厂商由于少销售 $Q_2 - Q_1$ 单位产品损失了超过其边际成本以上的部分收益,以面积 B 表示。因此,生产者的总收益为 $A - B$。

再次,从整个社会来看,消费者损失的 A 部分被垄断厂商得到了,而 B 和 C 两部分消费者和垄断厂商都没有获得,是一种纯粹的社会损失。这也是垄断低效率的主要方面。

另外,由垄断带来的社会成本或无谓的损失,还应当包括垄断厂商为了保持垄断地位所支付的各种成本。例如,为了获得政府的特许经营权,厂商可能会花费高额费用贿赂政府官员。还有一种做法是垄断厂商保持一定的额外生产能力,以对外承诺只要有新的进入者,它就会立即扩大生产规模,降低价格,从而将新进入者挤出本行业。

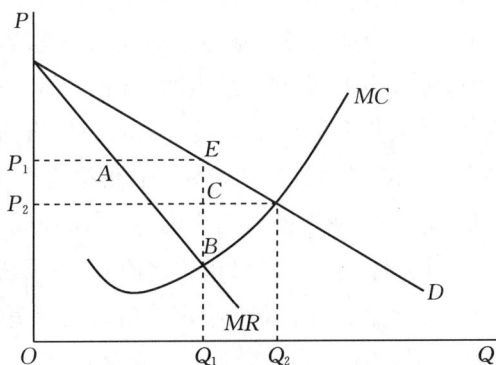

图 8.15　垄断的社会无谓净损失

二、对垄断的管制

由于垄断常常造成低效率,因此,许多经济学家认为应当对垄断进行适度的干预,在各国实践中也对垄断采取了各种各样的控制措施,称为对垄断的管制。前面指出由于存在着规模经济效应,在某个行业中,如果随着生产规模的扩大,平均成本始终下降,一家厂商能够有效地提供满足市场需要的所有产品或服务,由此带来的垄断称为自然垄断。

对垄断进行管制采取的主要方法有:一是政府所有制,即通过由政府拥有厂商并实行政府定价,以使其经营目标转变为社会福利水平最大化,而不是企业的利润最大化。二是采取拍卖某些行业的特许经营权,通过这种做法,政府获得了由垄断所带来的经济利润。不过,这种做法并不能导致促使垄断厂商按边际成本定价法确定市场价格,而仅仅是将这种经济利润由企业转移到了政府手中,企业仍将按垄断厂商的利润最大化原则来定价。三是采取价格管制的办法,即政府对垄断厂商采取直接控制、税收或补贴等办法来影响垄断厂商的价格。四是采取控制投资报酬率的办法,将垄断厂商的投资报酬率控制在一般市场的平均投资报酬率水平上。

一般说来,上述四种手段各有利弊,其中价格管制和投资报酬率控制较为常见,也比较重要,下面着重介绍这两种手段。

1. 价格管制

我们分两种情况对于垄断厂商实行价格管制进行分析,一种是当垄断厂商的边际成本是递增的情况下,另一种是垄断厂商的边际成本是不变的甚至是递减的情况下。

当垄断厂商的边际成本递增,合适的价格管制能够提高资源配置效率,降低消费者损失,但也有可能造成资源配置效率下降、消费者受损的情形。

如图 8.16,D 为垄断厂商面对的市场需求曲线和平均收益曲线(AR),MR 为边际收益曲线。当边际成本曲线 MC 给定时,根据 MR 和 MC 的交点,我们可以得到垄断厂商利润最大化时的产量为 Q_1,索取的价格为 P_1。对应于垄断均衡,竞争均衡出现在 E_2 点,竞争性的产量为 Q_2,价格为 P_2。这时如果政府管制价格确定在 $P_0 = P_2$ 的水平,对垄断厂商来说,其需求曲线变成 $P_2 E_2 A$ 折线,因为当政府管制价格为 P_2 时,在 Q_2 产量单位之前,厂商无法改变价格,只能按 P_2 价格出售,相当于是完全竞争情况下的给定价格。这样垄断厂商的边际收益曲线也分为两段,一段就是 $P_2 E_2$,另一段为不受管制情况下,当产量大于 Q_2 时

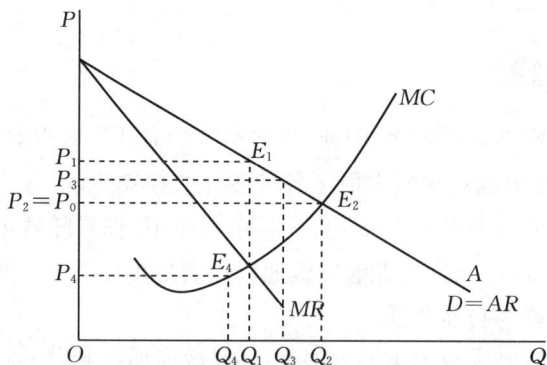

图 8.16　边际成本递增时价格管制的效应

的边际收益曲线部分。垄断厂商在管制情况下利润最大化的决策就是按 P_2 价格出售 Q_2 数量的产品,这时价格等于边际成本,垄断造成的社会净损失得以消除。

由于信息不对称,政府可能无法确切了解垄断厂商的成本和市场需求状况,这时,政府管制价格就有可能高于或低于边际成本等于价格这一点。当政府管制价格高于这一点时,如图 8.16 中的 P_3 水平,厂商根据利润最大化的原则生产 Q_3 数量的产品,社会仍将承受一定的净损失,在本图中小于没有管制时的损失。但是,如果政府管制价格低于 P_2 的水平,如为 P_4 时,垄断厂商将提供 Q_4 数量的产品,小于没有管制时的垄断产量,该行业的产品会出现短缺。另一方面,如果政府管制价格低于 P_2 水平,且使垄断厂商无利可图时,它会停止营业,产量将会降为零。

当垄断厂商的边际成本是不变的或递减时,政府管制价格可以采取平均成本定价或边际成本定价。如图 8.17 所示,垄断厂商不受管制的利润最大化的产量为 Q_1,价格为 P_1。当管制价格采取平均成本定价时,即实行 P_2 所示的价格,垄断厂商提供 Q_2 数量的产品,垄断厂商盈亏平衡,只能获得正常利润。平均成本定价时的产量要小于边际成本定价,仍存在一定的社会净损失。

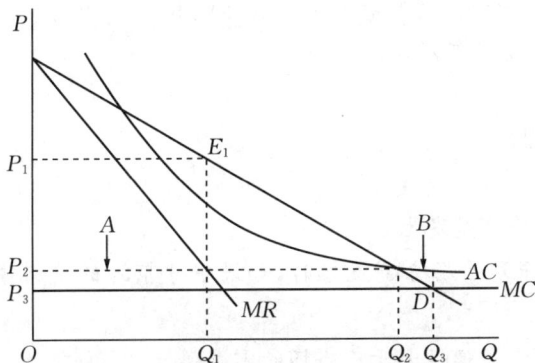

图 8.17　边际成本不变时价格管制的效应

在前面的成本理论中,我们指出平均成本递减时,边际成本小于平均成本。因此,当管制价格采取边际成本定价时,即实行 P_3 所示的价格,低于这时厂商的平均成本。如果垄断厂商提供 Q_3 数量的产品,将会承受亏损,亏损额等于图 8.17 中的面积 A 加上面积 B,长期情况下垄断厂商将不愿意提供任何产品。这时如果政府向垄断厂商提供面积 A 加上 B 的补贴,将会促使厂商提供 Q_3 数量的产品,这样提高了垄断行业的配置效率。

习题八

1. 垄断厂商面对的需求曲线是(　　)。

A. 向下倾斜的

B. 向上倾斜的

C. 垂直的

D. 水平的

2. 垄断者如果有一线性需求函数,当总收益增加时(　　)。

A. 边际收益为正且递增

B. 边际收益为正且递减

C. 边际收益为负

D. 边际收益为零

3. 垄断会降低经济效率是因为(　　)。

A. 当利润最大化时,总收益超过总成本

B. 当利润最大化时,价格超过边际成本

C. 当利润最大化时,边际成本超过边际收益

D. 当利润最大化时,边际收益超过边际成本

4. 在短期,完全垄断厂商(　　)。

A. 收支相抵

B. 取得正利润

C. 发生亏损

D. 以上情况均可能发生

5. 在垄断者采取市场分割策略时,如果甲分市场的价格高于乙分市场,那么(　　)。

A. 甲市场的需求弹性大于乙市场的需求弹性

B. 甲市场的需求弹性小于乙市场的需求弹性

C. 两个市场的需求弹性相等

D. 以上均正确

6. 如果没有政府对市场的干预,你认为一个企业能否维持垄断？维持本行业市场的垄断地位需要具备什么样的条件？当该行业存在潜在的进入者时,垄断如何才能够维持？

7. 有人认为像公用事业企业一类的完全垄断厂商可以在市场上为所欲为,你认为这种观点正确吗？为什么？

8. 为什么追求利润最大化的垄断厂商总是在需求曲线有弹性的部分生产和销售？如果厂商的生产成本为零，这时产量会是多少？为什么？

9. 某垄断厂商的边际成本曲线为 $MC=60+2Q$，其中 MC 为边际成本，Q 为产量。设该市场的需求曲线为 $P=100-Q_d$。这时厂商利润最大化的产量是多少？价格是多少？如果厂商的成本曲线不变，当需求曲线如何变化时，垄断厂商会经历盈亏平衡、亏损但继续营业和停止营业？

10. 假设某垄断厂商拥有不变的平均成本和边际成本，且 $AC=MC=10$，该厂商在两个分割的市场上销售其产品，两个市场的需求曲线分别 $Q_1=110-2P_1$ 和 $Q_2=140-4P_2$。据此，试求该垄断厂商在两个市场中的价格和产量及总利润水平。

第九章

垄断竞争市场

在垄断竞争条件下，厂商趋向于扩大产品差别化，以谋求更强的市场控制力，这种行为导致许多产品呈现过度差别化，消费者购买了除产品基本功能以外的更多的"多余功能"。可以说，生产者满足消费者"多样化需求"只不过是扩大市场控制力的遁词而已。

——题记

学 习 目 标

通过本章的学习，你应当能够：

1. 掌握垄断竞争市场的定义和基本特征；
2. 熟悉垄断竞争市场和垄断竞争厂商的需求曲线；
3. 熟悉垄断竞争厂商的短期均衡和长期均衡的基本条件；
4. 了解垄断竞争市场的几个典型模型及其决策意义。

前面分析的完全竞争市场和完全垄断市场是市场结构中的两个极端，现实中的厂商不像完全竞争市场中的厂商面对市场价格无能为力，只能被动接受，也不像完全垄断市场的厂商可以单独决定价格或产量。生产者同样也不仅仅是做些定价、产量、生产规模的决策，更加现实的决策则常常涉及因应消费者需求的变化，开发新的产品，寻找市场空隙，运用各种价格的和非价格的竞争手段击败竞争对手。这些决策都涉及垄断竞争的市场结构。

在我们用以描述市场结构的四个维度中，产品同质是保证市场具有较强的竞争性一个必要条件，而在现实中，同质产品并不多见，许多看似同质的农产品、矿产品也有质量和品位的差异。由于厂商生产的产品是有差别的，那么每一个厂商都"独立"地拥有自己的产品，厂商周围也聚集着对本厂商产品相对"忠诚"的消费者，厂商对这些消费者有一定的控制力。因此，产品差别构成了厂商对市场产生一定垄断性的重要原因,同时也是区分垄断竞争市场与其他市场结构的关键性特征。

本章介绍在存在产品差别的情况下,厂商的价格和产量的决定问题。首先介绍垄断竞争市场的特征及其主观需求曲线和市场需求曲线。接着仍从短期决策和长期决策两个角度分析垄断竞争厂商的短期均衡和长期均衡。最后侧重分析和介绍几个有代表性的垄断竞争模型。

第一节　定　义　和　特　征

我们的日常生活中时刻被各式各样的小企业包围着,它们生产的产品或提供的服务有一定的差别,进入这种行业相对容易,每一个厂商知道周围有许多像他一样的竞争者,但他不需要考虑直接的面对面的竞争手段。这些描述都是关于垄断竞争厂商的,本节主要介绍这类厂商及其所处市场结构的特征及面临的需求曲线。

一、垄断竞争市场的特征

顾名思义,垄断竞争市场(monopolistic competition market)是一种介乎完全竞争和完全垄断的市场结构类型,既包含着垄断的因素,又存在着激烈的竞争。垄断竞争市场的主要特征有以下几个方面:

(1) 垄断竞争厂商生产的产品或提供的服务存在差别,每一个厂商对自己的产品存在着一定的垄断性。这里所谓的产品差别(product differentiation),是指满足消费者某一特定类型需求的产品之间存在的差别。即这种产品仅仅是同种或相类似产品之间的差别,而不是指满足不同需求的产品或服务间的差别。例如,汽车和彩电存在差别。这种差别不是垄断竞争市场研究的对象。其指的是如长虹彩电和金星彩电、别克轿车和帕萨特轿车等产品之间的差别。由本例可见,彩电和汽车分别属于人们习惯上区分开来的两个行业。当然,这里的区分具有一定的模糊性,其区分往往要考虑待研究的问题的性质。

垄断竞争市场中产品差别主要来源,大致可以归纳为几类:第一类是不同厂商的产品或服务所具有的内在品质和功能方面的差异,如同样是智能手机,甲厂商的产品具有双摄像头的配置,而乙厂商的产品只具有单摄像头。第二类是不同厂商的产品或服务所处的地理位置不同,例如具有同样理发技能的两家理发店,一家位于消费者居住的小区内,而一家位于半小时车程的某地,在消费者看来,这两家理发店的服务就是有差别的。第三类是产品或服务的商誉不同。只要消费者认为是产品或服务是有差异的,产品或服务间就有差异,不管事实上这两种产品或服务多么相似,这也提供了一种差异化营销的思路,即通过制造事实上不存在的差异,增加本厂商对市场的控制力。其他造成产品差别的来源,还有如产品外观、包装、广告、售后服务等等。根据产品差别的性质还可以将其划分为名义差别和实质差别两类。实质差别是指在产品或服务的内在品质和功能方面客观上存在的差别。名义差别则是指产品或服务的内在品质和功能没有区别,而消费者认为这些产品是不同的。前者如配置不同的笔记本电脑,后者如化学成分完全相同的感冒药。

产品差别是垄断竞争市场的区分性特征。竞争因素来源于这些有差别的产品是同类产品,垄断来源于每一产品与其他产品间存在差别,因此厂商之间的产品虽然存在着替代性,但这种替代性又是不完全的。产品的不完全替代性就使得这类市场中垄断和竞争的因素并存。比较完全竞争和完全垄断市场可见,完全竞争市场中产品是同质的,消费者购买哪一家厂商生产的产品是无差异的,产品之间存在着完全的替代性。而完全垄断市场中只有一家厂商,该厂商生产的产品没有任何的替代品,产品存在着完全的不可替代性。

(2) 垄断竞争市场中存在着大量的厂商,产品或服务间的可替代性较强。当厂商的数量较少时,每一个厂商都会直接面对竞争对手,而厂商数量较多时,每一个厂商面对的是众多的对手,每一个竞争对手的产品都是本厂商产品的良好替代品。在这种情况下,市场环境对单个厂商来说就成为厂商外部的一种客观存在,本厂商可以独立决定自身利润最大化的价格和产量。

(3) 垄断竞争厂商对产品的市场价格有一定的影响力。因产品差别带来的垄断性因素使得垄断竞争厂商在一定的范围内可以决定价格。当厂商提高自身产品的价格时,原有的消费者会有一部分转向其他厂商,但仍有一部分消费者会保留下来。而当厂商降低产品价格进行竞争时,会将其他厂商拥有的一部分消费者吸引过来,但还有一部分消费者仍会留在原来厂商那里。

(4) 进入或退出垄断竞争市场的壁垒较低。在垄断市场中存在的技术性壁垒或法律限制,使新进入者无法进入该行业,而在垄断竞争市场上,诸如规模经济限制、自然资源限制、特许权和专利等限制,或者不存在或者影响较小。行业内的厂商可以相对自由地退出本行业,而行业外的厂商也可以较自由地进入本行业。不过,应当注意尽管进出壁垒较低,但远不是没有,例如不同厂商的商誉或品牌知名度等也会产生对其他厂商进入本行业的限制。

二、垄断竞争市场的需求曲线

由于垄断竞争市场上存在众多厂商,单个厂商在行动时假定其他厂商不会对其作出反应。另一方面,因为垄断竞争厂商的产品之间存在差别,厂商对市场价格有一定的影响力,某一厂商的行动会影响到其他厂商产品的市场需求量,其他厂商会对其行为作出反应。所以,在垄断竞争市场上,垄断竞争厂商面对两条不同的需求曲线,其中一条称为主观需求曲线,另一条称为市场需求曲线。

　　主观需求曲线是指在其他厂商行为不变的情况下,某一家厂商改变价格时,该厂商的销售量与相应的价格之间变动的曲线。当该厂商改变价格,而其他厂商保持既定价格不变时,该垄断竞争厂商不仅能影响自身原有顾客的需求量,而且还能影响到其他厂商所拥有的顾客的需求量。即当该厂商提价时,不仅会使自身拥有的原有顾客的需求量下降,同时自己原有顾客的一部分还会转向其他厂商;当该厂商降价时,不仅会使自身拥有的原有顾客的需求量增加,同时还能够从其他厂商那里争夺到一部分顾客。这样,该厂商价格较小的变化会引起对其产品的需求量较大幅度的变化,因此,垄断竞争厂商的主观需求曲线的弹性较大。如图 9.1 所示,曲线 D_1 相对较为平坦,表明价格较小的变化会引起该厂商的需求量较大的变化[①]。

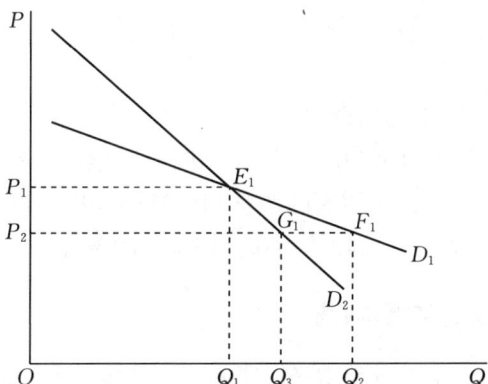

图 9.1　垄断竞争厂商的主观需求曲线和市场需求曲线

　　垄断竞争厂商的市场需求曲线是指当该厂商变动价格时,其他厂商对其价格调整进行相应调整时,该厂商的销售量与相应的价格之间变动的曲线。当该厂商降价时,其他厂商也会相应降价以保持自己的市场占有率,最终,该厂商降价的结果是自己原有的顾客的需求量增加,由于其他厂商相应降价,该厂商无法从其他厂商那里争夺到顾客。当价格变化幅度与主观需求曲线相同时,对该厂

----

　　① 请注意,弹性与斜率是不同的,为了简化问题,本书中采取线性需求曲线的形式。当线性需求曲线平坦或陡直时,只表明其斜率是大还是小,并不能说明其弹性的大小。事实上,在线性需求曲线的每一点上弹性都是不同的。采取当需求曲线平坦,弹性相对较大,陡直弹性相对较小的说法,首先是在同一坐标系中相对而言的,其次是指研究的某一点附近,变化相对较小时。

商产品的需求量增加的幅度比主观需求曲线情况下要小。反之，当该厂商提价时，其他厂商并不会跟随定价，该厂商会使自己的一部分顾客转向其他厂商，但由于存在产品差别，该厂商的顾客不会全部转向其他厂商，即提价会使消费者对该厂商产品的需求量下降，不过下降幅度没有主观需求曲线情况下大。因此，与主观需求曲线相比而言，垄断竞争厂商的市场需求曲线是一条相对陡直的曲线，这条市场需求曲线也可以称为"市场份额"需求曲线（share of the market）。这是因为当一家厂商的行为变化时，其他厂商相应调整，最终使得每一厂商的市场份额都不发生变化，如图 9.1 所示的曲线 D_2。

图 9.1 中，假设原来垄断竞争市场的市场均衡在 E_1 点达到，均衡价格和均衡产量分别为 P_1 和 Q_1，当该厂商将价格下调到 P_2 水平时，对应于厂商的主观需求曲线，对该厂商产品的需求量提高到 Q_2，但是由于其他厂商也会相应降价，对该厂商产品的需求量只能提高到 Q_3 水平，连结 E_1F_1 点的曲线就是垄断竞争厂商的主观需求曲线，连结 E_1G_1 的曲线则是其市场需求曲线。

第二节　短期均衡和长期均衡

由于垄断竞争市场中的厂商对自己生产的产品具有一定垄断力，面临的需求曲线向右下方倾斜，不过因为厂商众多且进出行业容易，垄断竞争厂商无法长期保留经济利润，短期和长期均衡的调整相对复杂一些。本节将在分析垄断竞争厂商行为的基础上确定其短期均衡和长期均衡的条件。

一、垄断竞争市场的短期均衡

在短期的情况下，垄断竞争市场内所有厂商的规模都不发生变化，也不存在厂商的进入和退出的问题，因此行业内的厂商数目是既定的，厂商面对的市场需求曲线是不变的。需要注意的一点是，由于垄断竞争市场中每一厂商与其他厂商生产的产品或提供的服务都是有差异的，所以各厂商的平均成本和边际成本等成本曲线事实上不一致的，这会给我们的分析带来极大的不便，不过，由于是生产同类或相类似产品间的差别，成本曲线间的差异在定性的分析中可以忽略。短期均衡中只分析一个有代表性的厂商的调整问题。

如图 9.2 所示，假设市场需求曲线为 D，d_1 为垄断竞争厂商初始的主观需求曲线。AC 和 MC 分别表示该厂商的平均成本和边际成本曲线。D 和 d_1 相交于 F_1 点，对应的价格和产量分别为 P_1 和 Q_1。根据图中所示的厂商的主观需求曲线，我们可以作出其边际收益曲线 MR_1，与边际成本曲线 MC 相交于 E_1 点，由此可见，在主观需求曲线为 d_1 时，厂商未达到利润最大化，厂商将按 MR_1

和 MC 的交点确定产量水平,对应于产量 Q_2 调整价格到 P_2,以获得更大的利润。当该厂商将价格调低到 P_2 时,其他厂商相应也会降价,该厂商的产量达不到 Q_2,根据市场需求曲线在 P_2 价格时,厂商的销售量只能达到 Q_3,对应于市场需求曲线上的 F_2 点。因此,主观需求曲线要据此向下平移到 d_2,与市场需求曲线相交于 F_2 点,从而又可以得到一条新的边际收益曲线 MR_2,MR_2 与 MC 相交于 E_2 点,厂商仍未达到利润最大化,仍将按边际收益等于边际成本的原则调整价格。

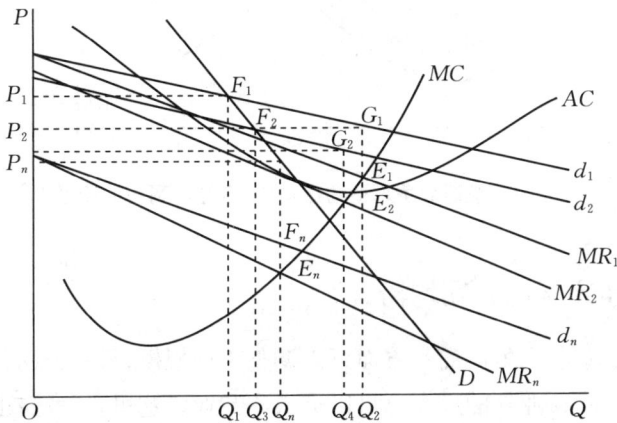

图 9.2　垄断竞争厂商的短期均衡

上述过程将一直持续下去,直到如图 9.2 中,主观需求曲线下移到 d_n,与市场需求曲线相交于 F_n 点,边际收益曲线变化为 MR_n,MR_n 与 MC 相交于 E_n 点,且 F_n 点与 E_n 点在同一条垂线上。这时,垄断竞争厂商达到了短期均衡,对应的价格为 P_n,产量为 Q_n。由此在垄断竞争市场中,厂商短期均衡的条件可以表达为,在某一产量单位上,厂商的边际收益等于边际成本,并且主观需求等于市场需求,即 $MR=MC$,$d=D$。

同样,垄断竞争厂商在这种情况下处于什么状态,是获得经济利润、达到盈亏平衡、有亏损但继续营业,还是处于停止营业点或停止营业,还要考虑厂商的主观需求曲线和市场需求曲线与平均成本和平均变动成本曲线的位置以及相互关系。在图 9.3 所示的情形下,垄断竞争厂商获得了经济利润。

如图 9.3 所示,当主观需求曲线与市场需求曲线的交点 F 点,与边际收益曲线(由主观需求曲线作出)和边际成本曲线的交点 E 点位于同一条垂线上时,垄断竞争厂商达到了短期均衡。由于平均成本曲线有一段弧位于主观需求曲线以下,这时厂商可以获得经济利润,利润额为长方形 $HGFP_1$ 的面积。其他情形可按上述方法依次进行,这里不再赘述。

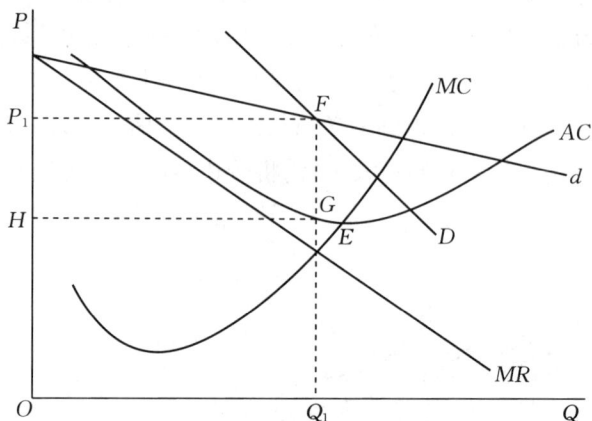

图 9.3　垄断竞争厂商短期均衡:有经济利润的情形

二、垄断竞争市场的长期均衡

在长期内,垄断竞争厂商一方面可以调整生产规模,另一方面行业内的厂商可以退出本行业,行业外的厂商也可以进入本行业。这里,厂商自由进入或退出本行业,使得行业在长期均衡的情况下,经济利润必定为零,如果经济利润不为零,必然会吸引行业外的其他厂商进入,这是保证整个行业竞争性的关键性特征。

如图 9.4 所示,假设垄断竞争厂商的短期均衡点在 F_1 点,主观需求曲线 d_1 与市场需求曲线 D_1 相交于 F_1,且边际收益曲线 MR_1 与 SMC_1 相交于 E_1 点, E_1 和 F_1 点位于同一条垂线上,这时由于短期平均成本曲线低于主观需求曲线,厂商有经济利润可得。于是会引起行业外的其他厂商进入,进入的结果是使得本厂商的市场份额下降,市场需求曲线向左下方移动,厂商相应按照新的市场需求曲线调整短期均衡位置,直到主观需求曲线 d_2 与厂商的长期平均成本曲线 LAC 相切于 F_2 点,同时市场需求曲线 D_2 与主观需求曲线在 F_2 点相交。到这一位置后,行业内所有厂商都只能获得正常利润,经济利润为零,从而达到了长期均衡。这样,长期均衡的条件可以表示为:$MR = SMC = LMC$ 且 $AR = SAC = LAC$。

当然,上述调整过程可能是缓慢的,而且有可能调整过度,使行业内的所有厂商承受亏损,这样就有一些厂商会退出这一行业,留下行业内的厂商市场份额增加,市场价格提高,最终也会逐渐调整到长期均衡点,即所有垄断竞争厂商都只能获得正常利润。

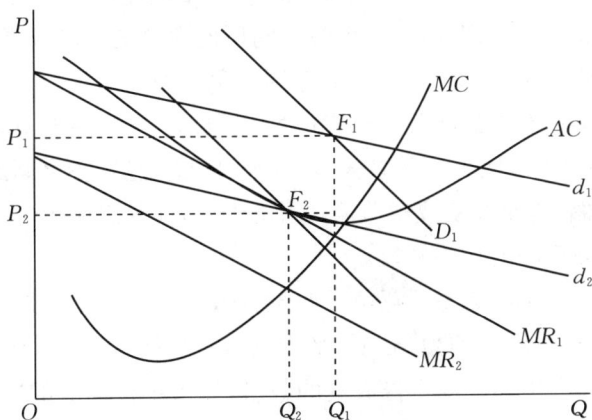

图 9.4 垄断竞争厂商的长期均衡

第三节 垄断竞争市场的几个典型模型

通常,现实社会中人们购买的许多产品和服务附带有相当多的功能。例如,购买的 DVD 播放机,有画中画功能、书签功能、提醒功能等等,但大多数消费者可能在这一产品的使用寿命内只使用过一两个功能,其他的都成了摆设。这里就出现了所谓功能过剩(过度差别)问题。在人们的观念中,生产同类或相类似产品的厂商唯恐避之不及,但现实中这些厂商往往又挤在一起,如各种服装城、电器城、配件城、家电工业园区、化工工业园区等。本节将利用几个典型的垄断竞争市场模型来分析这些有趣的现象。

一、广告和产品变异

判断某一市场是否为垄断竞争市场,有一个简单而有效的方法,即这一行业的厂商是否做广告,如果大量做广告,那么可以判断这一行业为垄断竞争市场。当然,有些非垄断竞争行业的厂商也做广告,但数量相当少,有时还属于迫不得已。例如,完全垄断市场中,某些公用事业企业的广告往往是政府为了公共利益而要求厂商做的,完全垄断厂商独占了整个市场没有必要为抢占市场份额而耗费大量成本,而且垄断厂商为了维持利润最大化的价格,往往还要限制产量,因而也就没有必要再为扩大产量而做广告。

在完全竞争市场中,单个厂商做广告入不敷出,利益为其他众多厂商获得,而本厂商却承担了广告成本,况且完全竞争厂商是价格的接受者,它可以在现有市场价格水平下销售愿意销售的任何数量的产品,不需要为扩大市场需求而投入广告。

而在垄断竞争市场中,广告扮演着非常重要的角色。由于垄断竞争市场的关键特征是产品存在差别,由此使得各不同厂商生产的产品或提供的服务具有不完全的替代性,不完全替代性越强,垄断竞争厂商对市场控制力就越强,就越有通过扩大市场占有份额而获得经济利润。因此,广告对垄断竞争厂商来说,突出的作用表现在两个方面,一是扩大本厂商产品与其他厂商之间的产品差别,提高市场占有份额,二是改变或塑造消费者的偏好,使其忠诚于本厂商的产品,以及扩大对本厂商产品的购买量。

如图 9.5 所示,AC 为垄断竞争厂商没有做广告时的平均成本曲线,MC 为其边际成本曲线。当厂商做广告后,平均成本曲线从 AC 上升到 AC_a,AC_a 相当于 AC 曲线向上平移单位广告成本的数量,如果单位产品的广告成本为 C_a,则有 $AC_a = AC + C_a$。这里要注意,厂商的边际成本曲线在厂商做广告前后都是一样的,一直为 MC,这是因为广告成本是一种沉没成本,在性质上与固定成本一样,边际成本只与变动成本相关,而与固定成本无关,因此无论厂商是否做广告都不会改变边际成本的形状和位置。

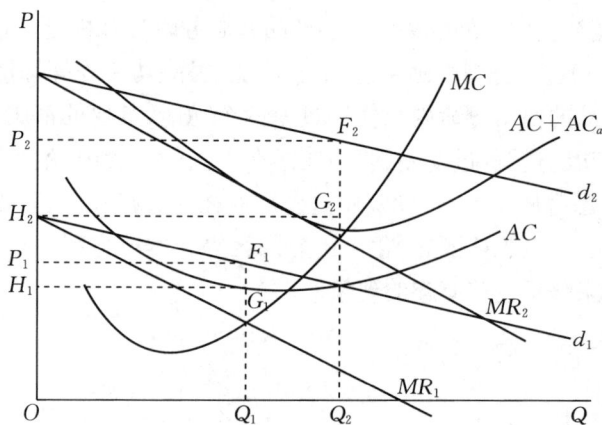

图 9.5 广告对垄断竞争厂商的影响

另一方面,当厂商做广告后,主观需求曲线从 d_1 变化到 d_2,相应地边际收益曲线也从 MR_1 变化到 MR_2。这里为了简化分析,忽略掉了市场需求曲线,但不会影响整个分析的结论。

分析厂商做广告前后的短期均衡可以得出,没有做广告时,短期均衡在 E_1 点达到,对应的价格和产量为 P_1 和 Q_1,厂商可以获得长方形 $P_1F_1G_1H_1$ 面积的经济利润。厂商做广告后,短期均衡在 E_2 点达到,对应的价格和产量变化为

P_2 和 Q_2，厂商获得长方形 $P_2F_2G_2H_2$ 面积的经济利润。图 9.5 中显示长方形 $P_2F_2G_2H_2$ 面积大于 $P_1F_1G_1H_1$ 的面积，厂商的这种产品变异是划算的。

不过，应当注意，垄断竞争厂商做广告后并不必然能够获得更高的经济利润。如果做广告后，需求曲线移动的幅度不够大或者需求曲线根本没有移动时，厂商有可能会从有经济利润转向无经济利润，更有可能导致亏损，例如当主观需求曲线移动到与 AC_a 曲线相切的位置上时，垄断竞争厂商处于盈亏平衡状态，当主观需求曲线与 AC_a 没有交点的位置时，厂商处于亏损状态。

除了广告以外，扩大产品差别的方法还有产品变异，当垄断竞争厂商为其产品开发新的功能、延长产品的使用寿命、改变产品的外观、包装等等，即称为厂商进行产品变异。产品变异也会对厂商的收益和成本状况产生影响，如图 9.6 所示，没有进行产品变异之前，AC_1 和 MC_1 为厂商的平均成本和边际成本曲线，d_1 为厂商的主观需求曲线，这里同样忽略市场需求曲线问题。MR_1 为其边际收益曲线，这样，根据边际收益等于边际成本，垄断竞争厂商短期均衡的价格和产量组合为 P_1 和 Q_1，这时厂商能够获得长方形 $P_1F_1G_1H_1$ 面积的经济利润。

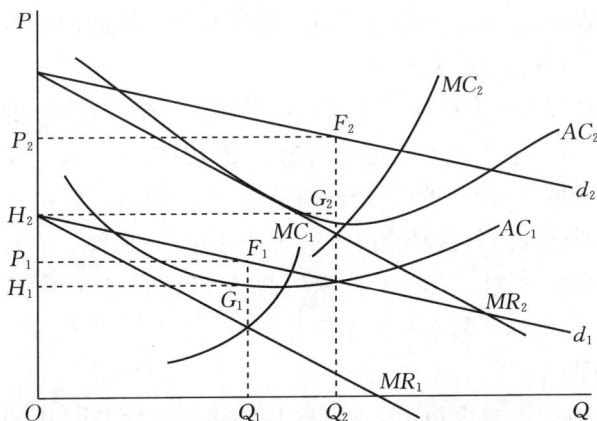

图 9.6　产品变异对垄断竞争厂商的影响

产品变异后，厂商的平均成本和边际成本曲线移动到 AC_2 和 MC_2，注意产品变异与广告不同，会影响到厂商的边际成本，因为从实质上来看，产品变异带有改变厂商的投入产出关系的性质，在某种意义上说，产品成了另一种产品。一般说来，当厂商在原有产品基础上变异时，生产单位产品往往需要增加投入，成本曲线会向右上方移动。主观需求曲线向右上方移动到 d_2 位置，边际收益曲线移动到 MR_2。这样，可以得到产品变异后的短期均衡对应的价格和产量为 P_2 和 Q_2，厂商获得了长方形 $P_2F_2G_2H_2$ 面积的经济利润。当产品变异后，厂商的经济利润提高时,可称为优化的产品变异。同样,产品变异并不必然能够提高厂商的经济利润,厂商也有可能只能达到盈亏平衡,也有可能会亏损。

从广告和产品变异两方面来看,垄断竞争厂商总是试图将自己的产品与其他厂商区别开来,提高自身对产品价格的控制力,也就是通过塑造各种名义的或实质的产品差别来改变和强化消费者的偏好。这样,厂商竞争的结果就造就了市场上出现各种丰富多彩的产品,许多造成产品差别的功能,消费者可能并不需要,但为了吸引消费者,厂商不惜投入大量的财力。有些经济学家认为过度的多样化是对经济资源的浪费,需要政府制定一些规章进行控制,减少资源浪费。有些则认为只要消费者能够从多样化中获得满足,这种多样化就是有益的,不必对此加以干预。

二、选址模型

在垄断竞争市场理论中,还有一类重要的模型用以研究存在产品差别时厂商行为特征,即选址模型。选址模型的称呼其实是一个统称,最初是由美国经济学家哈罗德·霍特林(Harold Hotelling)提出来的,他用不同的地点来代表产品所具有的不同特征,某一厂商选择了某种产品的某个特征时,实际上就是选择了一种产品差别程度,运用这种模型可以分析垄断竞争厂商的许多有趣特征。下面主要介绍霍特林选址模型。

霍特林选址模型研究这样一个问题:如果某一城市只有一条长度固定的直线型的街道,消费者沿着这条街道呈均匀分布,由此,每一段长度相等的街道上的消费者的数量是相同的。除了处于街道的不同位置以外,消费者的其他特征都是相同的。假设我们现在研究的厂商生产面包,而且每一个消费者每天都消费一个单位的面包。这时,如果有两家厂商 A 和 B 面包店,两者除了离消费者的距离不同外,其他如产品质量和服务等都是一样的。两者如何选择面包店在街道上的位置呢?

如图 9.7 所示,用线段 O_1O_2 表示长度固定的直线型街道,两端点为 O_1 和 O_2,街道的中点为 C 点。假定起初 A 和 B 面包店随意选择一个经营地点,如图中 A_1 点和 B_1 点。这时,由于消费者到离他们较远的面包店购买面包要花费较高的交通成本,因此消费者只到离他们最近的面包店。这样,消费者均匀分布在街道上,面包店利润最大化就是要使消费者人数最大化,消费者人数最大化就是离本面包店接近的街道距离最大化。

在图 9.7 中,A_1 和 B_1 都位于街道中点 C 左侧,A_1 和 B_1 的中点为 C_1,因此 B 面包店获得了 C_1O_2 街道上所有的消费者(C_1 点上的消费者随机地到 A 或 B 面包店,从数学的意义上讲,忽略这一点不影响分析的结论),A 面包店获得了 O_1C_1 街道上所有的消费者。很明显线段 C_1O_2 大于 O_1C_1,因此目前两个面包店的位置不是均衡位置,A 面包店通过调整店址还能提高利润水平。A 面包店会将店址移动到 B_1 点右边并紧靠 B_1 的地方,如图 9.7 中的 A_2 点,这样,A 面包店就能获得 A_2O_2 段街道上的所有消费者,由于 A_2 点在街道中点 C 点的左边,A 面包店获得的消费者要多于 B 面包店。B 面包店为获得更高的利润也会移动,比如移动到 A_2 点右边并紧靠 A_2 的地方 B_2 点,A 面包店的利润又会低于 B 面包店,因此,A 面包店又会移动。这一过程持续地进行下去,最终两家厂商都会选择在街道中点 C 点紧挨着经营,两个厂商各获得一半的市场,达到了均衡点。

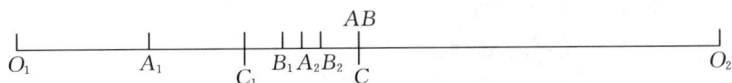

图 9.7　霍特林选址模型

这时,如果我们把在街道上的不同位置替换为其他的产品特征,就可以分析在只有两个厂商的情况下,厂商将如何选择产品差别程度的问题。根据上面的分析,两家厂商将选择同一样的无差别的产品,即选择中度的产品差别。进一步,如果把两个厂商的模型扩展到多个厂商,当只有产品差别竞争的情况下,产品将是单调的,产品品种显得太少,这样会带来效率损失。

在图 9.8 中,如果 A 厂商选择靠近 O_1 端点的 D 点(位于整条街道以 O_1 起算的 1/4 处),B 厂商选择靠近 O_2 的 E 点(位于整条街道以 O_1 起算的 3/4 处),两个厂商同样是各获得一半的市场份额,但节约了消费者的交通成本。这是因为,在前面的均衡中,两家厂商都选择在中点 C 经营,离两厂商经营点最远的消费者的距离为 $\frac{1}{2}O_1O_2$,所有消费者的平均距离为 $\frac{1}{4}O_1O_2$。而当两厂商分别选择在 E 和 F 点经营时,离两厂商经营点最远的消费者的距离为 $\frac{1}{4}O_1O_2$,所有消费者的平均距离变为 $\frac{1}{8}O_1O_2$,节约了一半交通成本,这可以看作是均衡情况下造成的效率损失。

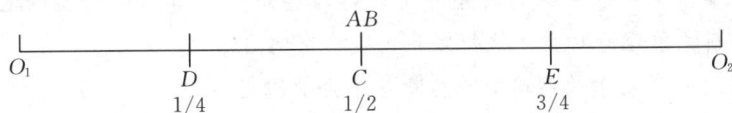

图 9.8　霍特林选址模型中效率的损失

以上的霍特林模型是一种简化的形式,如果我们放松假定,允许厂商之间进行价格竞争,情况会变得相当复杂,均衡条件也不容易得到,有时甚至无法确定均衡状态。例如,当模型变为先由厂商选择经营位置,然后再进行价格竞争时,结论会与上面正好相反,厂商会选择过度的产品差别,两个厂商会分别选择在 O_1 和 O_2 点经营。厂商数目增大时,每一个厂商都会选择一个尽量与其他厂商不同的"位置"或产品差别特征。

习题九

1. 垄断竞争厂商短期均衡时,(　　)。

A. 厂商一定获得超额利润

B. 厂商一定不能获得超额利润

C. 厂商只能得到正常利润

D. 厂商获得超额利润、盈亏平衡及亏损三种情况均可能发生

2. 在垄断竞争市场中,不同厂商的产品是(　　)关系。

A. 完全替代的　　　　　　　　B. 完全互补的

C. 不完全替代的　　　　　　　D. 完全无关的

3. 在垄断竞争市场达到长期均衡时,超额利润会趋向于零,这是因为(　　)。

A. 新厂商进入该行业较为容易　　B. 产品存在差别

C. 成本最小化　　　　　　　　D. 收益最大化

4. 在垄断竞争厂商的长期均衡点上,长期平均成本曲线处于(　　)。

A. 上升阶段　　　　　　　　　B. 下降阶段

C. 水平阶段　　　　　　　　　D. 上述情况均有可能

5. 垄断竞争厂商实现最大利润的途径有(　　)。

A. 调整价格从而确定最优产量　　B. 质量竞争

C. 广告竞争　　　　　　　　　D. 上述途径均适用

6. 垄断竞争市场的区分性特征为产品差别,试结合实际经济生活说明其对市场价格和厂商产量决策的影响,并说明在这种类型的市场结构中生产者应当采取什么措施来提高利润水平。

7. 竞争策略中经常提到的差异化战略与垄断竞争市场结构理论之间有何关系?垄断竞争理论对企业执行差异化战略有何启示?

8. 假设一家处于长期均衡的垄断竞争企业准备通过产品变异增加利润,试运用图形来说明这项决策会对厂商的产量决策产生何种影响;如果不是通过产品变异而是通过增加广告,对厂商的产量决策又会产生何种影响。

9. 结合实际经济生活和霍特林选址模型,解释:(1)同类产品厂商集中于某一个地理区域的现象;(2)厂商产品差异缩小;(3)品牌泛滥(即厂商建立相当细密的品牌,以便阻止其他企业进入这些差异化领域)。

第十章
寡头垄断市场

> 寡者,少也。行业内少数几大巨头或者拼抢的你死我活,或者出奇地沉默,价格出奇地一致。不管是什么行为,利益使然也。
>
> ——题记

学 习 目 标

通过本章的学习,你应当能够:

1. 掌握寡头垄断市场的含义和基本特征;
2. 掌握寡头垄断和市场集中度的几个主要指标;
3. 了解合作性寡头垄断中卡特尔、价格领导和成本加成等几个重要模型;
4. 了解非合作性寡头垄断中斯威齐模型、古诺模型和伯特兰模型。

在垄断竞争市场中,厂商凭借产品差别获得了对市场的一定的影响力,不过这种影响力受到厂商数目的极大限制,再加上行业内的厂商可以自由地退出本行业,行业外的厂商又能自由地进入本行业,竞争的结果是行业的长期经济利润为零。现实生活中,还有一种介乎完全竞争和完全垄断两个极端的中间类型的市场结构,这就是寡头垄断市场。如果以一条数轴来描述四种市场结构,那么完全竞争和完全垄断处于两个端点,垄断竞争处于两端之间靠近完全竞争的位置,则寡头垄断就处于两端之间更靠近完全垄断的位置。

寡头垄断市场的关键性区分特征就是,厂商的行为具有相互的依存性,竞争是面对面的直接交锋。任何一家厂商在市场中行为的变化都会直接影响其他厂商的收益和成本状况,而且每一家厂商都清楚地知道这一点,并且各家厂商都清楚当自己采取某种行动时其他厂商会相应调整自己的行为,但没有一家厂商能清楚了解行动的最终后果,相互依存性带来了市场结果的不确定性,同时也使得经济分析过程较为复杂。因此,基于寡头特征的差异,在寡头垄断市场中存在着许多不同的行为模式,我们无法得到一个确定性的寡头垄断均衡,而是在不同的假设条件下来考察这些行为。

由于垄断竞争与寡头垄断之间的界限相当模糊,前面区分厂商对市场的垄断力的主要指标是厂商数目和价格与边际成本的差额,本章则在首先介绍寡头垄断市场的基本特征的基础上,介绍衡量厂商对市场控制能力的市场集中度指标。在第二节和第三节运用几个典型模型分析合作性的和非合作性的寡头垄断。

第一节 定 义 和 特 征

在日常生活中,我们常常会见到某些行业的大企业进行价格战和广告战,尤其是在市场环境出现重大变化的情况下,这些行业的分化组合更加明显。例如,汽车价格战中,一家厂商降价几小时后,另一家厂商马上宣布全线跟进,价格只比前一厂商低几百元。而在有些行业中,虽然整个市场也是由几家厂商占据,但似乎默默无闻,几年甚至十几年价格保持在同一个水平,甚至整体物价水平上涨时这类产品的价格也不变化。寡头垄断市场结构常见于重化工业、采矿业和交通运输业等行业,本节仍将运用区分市场结构的主要指标,来分析寡头垄断市场的特征,并介绍如何运用四厂商集中度、八厂商集中度、HHI 指数、基尼系数和洛伦兹曲线等指标,来衡量一个行业的垄断程度。

一、寡头垄断市场的特征

寡头垄断市场(oligopoly market)是指这样一种市场结构,该市场中少数几家大厂商控制了行业的大部分产量。"寡头"就意指市场上只少数几家厂商,"垄断"则意指在该市场中的这几家厂商对市场有相当大的控制力。例如,假设某行业共有 105 家厂商,其中有 5 家厂商拥有行业 95% 的市场份额,其他 100 家厂商只占有行业 5% 的市场份额,这种市场结构就是典型的寡头垄断市场。

同样,按照区分市场结构的主要指标,即买者和卖者的数量和规模分布、产品差异程度以及进入和退出壁垒等,可以归纳出寡头垄断市场的基本特征。

(1) 行业内有实力的厂商数量极少,新的厂商进入该行业较为困难,甚至不可能。形成寡头垄断的主导原因也在于对新进入者的限制,这种限制可能表现在技术性壁垒如独占生产某产品的自然资源、规模经济等,也可能表现为法律上的限制,如政府特许经营权、专利权、资质等级等,还可能表现在现有厂商的掠夺性定价、限制进入定价、保持额外生产能力等策略性行为。

(2) 寡头垄断市场中,厂商之间存在相互依存性。在完全竞争市场中,单个厂商面对的是既定的市场价格,对整个市场价格决定的影响微乎其微,单个厂商可以将行业看作是外在的客观环境。可以说,尽管从总体上完全竞争市场的均衡价格是所有厂商的行为决定的,但对单个厂商来说,其根本没有意识到或者根本不需要考虑与其他厂商的关系。对于垄断竞争市场中的厂商来说,产品差别虽然带给厂商一定的市场影响力,不过受厂商进入和退出该行业的壁垒较低,经济利润很快就会被稀释掉,垄断竞争厂商也不需要考虑其他厂商的行为。在完全垄断市场中,厂商本身就是行业,本厂商的产品没有任何替代品,因而更不需要考虑其他厂商的影响。当数量极少的几家厂商占据了大部分市场的情况下,各厂商之间就存在着"被意识到的相互依存性"(recognized mutual interdependence),即各厂商清楚地意识到自己的行为会对市场关系产生重要影响,厂商在决策过程中不得不充分考虑其他厂商的反应。

（3）寡头垄断市场中,厂商行为具有不确定性。这一特征是厂商行为的相互依存性造成的,当某一寡头采取某种行动以后,到底会产生什么样的后果,竞争对手如何反应等等,该寡头是无法事先预料的。此外,这种不确定性也表现在本厂商也要对竞争对手的反应作出"反应",而竞争对手对本厂商的"反应",也会有所反应,如此循环下去。假设当前有两个寡头 A 和 B,当 A 采取降价行为时,如每单位产品降价 10 元,B 厂商可以选择的回应方案有许多个,如 B 也降价 10 元,B 提价 5 元,或者 0—10 元间的任意一个降价幅度,还有 B 厂商可能选择当 A 降价时,B 加倍降价回应,如此等等。打个比方说,这就像是一个人站在两面正对着的镜子前一样,无论向哪面镜子中看,都有无数多个影像,最终结果是很难预料的。

（4）寡头垄断市场中的产品可能是同质的,也可能是有差别的。产品有无差别通常不会影响到某一行业的寡头垄断性质。一般地,当寡头垄断行业中产品是同质的情况下,称为纯粹寡头;当产品存在差别时,称为差别寡头;纯粹寡头主要存在于原材料行业,如石油冶炼、化学原料、钢铁等,当然完全没有产品差别的纯粹寡头也是少见的,只是在这些行业产品差别不太重要或影响不大而已。差别寡头主要存在于交通运输工具、家用电器等制造业中。

二、寡头垄断和市场集中度

区分某一行业是否为寡头垄断行业可以运用市场集中度的各种指标来进行判断,当然这些指标也可以用来判断某一行业是否为其他类型的市场结构,只是在判断寡头垄断行业中应用较多罢了。衡量市场集中度主要有这样几种方法,即四厂商集中度、八厂商集中度、HHI 指数、洛伦兹曲线和基尼系数。下面分别介绍。

1. 四厂商集中度和八厂商集中度

四厂商集中度(four firms concentration ratio)是指某一行业最大的四家厂商的销售量占整个行业销售量的比率,销售量可以用产品数量,如机器的台数、套数,原材料的吨位数等来衡量,当某一行业的产品同质时,可以用这类指标来衡量。销售量也可以直接用销售收入或营业额来计算,通常当某行业的产品存在差别时,这种计算的可比性较强。八厂商集中度(eight firms concentration ratio)与四厂商集中度这两种指标的实质是一样的,是指某一行业最大的八家厂商的销售量占整个行业销售量的比率。

用公式表示就是:

四厂商集中度 $= CR_4 =$ 行业内最大四家厂商的销售量/行业的总销售量

八厂商集中度 $= CR_8 =$ 行业内最大八家厂商的销售量/行业的总销售量

当然,根据研究目的和需要,还可以计算其他数量最大厂商的集中度,只不过,四厂商和八厂商集中度较为常用,计算这两个比率更便于比较。

如果我们计算出汽车行业的四厂商集中度为 70%,则这一行业基本上属于寡头垄断市场。如果我们计算出饮料行业的四厂商集中度为 2%,则这一行业不会是寡头垄断市场,更有可能是垄断竞争市场。因此,当一个行业的四厂商或八厂商集中度较高时,表明这一行业的厂商数量越少,垄断程度越高,较大规模厂商对市场的影响力或控制力越高。反之,当一个行业的四厂商或八厂商集中度较低时,表明这一行业的厂商数量较多,竞争程度较高,厂商对市场的控制力较弱。

2. HHI 指数

HHI 指数是赫芬达尔—赫希曼指数(Herfindahl-Hirschman index)的简称。它是指行业内所有厂商的市场占有率的平方和。用公式表示就是:

$$HHI = S_1^2 + S_2^2 + S_3^2 + \cdots + S_n^2 = \sum_{i=1}^{n} S_i^2$$

式中,S_i 表示厂商 i 的销售量占整个市场销售量的比率,n 表示行业内所有厂商的数量。

HHI 指数的取值范围为 $[0, 1]$,当 HHI $= 1$ 时,意味着某一家厂商的市场份额为 100%,即为完全垄断。当 HHI $= 0$ 时,意味着每一家厂商所占有的市场份额都微不足道,趋向于零,其平方更趋向于零,这时 HHI 指数就为零,这种市场结构就是完全竞争。当 HHI 指数越接近于 1,意味着市场的集中程度越高,垄断程度也就越大;反之,当 HHI 指数越接近于零,意味着市场的集中程度越低,竞争程度越大。可以预期,垄断竞争市场的 HHI 指数更趋向于零,而寡头垄断市场则更接近于 1。

　　由于 HHI 指数包括了行业内的所有厂商,对市场集中度的衡量要优于四厂商或八厂商集中度。四厂商或八厂商集中度可能出现较大的偏差,当两个行业的四厂商集中度一样时,HHI 指数可能相差很大。如表 10.1 所示,A 和 B 行业中均有 7 家厂商,根据表中数据可得两个行业的四厂商集中度都是 0.75,但 A 行业的 HHI 指数为 0.117,B 行业的 HHI 指数为 0.203 2,明显高于 A 行业,即 B 行业的市场集中度较高,垄断程度较高。出现上述现象的原因在于,HHI 指数能够反映厂商规模相对大小对市场竞争程度的影响,但四厂商和八厂商集中度却不一定能够反映。

表 10.1　四厂商集中度和 HHI 指数

	行业 A	行业 B
厂商 1	0.28	0.34
厂商 2	0.2	0.22
厂商 3	0.15	0.1
厂商 4	0.12	0.09
厂商 5	0.1	0.09
厂商 6	0.09	0.09
厂商 7	0.06	0.07
四厂商集中度	0.75	0.75
HHI 指数	0.177	0.203 2

　　3. 洛伦兹曲线和基尼系数

　　洛伦兹曲线(Lorenz curve)最早是由美国统计学家洛伦兹(M.O.Lorenz)提出来的,主要用于衡量一个经济社会的收入分配公平(平均)程度。具体做法是将一国总人口按收入由低到高(或由高到低)排序,然后计算一定的人口百分比获得的收入的百分比,如按收入排序的 20% 的人口获得了收入的 5%,40% 的人口获得了收入的 10%,如此等等。最后将人口累积百分比与收入累积百分比的对应数据描到坐标系中,就可以得到洛伦兹曲线。

　　如图 10.1 所示,横轴代表人口的累积百分比,纵轴代表收入的累积百分比,图中的 ODB 曲线就是洛伦兹曲线。曲线上的每一点都表示占人口总数某一百分比的人口获得的收入份额。例如,图中的 E 点表示占人口总数 80% 的人口获得了 50% 的收入。当洛伦兹曲线越靠近对角线 OB 时,这个经济社会的收入分配就越公平,反之,当洛伦兹曲线越靠近折线 OAB 时,收入分配就越不公平,或称贫富分化越严重。

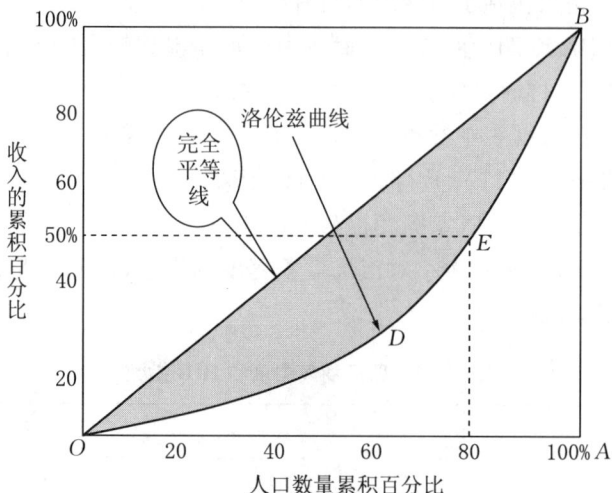

图 10.1　收入分配的洛伦兹曲线

上述分析收入分配的方法同样可以用于衡量市场集中度,只需要对坐标系的横轴和纵轴的值进行适当调整就可以了。其基本方法是:把某一行业内所有厂商按产量或规模或销售量从低到高(或从高到低)排序,而后计算一定的厂商数量百分比占有的市场份额或行业总生产规模的百分比,然后将厂商数量的累积百分比和规模的累积百分比数据描到坐标系中,就可以得到衡量市场集中度的洛伦兹曲线。

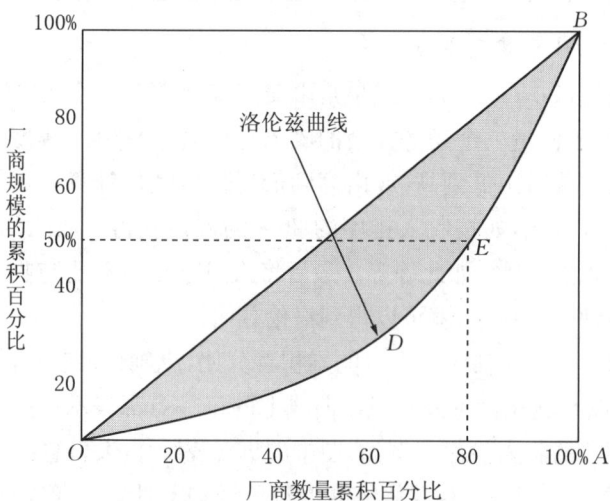

图 10.2　行业集中度的洛伦兹曲线

在图 10.2 中,我们用横轴代表厂商数量的累积百分比,纵轴代表厂商规模的累积百分比,那么每一个厂商数量的累积百分比就对应着一个厂商规模的累积百分比,即形成洛伦兹曲线上的一点,依此一一进行下去,随后用顺滑的曲线将这些点连结起来,就可以得到图中 ODB 曲线。注意这里是把厂商按规模从小到大排序的,洛伦兹曲线是一条位于对角线下方的递增速度增加的曲线,即凸向横轴。如果我们按规模从大到排序时,洛伦兹曲线将是一条位于对角线 OB 上方的递增速度递减的曲线,即凹向横轴。前面介绍的所有市场结构都可以用洛伦兹曲线的位置来表述。

当洛伦兹曲线与对角线 OB 重合时,意味着前 1% 的厂商占有了 1% 的市场,前 20% 的厂商占有了 20% 的市场,前 50% 的厂商占有了 50% 的市场,等等,也就是说,每一个厂商的规模都是相似的,而且在整个市场中占据极小的份额,这种市场的集中度最低,为完全竞争市场结构。

当洛伦兹曲线与折线 OAB 重合时,意味着前 1% 的厂商占有了 100% 的市场,同时也意味着前 50% 的厂商占有了 100% 的市场,即这个市场上只有一家厂商,是完全垄断的市场结构。

当洛伦兹曲线接近对角线 OB 时,厂商规模相差不大,每个厂商对市场有一定的控制力,但市场的竞争程度仍很高,这是垄断竞争的市场结构。

当洛伦兹曲线接近折线 OAB 时,行业内存在的一些较小规模的厂商在市场上影响较小,但有几家较大的厂商占有了较大的市场份额,市场的垄断程度较高,这是寡头垄断的市场结构。

运用洛伦兹曲线来判断市场集中度的优点是较为直观,但缺点也是明显的,很难将两个行业进行对比,准确度也不够,对此我们可用基尼系数(Gini coefficient)精确衡量。如果我们用 G_n 表示基尼系数,用 $S_{扇形ODB}$ 表示洛伦兹曲线与对角线 OB 围成的扇形的面积,用 $S_{\triangle OAB}$ 表示对角线与两条轴 OA 和 AB 围成的三角形的面积,则基尼系数的计算公式就是:

$$G_n = \frac{S_{扇形ODB}}{S_{\triangle OAB}}$$

当 $G_n = 0$ 时,表明洛伦兹曲线与对角线 OB 重合,$S_{扇形ODB}$ 的面积为零,该市场是完全竞争市场;

当 $G_n = 1$ 时,表明洛伦兹曲线与折线 OAB 重合,$S_{扇形ODB}$ 的面积与三角形 OAB 的面积相等,该市场是完全垄断市场;

当 $0 < G_n < 0.4$ 时,表明洛伦兹曲线与对角线较为接近,该市场是垄断竞争市场;

当 $0.4 < G_n < 1$ 时,表明洛伦兹曲线与折线 OAB 较为接近,该市场是寡头垄断市场。

不过,要注意,把基尼系数等于 0.4 作为区分垄断竞争和寡头垄断市场的分界点,多少带有一些主观性,事实上基尼系数为 0.39 或 0.41 差异并不太大,这里主要是为了分析方便。

第二节　合作性寡头垄断

由于寡头垄断市场中存在着的被意识到的相互依存性,行业内的每一个厂商在行动时必然要考虑与其他厂商的关系。该厂商可以采取单独行动的方式,也可以采取联合其他厂商一起行动的方式,前者称为非合作性寡头垄断,后者称为合作性寡头垄断。根据联合行动受到政府法律限制的不同,合作性寡头垄断可能采取公开的或隐蔽的方式,其中常见的公开而正式的合作性寡头垄断就是卡特尔,常见的隐蔽且非正式的合作性寡头垄断有价格领导和成本加成定价。在合作性寡头垄断中,我们一方面能够看到卡特尔内在的不稳定性,如我国彩电价格大战中,头一天的协议墨迹未干,第二天厂商就违反协议,卡特尔的生存时间极短。同时,另一方面我们又看到有些行业虽然没有正式的卡特尔协议和组织,但市场价格往往经年不变,厂商价格调整具有较强的一致性。本节主要介绍合作性寡头垄断的几种形式,即卡特尔、价格领导和成本加成。

一、卡特尔

任何行业内的厂商为了自身的利益,都有与其他厂商协调生产和定价的动机,例如,共同限制产量以维持市场价格,增加单个厂商及行业群体的利润水平。我们将寡头垄断厂商通过公开的或正式的方式形成价格同盟的组织称为卡特尔(cartel)。卡特尔实际上就是几家厂商共同合谋控制市场以获取较高利润的组织形式或者协议。有些国家允许卡特尔存在。不过,在大多数发达国家,卡特尔是非法的,如美国的反托拉斯法,对控制厂商组织卡特尔起到了非常重要的作用。目前世界上持续时间最久、运行最有效的卡特尔,就是人们常常听说的石油输出国组织(Organization of Petroleum Exporting Countries,OPEC,一般译作欧佩克)。

寡头垄断厂商组成卡特尔可以获取较大的利益,主要包括,通过协调各厂商的生产和定价提高利润水平,通过正式的协议减少竞争摩擦,提供解决竞争冲突的正式渠道,并且可以通过卡特尔降低经营环境的不确定性,各厂商协同经营建立行业进入壁垒,抵御潜在的进入者等。

如图 10.3 所示,假如行业内所有厂商都加入到卡特尔中,那么该卡特尔的价格和产量的决定与一个完全垄断厂商是一样的。用 D 表示该行业的市场需求曲线,MR 表示卡特尔的边际收益曲线,MC 表示卡特尔的边际成本曲线。当然,卡特尔也是按边际收益等于边际成本,来决定整个卡特尔利润最大化的产量水平。图 10.3 中,MR 和 MC 相交于 E 点,对应的产量水平为 Q_1,根据市场需求曲线,可以得到卡特尔索取的价格为 P_1。

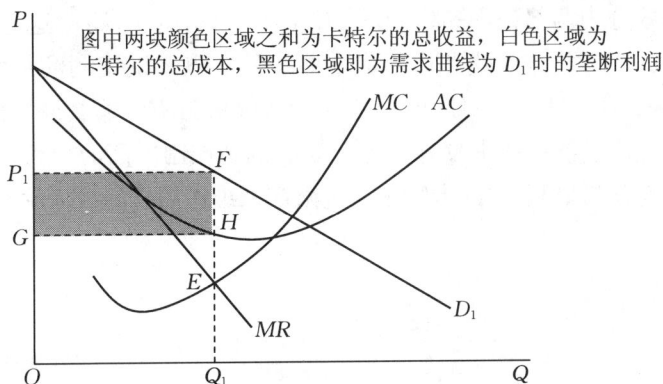

图中两块颜色区域之和为卡特尔的总收益,白色区域为卡特尔的总成本,黑色区域即为需求曲线为 D_1 时的垄断利润

图 10.3　卡特尔的价格和产量决定

如果行业内所有厂商的产量总和小于 Q_1,那么该卡特尔就没有必要成立。即设行业内的厂商数目为 n,q_1 表示第一家寡头垄断厂商的产量,q_2 表示第二家的产量,依此类推,q_n 表示第 n 家厂商的产量,那么有行业的总产量 $Q^* = q_1+q_2+\cdots+q_n$。当 $Q^* \leqslant Q_1$ 时,厂商不需要联合就能维持一个较高的价格,而当 $Q^* > Q_1$ 时,如果厂商不联合就会造成行业的总产量大于形成卡特尔时利润最大化的产量,会导致市场价格低于利润最大化时的价格,这时厂商就有动机联合起来。

由于成立卡特尔的一个必要条件是行业的总产量(确切地说是潜在生产能力)大于形成卡特尔时利润最大化的产量,因此成立卡特尔后首先要解决的问题就是在各成员厂商之间分配既定的产量。卡特尔分配既定产量的原则与完全垄断厂商拥有几家工厂的情形相同,即使每个厂商的边际成本相等,且与卡特尔利润最大化产量水平的边际成本相等。不过,在实践中受各卡特尔成员在实力、地位、讨价还价能力、原有生产能力、销售量、销售渠道等各方面的限制,上述分配原则较难以实施。通常,由于每一个卡特尔成员都有超过限额的额外生产能力,在每次重订产量协议过程中,卡特尔成员都会使用各种办法以争取到更大的生产限额。

由于卡特尔成员存在超额生产能力,带来的另一个问题就是卡特尔监督协议执行时存在较大的困难,每一个成员都有动机偷偷违反协议,降低价格,增加销售量,提高利润水平。如图 10.4 所示,假设最初由协议规定分配给 A 寡头的产量限额为 Q_1,价格为 P_1。当其他成员厂商也遵守协议时,A 寡头面对的需求曲线就变成为 P_1E_1D 折线(当其他成员遵守协议维持 P_1 价格时,在生产 Q_1 单位产量时,A 寡头相当于一个价格接受者,需求曲线中的一段 P_1E_1 是水平的)。边际收益曲线分为两部分,一部分为 P_1E_1,另一部分为 F_1E_2。这时,如果 A 厂商按照自身的边际收益曲线和边际成本曲线的交点来确定利润最大化的产量时,可以看到其交点为 E_2,对应的产量为 Q_2,价格为 P_2,那么该厂商就有动机偷偷降价以提高利润。如果没有一种有效的机制控制厂商的行为,所有的卡特尔成员都会有动机欺骗,由此卡特尔通过限产来维持高价的目标就不会实现,卡特尔会解体。

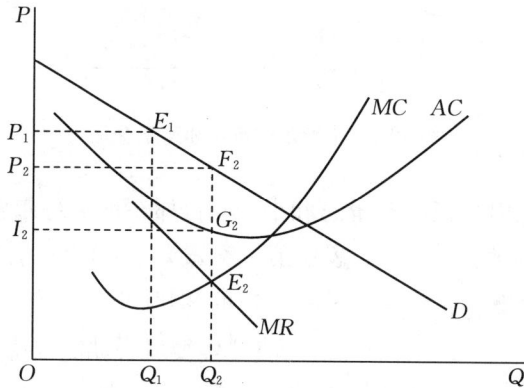

图 10.4　卡特尔的潜在不稳定性

上述分析还可以通过一个数字例子来说明。设某行业内有四家厂商,为简化起见,假定四家厂商完全相同。该市场的需求曲线为 $P=240-Q$,四家厂商的成本函数均为 $TC(q_i)=8q_i(i=1,2,3,4)$。假如这四家厂商组成一个卡特尔,那么该卡特尔的价格和产量的决定就如同一个完全垄断厂商,可得:

$$TR = P \cdot Q = 240Q - Q^2 = 240\sum_{i=1}^{4} q_i - \Big[\sum_{i=1}^{4} q_i\Big]^2$$

$$MR = 240 - 2Q = 240 - 2\sum_{i=1}^{4} q_i$$

$$MC_i = 8$$

卡特尔利润最大化的条件就是卡特尔的边际收益等于每一个成员厂商的边际成本，也就是：

$$MR\left(\sum_{i=1}^{4}q_i\right)=MC_i$$

代入，可得：

$$240-2(q_1+q_2+q_3+q_4)=8$$

由于每一个成员厂商均相同，即 $q_1=q_2=q_3=q_4$，可得 $q_1=q_2=q_3=q_4=29$。这意味着，为了使得整个卡特尔的利润最大化，每一个成员厂商应当将产量限定在 29 单位上。可以计算出每一个厂商的利润为：

$$\pi_i=\frac{1}{4}\times[(240-4\times29)\times4\times29-4\times8\times29]=3\,364\,(i=1,2,3,4)$$

按照上述数字例子，我们也可以分析卡特尔的潜在不稳定性的问题。假设厂商 2、3 和 4 根据协议向市场上提供 29 单位的产量，厂商 1 所面临的需求曲线就是在扣除了其他三家厂商生产的产量后的剩余需求，即厂商 1 的需求曲线就变成：

$$P=240-(q_1+3\times29)=143-q_1$$

对应于厂商 1 面临的剩余需求曲线，其边际收益曲线就是：

$$TR=P\cdot q_1=(143-q_1)\cdot q_1=143q_1-q_1^2$$

则 $\qquad MR_1=143-2q_1$

如果厂商 1 这时生产 29 单位的产量，其边际收益为 $MR_1=143-2\times29=85$，远远大于边际成本（$MC_1=8$），厂商 1 有动机违反协议，增加产量。厂商 1 在其他厂商行为不变时，利润最大化的产量可由下式求出：

$$MR_1=143-2q_1=8=MC_1$$
$$q_1=67.5$$

厂商 1 索取的价格为 $P=143-q_1=143-67.5=75.5$。

利润水平为 $\pi_1=67.5\times75.5-8\times75.5=4\,492.25$，大于遵守协议时的利润水平 3 364。

通常说来，如果某行业满足下列条件，将会促使行业中建立卡特尔，并且容易维持较长的时间。这些条件包括，一是行业内的厂商预期加入卡特尔后，卡特尔能够有效地提高行业产品的价格；二是成立卡特尔不会遭受政府的反垄断诉讼（如果该国家存在这方面的法律的话），或者被发现并进行惩罚的概率较低时；

三是执行卡特尔协议的成本较低,而且能够有效地发现违反协议的厂商并对其进行有效的惩罚。

第三个条件通常在卡特尔内包含较少的厂商、行业高度集中以及产品同质时,较为容易建立并维持卡特尔。现实中,厂商也确定了许多有效的机制来防止成员厂商进行欺骗。其主要有:(1)在规定卡特尔的价格时,同时规定其他的条件,使成员厂商单纯降价行为更加容易被卡特尔发现。(2)通过规定卡特尔成员某一地理区域的市场来限定产量,在这一个固定的地理区域内,该成员厂商的行为像一个完全垄断厂商一样,只要在非协议地域销售产品就会被发现,对成员厂商的欺骗行为有较强的控制。(3)固定市场份额。只要市场份额较容易测定,成员厂商的欺骗行为就能得到有效抑制。(4)使用最惠顾客待遇条款。这种条款是卖方向买方保证不会以更低的价格对外销售,如果以更低的价格对外销售,必须向先前的买者退回差价。(5)建立触发价格。即协议规定如果市场价格下降到某一给定水平,称为触发价格,成员厂商都将产量扩大到未成立卡特尔时的水平。这样,当某一厂商偷偷降价时,只能在短时期内获得一些收益,但很快会受到惩罚。

二、价格领导

卡特尔是一种以公开的正式形式达成的价格同盟,在卡特尔是违法的情况下,厂商还会采取隐藏的方式进行合作,最为常见的形式就是价格领导。所谓价格领导(price leadership),是指某一个行业的价格是由行业内的某一厂商首先确定,其他厂商跟随其后确定各自的产品销售价格。一般地,当该行业生产的产品是同质的,价格将会趋于一致,而且当领导厂商的价格不变动时,整个行业的价格保持较高程度的稳定性。当该行业生产的产品存在差别时,价格有可能是同一的,也有可能出现差别,但是从属厂商价格变动的方向与领导厂商一致。

价格领导常见的形式有两种。第一种是气压计式(barometric)的价格领导。在这种形式中,首先调整价格的厂商称为气压计式的厂商,该厂商能够根据市场环境的变化首先确定能够反映行业成本、收益及需求变化情况的价格,而其他厂商则根据该厂商的定价调整各自的价格。气压计式厂商有可能是行业内规模较小但成本最低的厂商,也有可能是生产规模最大的厂商,这种价格领导的厂商往往建立起了优良的决策信誉,其他厂商相信该厂商判断的准确性。

价格领导更为普遍的形式是第二种,即主导型的价格领导。在这种情况下,该市场往往由一个主导性的厂商和一些小厂商组成。占有主导地位的厂商根据利润最大化的原则首先确定自己产品的价格,其他小厂商则将这一价格看作是给定的,根据这一价格相应决定自己的产量。

如图 10.4 所示，D 为整个行业的市场需求曲线，由于当主导厂商确定了价格后，从属厂商是该价格的接受者，类似于完全竞争市场，这样对于从属厂商而言，平均可变成本曲线以上部分的边际成本曲线就是其短期供给曲线，我们把所有从属厂商的边际成本曲线水平加总后，就可以得到行业中除主导厂商之外其他厂商的短期供给曲线，在图中用 S_s 表示。图中 MC_L 表示主导厂商的边际成本曲线。d_L 表示主导厂商的剩余需求曲线，是在每一给定价格的情况下，市场需求量减去从属厂商的供给量后得到的。d_L 可以这样得出，如图 10.4 所示，当价格为 P_1 时，市场需求量为 Q_1，所有从属厂商的供给量为 Q_2，留给主导厂商的剩余需求就为 Q_1-Q_2，即线段 Q_2Q_1，这样，以原点为起点，可以确定一个需求量，用 Q_3 来表示，线段 OQ_3 等于线段 Q_2Q_1，即在价格为 P_1 时，主导厂商的剩余需求为 Q_3。同理，可以找出在所有价格水平上主导厂商的剩余需求，将这些点连结起来就是主导厂商面对的需求曲线 d_L。

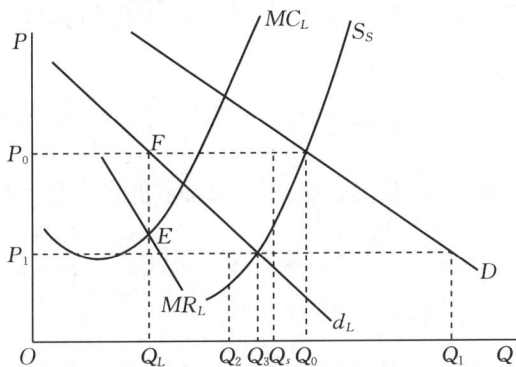

图 10.5　主导型厂商的价格领导

主导厂商的需求曲线确定后，相应可以得出其边际收益曲线，用 MR_L 表示。当 $MR_L=MC_L$ 时，主导厂商达到利润最大化。这时，对应的主导厂商的产量为 Q_L，根据需求曲线 d_L 可以得到主导厂商索取的价格为 P_0。在 P_0 价格的情况下，从属厂商提供 Q_s 数量的产品，整个行业向市场提供的产量为 $Q_L+Q_s=Q_0$。

三、成本加成

在寡头垄断市场中，由于各厂商实力相当，一旦发生价格战，会造成两败俱伤的局面，因此，许多行业中厂商宁愿采取简单的做法，避免价格经常性的变动。在价格比较稳定的情况下，减少了厂商面对的市场环境的较高的不确定性，有利于寡头垄断厂商获取比较稳定的长期利润。这种简单做法中的一种就是成本加成定价(cost plus pricing),是指在估计的平均成本基础上加上一个赚头,以此确定市场销售价格。

成本加成定价的通常做法是,首先厂商估计产品的平均可变成本,接着按照正常情况下的产量水平分摊固定成本,计算出平均固定成本,则平均可变成本加上平均固定成本就得到了厂商在正常情况下的平均成本,在此基础上,厂商根据目标利润率(行业的一般利润率)计算出单位产品利润额,由平均成本加上平均利润即可得到产品价格。其用公式表示就是:

$$P = (AVC + AFC) \cdot (1 + \mu) = AC \cdot (1 + \mu)$$

式中,P 表示产品价格,μ 表示目标利润率或加成数。

一般说来,成本加成定价往往与理论上计算的利润最大化存在一定的差距,建立在管理者经验的基础上,达到的是利润的满意化。不过,按一定的方法进行估算,可以使得所选择的加成数接近利润最大化的利润率水平。

在第三章我们分析了价格、边际收益和需求价格弹性的关系,得到下列公式:

$$MR = P\left(1 - \frac{1}{|E_d|}\right)$$

式中,MR 为边际收益,P 为价格,Ed 为需求价格弹性。对上式变形,可得:

$$P = \frac{MR}{\left(1 - \dfrac{1}{|E_d|}\right)} = MR \cdot \frac{|E_d|}{|E_d - 1|}$$

厂商利润最大化的条件是 $MR = MC$,用 MC 替代上式中的 MR,可得:

$$P = MC \cdot \frac{|E_d|}{|E_d - 1|}$$

厂商在有利润可得时,平均成本曲线有一部分位于需求曲线和边际成本曲线之间,在平均成本曲线不变的情况下,需求曲线位置越高(或靠右上方),厂商的经济利润水平越高。在寡头垄断市场中,厂商在价格大于边际成本处生产,可以获得一定经济利润,这时可以用平均成本近似地替代边际成本(注意这种替代只有在二者相对接近或者变动幅度和方向一致时才可运用,这里的分析并不严格),那么上式可以改写为:

$$P = MC \cdot \frac{|E_d|}{|E_d - 1|} \approx AC \cdot \frac{|E_d|}{|E_d - 1|} = AC\left(1 + \frac{1}{|E_d| - 1}\right)$$

因此,成本加成定价中的加成数可以近似地用 $\dfrac{1}{|E_d| - 1}$ 表示。所以,加

成数的大小与产品的需求价格弹性呈现反方向变动关系,根据需求价格弹性系数的大小就可以确定加成数,这样的成本加成定价比较接近利润最大化的价格。

第三节　非合作性寡头垄断

除了像卡特尔这样的公开合作及价格领导的默契以外,在经济生活中还大量存在着非合作性寡头垄断;非合作性寡头垄断主要出现在两种情况下,一种是在整个的市场上只有几家厂商,每家厂商都独立地作出相关的价格和产量决策;另一种是在整个市场上有大量的厂商,但由于地理空间限制、地方保护、运输成本等原因,这类厂商在一个较小的区域市场上拥有较强的控制力。这两种类型的厂商都能够意识到竞争对手的存在,而且也清楚地了解本厂商采取某种行动,其他厂商会有一定的反应。同时,由于各厂商在竞争中可以使用产量、价格、产品差别或者几者混合等形式展开竞争,使得对这类厂商行为的分析愈加复杂。本节将介绍研究非合作性寡头垄断的几个典型模型,即斯威齐模型、古诺模型和伯特兰模型。

一、斯威齐模型

斯威齐模型(Sweezy Model)又称为拗折的需求曲线模型(the kinked demand curve),是美国经济学家斯威齐(P·M·Sweezy)首先提出来的。寡头垄断市场中厂商行为的相互依存性和不确定性特征,使得厂商在无法确定其他厂商行为变化的大致方向时不愿意单独改变价格,从而有相当一部分寡头垄断市场的价格呈现粘性或刚性,只有在生产成本发生较大变化时,价格才作出调整。

斯威齐模型主要是解释寡头垄断市场的产品呈现粘性价格的原因,斯威齐认为这一产品的需求曲线不是通常的顺滑的曲线,而是在某一价格水平上出现拗折,过了拗折点后,需求曲线变得更为陡直。

如图 10.5 所示,假定某寡头垄断厂商当前的价格水平为 P_1,产量为 Q_1,在拗折点 E 以上,需求曲线为 D_1 在 E 点左边的一部分,在拗折点 E 以下,需求曲线为 D_2 在 E 点右边的一部分,在图中标为实线。图中画出了厂商的三条边际成本曲线 MC_1、MC_2 和 MC_3。根据两段需求曲线可以作出相应的边际收益曲线 MR_1 和 MR_2,由于需求曲线在 E 点拗折,边际收益曲线在 P_2 和 P_3 的价格范围内出现一个缺口。这意味着,当边际成本曲线在缺口范围内变动时,厂商并不调整价格,仍将价格保持在 P_1 水平,向市场提供 Q_1 数量的产品。

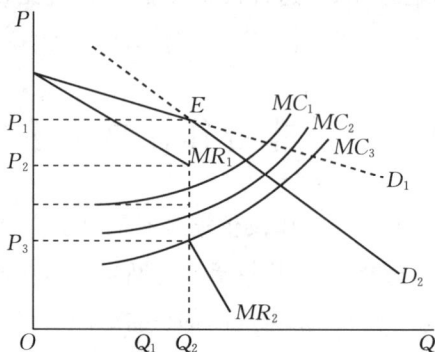

图 10.6　斯威齐模型中的拗折的需求曲线

之所以出现寡头垄断厂商在当前价格水平上需求曲线拗折,是因为当该厂商提价时,其他厂商并不跟从,该厂商的需求量下降幅度更大,需求曲线变得较为平坦。而当厂商降价时,其他厂商马上会相应降价,该厂商的需求量上升的幅度不会太大,需求曲线变得较为陡峭。

斯威齐模型在一定程度上解释了寡头垄断市场中呈现价格粘性的特点,但也存在着较大的缺陷,如该模型没有解决拗折点最初是如何形成的问题,还是一个特殊的未完成的模型。

二、古诺模型

古诺模型也称为古诺双寡头模型(Cournot duopoly model),是由法国经济学家古诺(Autoine Augustin Cournot)首先提出并以其名字命名的。古诺模型是研究非合作寡头垄断的最重要的模型之一。古诺模型的基本思路是各厂商生产同一种产品,而且以产量作为决策变量,研究当每一个厂商都单独行动时,如何通过选择产量达到利润最大化。

为了简化问题,古诺模型有如下几个假定:

(1) 该行业市场上有两个厂商 A 和 B,生产完全相同的产品。

(2) 两个厂商不存在固定成本,边际成本也为常数,设 A 和 B 厂商的边际成本分别为 m_1 和 m_2,则两个厂商的平均成本也为 m_1 和 m_2。在大多数介绍古诺模型的著作中,采取古诺最初的做法,即生产成本为零,这里采取常数或零的假设不影响模型的性质和结论。

(3) 两个厂商面对的市场需求曲线为 $P = f(Q) = f(q_1 + q_2)$,取线性函数形式则为 $P = a - bQ = a - b(q_1 + q_2)$。

（4）当一个厂商决定产量时，假定另一个厂商的产量是给定的。

下面，我们来介绍古诺模型的基本思想。

假定 A 和 B 厂商的产量分别用 q_1 和 q_2 表示，则 A 厂商的利润函数为：

$$\pi_1 = P(Q)q_1 - m_1q_1 = [a - b(q_1 + q_2)]q_1 - m_1q_1$$

由于在 A 厂商决定产量时，B 厂商的产量给定不变，那么 A 厂商面对的剩余需求函数为：

$$q_1 = Q - q_2 = \frac{a - P}{b} - q_2$$

可得　　　　　　　　　　$bq_1 = a - P - bq_2$

整理可得　　　　　　　　$P = a - bq_1 - bq_2$

A 厂商的总收益为：

$$TR_1 = P \cdot q_1 = (a - bq_1 - bq_2) \cdot q_1 = aq_1 - b_1^2 - bq_1q_2$$

可得 A 厂商的边际收益函数为：

$$\frac{\partial TR_1}{\partial q_1} = [aq_1 - bq_1^2 - bq_1q_2]' = a - 2bq_1 - bq_2$$

在 A 厂商的利润最大化时，其边际收益等于边际成本，即：

$$a - 2bq_1 - bq_2 = m_1$$

则可得　　　　　　　　$q_1 = \frac{a - m_1}{2b} - \frac{q_2}{2}$

上式显示出 A 厂商的产量是 B 厂商产量的函数，通常称为反应函数（reaction function），即表达了当 B 厂商的产量变化时，A 厂商的产量将如何调整。同理，也可以推导出 B 厂商对 A 厂商的反应函数。由于模型的对称性，也可以直接按上式写出 B 厂商的反应函数，即：

$$q_2 = \frac{a - m_2}{2b} - \frac{q_1}{2}$$

如果我们以 A 厂商的产量为横轴，B 厂商的产量为纵轴，可以作出两个厂商的反应函数曲线。如图 10.6 所示，F_1G_1 为 A 厂商的反应函数曲线，F_2G_2 为 B 厂商的反应函数曲线，二者相交于 E 点。E 点是两厂商作用的均衡点，均衡点所对应的产量，$q_1 = q_{1E}$ 和 $q_2 = q_{2E}$，称为古诺均衡产量。那么该产量组合为什么是均衡产量呢？在图 10.6 中，任意假定 B 厂商认为 A 厂商的产量水平为

q_{11},这时,B 厂商会对 A 厂商的产量决定作出反应,根据 B 厂商的反应函数,B 厂商会选择 q_{21} 产量水平。而当 B 厂商的产量决定在 q_{21} 水平后,A 厂商又会对其产量作出调整,根据 A 厂商的反应函数,A 厂商会把产量调整到 q_{12} 水平。一旦 A 厂商将产量确定在 q_{12},B 厂商根据其反应函数又会把产量变化到 q_{22} 水平。如此反复调整,可见,q_{11}、q_{12}、q_{21}、q_{22} 等产量水平都不是均衡点,在这些产量水平 A 或者 B 厂商都会调整自己的行为。最终,当 A 厂商将产量调整到 q_{1E} 水平,根据 B 厂商的反应函数,B 厂商的产量为 q_{2E},而当 B 厂商将产量调整到 q_{2E} 水平时,根据 A 厂商的反应函数,A 厂商的产量为 q_{1E},因此在这种情况下两个厂商产量的选择达到了均衡状态。

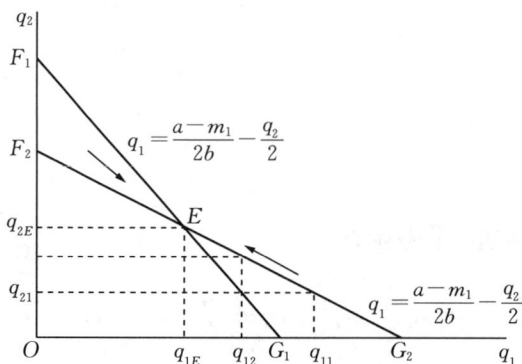

图 10.7　A 厂商和 B 厂商的反应函数

在均衡状态下,A 厂商和 B 厂商选择的产量水平均满足两厂商各自的反应函数,即满足下列方程组:

$$\begin{cases} q_1 = \dfrac{a-m_1}{2b} - \dfrac{q_2}{2} \\ q_2 = \dfrac{a-m_2}{2b} - \dfrac{q_1}{2} \end{cases}$$

求解该方程组,可得 A 厂商和 B 厂商的均衡产量分别为:

$$\begin{cases} q_1^* = \dfrac{a-2m_1+m_2}{3b} \\ q_2^* = \dfrac{a-2m_2+m_1}{3b} \end{cases}$$

在两厂商完全相同的情况下,令两厂商的边际成本相等且等于零,即 $m_1 = m_2 = 0$,可得 $q_1^* = q_2^* = \dfrac{a}{3b}$,整个行业的总产量为 $Q = q_1 + q_2 = \dfrac{2a}{3b}$,即每一个厂商生产了行业的三分之一的产量。

行业的均衡价格为：$P = a - bQ = a - b(q_1 + q_2) = a - b \cdot \dfrac{2a}{3b} = \dfrac{a}{3}$

两厂商的利润为：$\pi_1 = \pi_2 = P \cdot q_1 - m_1 \cdot q_1 = \dfrac{a}{3} \cdot \dfrac{a}{3b} - 0 \cdot \dfrac{a}{3b} = \dfrac{a^2}{9b}$

当两厂商的边际成本相等而不等于零时，即 $m_1 = m_2 = m$ 时，情况比上面复杂一些，但也可以很容易计算出来。这时，两个厂商的产量、价格、利润及行业的总产量为：$q_1^* = q_2^* = \dfrac{a - m}{3b}$，整个行业的总产量为 $Q = q_1 + q_2 = \dfrac{2(a - m)}{3b}$，仍然得到每一个厂商生产行业产量的三分之一。

行业的均衡价格为：

$$P = a - bQ = a - b(q_1 + q_2) = a - b \cdot \frac{2(a - m)}{3b} = \frac{a + 2m}{3}$$

两厂商的利润为：

$$\pi_1 = \pi_2 = P \cdot q_1 - m_1 \cdot q_1 = \frac{a + 2m}{3} \cdot \frac{a - m}{3b} - m \cdot \frac{a - m}{3b} = \frac{(a - m)^2}{9b}$$

古诺模型的上述结论还可以推广到有 n 个完全相同厂商的行业，每个厂商的古诺均衡产量为 $q_i^* = \dfrac{a - m}{(n + 1)b}(i = 1, 2, \cdots, n)$。当 n 为 1，即完全垄断的情况下，产量为 $q^* = \dfrac{a - m}{2b}$，价格为 $P^* = \dfrac{a + m}{2}$，利润为 $\pi = \dfrac{(a - m)^2}{4b}$。在寡头垄断市场情况下，整个行业的总产量为 $Q^* = \dfrac{n(a - m)}{(n + 1)b}$，价格为 $P^* = \dfrac{a + m}{n + 1}$，单个寡头垄断厂商的利润为 $\pi_i = \dfrac{(a - m)^2}{(n + 1)^2 b}$。当 n 趋向于无穷大时，即行业为完全竞争市场情况下，$\dfrac{n}{n + 1} \to 1$，$\dfrac{1}{(n + 1)^2} \to 0$ 则完全竞争时行业的总产量为 $Q^* = \dfrac{a - m}{b}$，价格为 $P^* = m$，利润为 $\pi_i = 0$。

三、伯特兰模型

在古诺模型中，各寡头垄断厂商以产量作为决策变量，根据在假定其他厂商的产量给定情况下决定自身利润最大化产量水平。法国经济学家伯特兰(Joseph Bertrand)在古诺模型的基础上，将价格作为厂商决策变量，即每一个厂商在决定自己的价格时，都假定其他厂商的价格是固定的。这样在竞争的情况下，伯特兰模型得到了与完全竞争市场相同的结论,即只要市场中存在着其他的厂商,价格竞争的结果是使价格等于边际成本。

沿用前面古诺模型的假设,即该行业市场上有两个厂商 A 和 B,生产完全相同的产品,不存在固定成本,边际成本为常数,都等于 m,市场需求曲线为线性函数。改动的假设为,当一个厂商决定价格时,另一个厂商的价格是给定的。

如图 10.7 所示,EI 为市场需求曲线,MC 为固定的边际成本曲线。假如 A 厂商目前确定的价格为 P_1,高于其边际成本 m,按此价格销售可以获得经济利润。由于 A 厂商和 B 厂商生产的产品相同,这时,如果 B 厂商收取稍微低于 P_1 的价格,B 厂商会获得所有的市场,即所有的消费者都会到 B 厂商处购买,对 A 厂商的产品需求为零。如果 B 厂商收取的价格高于 P_1,则产品一个都卖不出去,A 厂商的需求曲线就是市场需求曲线。因此,A 厂商的需求曲线是在 B 厂商价格给定时的剩余需求,由图 10.7 中可见,其分为三段,第一段是 EF 段,是当 B 厂商的价格稍低于 P_1 时,对 A 厂商产品的需求为零;第二段是 FG 段,是当 B 厂商的价格也设为 P_1 时,两个厂商完全相同,则平分市场需求,即 FH 的一半;第三段是 HI 段,是当 B 厂商的价格高于 P_1 时,对 A 厂商的产品需求为整个市场需求。

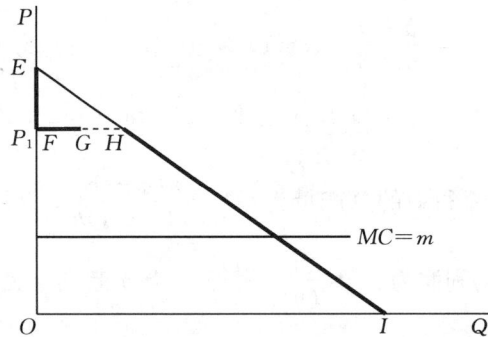

图 10.8　伯特兰模型中 A 厂商的剩余需求曲线

在上述价格竞争的情况下,每一个厂商都有降低价格的动机,因为其他厂商一旦降低价格,对本厂商的需求马上降为零。这样,会出现厂商轮番降价,高于边际成本 m 的价格水平都不是均衡点。最终两个厂商的价格都会下降到边际成本 m 的水平,如果这时其中一家厂商进一步降低价格,会承受亏损,短期情况下,该厂商可能为了将竞争对手赶出市场愿意承受,但由于两个厂商完全相同,长期来看,这种策略并不可信,每一个厂商都不愿意将价格定在低于边际成本的水平。于是,在价格等于边际成本 m 时,达到了均衡,与完全竞争市场情况下相同。

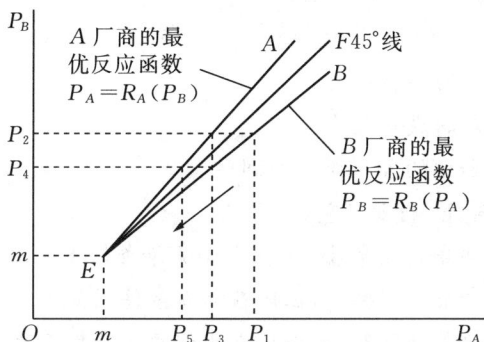

图 10.9　伯特兰模型的最优反应函数

在图 10.8 中,我们来考察两个厂商的反应函数,横轴代表 A 厂商的价格,纵轴代表 B 厂商的价格,EA 线表示 A 厂商的最优反应函数曲线,EB 表示 B 厂商的最优反应函数曲线,EF 为 45°线。由于每一个厂商在竞争对手的价格确定时,都会将价格定得略低于竞争对手,这样,对于 A 厂商来说,它对 B 厂商价格的最优反应函数曲线略高于 45°线。同理,B 厂商对 A 厂商价格的最优反应函数曲线略低于 45°线。如图 10.8 所示,当 B 厂商在 A 厂商将价格定为 P_1 时,会将价格定于略低于 P_1 的 P_2 水平,而当 B 厂商将价格定在 P_2 水平时,A 厂商将把价格定在 P_3 水平,反过来,B 厂商会进而将价格降低至 P_4 水平,最终各厂商价格调整的结果是走向 E 点,即 A 和 B 厂商最终将价格定在等于边际成本 m 的水平。

习题十

1. 寡头垄断厂商的产品是(　　)。

A. 同质的

B. 有差别的

C. 既可以是同质的,也可以是有差别的

D. 以上均不正确

2. 在古诺模型中,厂商假定其对手的(　　)是固定的。

A. 价格　　　　　　B. 产量　　　　　　C. 利润　　　　　　D. 成本

3. 拗折的需求曲线模型解释了(　　)。

A. 寡头厂商跟涨不跟跌现象　　　　B. 寡头厂商竞争激烈的现象

C. 寡头厂商跟跌不跟涨现象　　　　D. 寡头厂商相互勾结的现象

4. 卡特尔制定统一价格的原则是(　　)。

A. 使整个卡特尔的产量最大

B. 使整个卡特尔的利润最大

C. 使整个卡特尔的成本最小

D. 使整个卡特尔中的各厂商的利润最大

5. 在伯特兰竞争下,行业产量(　　)。

A. 比在完全竞争条件下要小,比在古诺竞争条件下也要小

B. 比在完全竞争条件下要大,但比在垄断条件下要小

C. 比在完全竞争条件下要小,但比在古诺竞争条件下要大

D. 比在完全竞争条件下要大,比在古诺竞争条件要小

6. 在现实中,寡头垄断市场的价格相对稳定,在相当长的时间内,即使厂商的生产成本发生了变化,厂商也不会调整价格。试运用本章介绍的相关理论予以说明。

7. 假定某寡头垄断企业面临拗折的需求曲线,在拗折点的价格为 20 元,厂商面对的需求量为 500 单位,如果该厂商将价格提高 25 元,需求量将下降到 250 单位,而如果该厂商将价格下降到 20,需求量将增加到 600 单位。试求厂商提价的弧弹性和降价的弧弹性,并说明这种弹性的变化的原因。

8. 结合霍特林选址模型,当一个区域市场上如一条大街上有两家企业经营餐饮业,你预计两个企业如何选址? 其各自的市场份额如何? 如果第三家企业进入该行业后,选址和市场份额会如何变化? 第四家及更多企业进入又会如何变化?

9. 假如在一个寡头垄断市场上一些厂商制订了一个比最大化利润低的价格,在下面各种情况下,寡头间是否更加容易形成合作?

(1) 企业可选价格策略有无限个,而且可以根据对手情况随时调整价格;

(2) 寡头是纯粹寡头而不是差别寡头;

(3) 存在一个领导型寡头;

(4) 寡头数目较少。

10. 试结合实际举例说明卡特尔的不稳定性,你认为在什么条件下卡特尔会趋于稳定?

第十一章

生产要素市场价格的决定

不少人往往为某些歌星、影星动辄几十万元甚至上百万元的出场费和片酬而愤愤不已，殊不知对于表演这种特殊的才能，其供给是缺乏弹性的，其价格主要取决于对这些歌星、影星的服务的需求，他们越受欢迎，需求水平越高，随之价格水平越高，因此所获酬劳自然水涨船高。

——题记

学 习 目 标

通过本章的学习，你应当能够：

1. 掌握生产要素需求的特点；
2. 理解厂商对生产要素需求的决策的关键点；
3. 理解在不同市场结构下生产要素价格的决定；
4. 掌握劳动供给的特性；
5. 理解工资差别的主要原因；
6. 掌握资本市场上均衡利率决定的主要因素；
7. 掌握土地供求与均衡地租决定的基本因素；
8. 掌握经济利润产生的几种源泉。

在生产理论中，我们指出生产活动就是投入和产出过程，前面章节着重研究了产出部分，即产品和劳务的价格和产量决定的问题。本章运用与前面相似的分析方法研究生产活动的投入部分，即生产要素本身的价格如何决定的问题。由于生产要素的所有者是消费者（或要素收入最终归于消费者），当生产要素价格决定时，同时决定了各要素所有者的报酬或收入，因此生产要素价格理论也称为收入分配理论，这样也回答了经济学的第四个问题，也就是"为谁生产"的问题。

第一节　生产要素价格决定的一般理论

一、生产要素需求的特点

在生产要素市场上,市场主体的地位发生了变化。其中,生产要素的需求者是厂商,供给者是消费者。厂商对于生产要素的需求主要有两个特点,一是派生需求(derived demand)或称引致需求,二是联合需求(joint demand)。

所谓派生需求是指厂商购买生产要素并不是为了满足厂商本身的需要,而是要将生产要素投入到生产过程中,通过生产要素生产出满足消费者需要的产品和劳务,由此获取利润。厂商对生产要素的需求来源于消费者对相关产品和劳务的需求。当厂商生产的产品和劳务不能满足消费者的需求,或者消费者减少了对这些产品和劳务的需求,那么厂商就会缩减对生产要素的需求。例如,汽车公司订购机器设备、雇用人员、租赁或购买厂房、订购各种生产汽车必需的原材料和零部件,生产出各种型号的汽车出售给消费者。正是消费者对汽车的需求才派生出了厂商对各种要素的需求。生产要素派生需求的特点决定了我们在研究生产要素价格时,除了要考虑生产要素本身的性质,还要将其与产品市场结合起来。这样,产品市场按其受控制的程度划分为完全竞争、垄断竞争、寡头垄断和完全垄断市场四种类型,同样,要素市场也可以划分为这四种类型,两两组合会形成 16 种不同的情形。为了简化分析,在本章后面的分析中将产品市场和要素市场各简化为两种类型,即完全竞争和不完全竞争。

所谓联合需求是指任何一种生产过程都需要两种以上的生产要素才能进行,单一生产要素无法生产出任何产品和劳务。例如,即使像理发这种简单的生产活动,也需要有理发师、适当的理发工具以及进行理发的场所等三种生产要素,缺乏其中任何一种要素都会使生产过程中断。在一定的技术范围内,生产某种产品可以使用劳动要素多一些而资本要素少一些的方式进行,也可以使用资本要素多一些而劳动要素少一些的形式,具体采取何种组合方式,则主要取决于几种要素的相对成本的高低。这说明由于生产要素联合需求的特点,使得厂商必须权衡使用哪种要素组合能够带来较高的利润。

二、厂商对生产要素需求的决策

厂商对于生产要素需求的决策同样服从利润最大化原则,厂商在决定是否增加 1 单位某种生产要素的使用量时,要考虑增加这 1 单位要素所带来的收益与会增加的成本间的关系,当增加要素投入带来的收益大于所增加的成本时,厂商就会增加要素的使用量,反之,厂商就会减少要素投入。

这里以劳动要素投入为例来说明。从厂商使用生产要素的收益来看,增加1劳动要素投入所带来的产量的变化量为劳动的边际产量(MP_L),而产量变化1单位所带来的收益的变化量为边际收益(MR),因此,厂商增加1单位劳动所带来的收益的变化量就等于劳动的边际产量和边际收益的乘积,即 $MP_L \cdot MR$。一般将生产要素变化1单位所带来的收益的变化量定义为要素的边际收益产品(marginal revenue product,MRP),按美国经济学家克拉克的提法,也称为要素的边际生产力。因此,劳动的边际收益产品为:

$$MRP_L = MP_L \cdot MR$$

同样,可以定义资本的边际收益产品为:

$$MRP_K = MP_K \cdot MR$$

对于任意生产要素来说,边际收益产品就是:$MRP = MP \cdot MR$。

由于某要素的边际产量随着该要素投入量的增加而递减,边际收益在完全竞争的产品市场上不变,在不完全竞争的产品市场上随产量的增加也呈递减趋势,因此,边际收益产品随着要素投入量的增加呈递减变化,如图 11.1 所示。

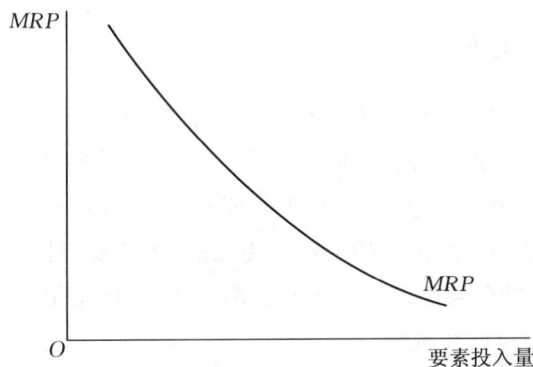

图 11.1 要素的边际收益产品曲线

另一方面,厂商增加要素投入需要向要素所有者支付报酬,在增加劳动的情形下就是要增加工资支出。同样,厂商增加1单位劳动投入带来的产量的变化量为劳动的边际产量,而产量变化1单位所带来的成本的变化量为边际成本,因此,劳动投入1单位的变化会引起成本变化 $MP_L \cdot MC$ 单位。一般将厂商增加1单位要素投入而增加的成本称为边际要素成本(marginal factor cost,MFC)。那么,劳动的边际要素成本就是:

$$MFC_L = MP_L \cdot MC$$

同理,可以定义资本的边际要素成本为:

$$MFC_K = MP_K \cdot MC$$

对于任意生产要素来说,边际要素成本就是:$MFC = MP \cdot MC$。

根据利润最大化原则,厂商决定最优的要素投入量就是权衡边际收益产品和边际要素成本的关系,当边际收益产品大于边际要素成本时,厂商应当增加要素投入,反之则应当减少要素投入。只有在两者相等的情况下,要素投入才会达到最优,即:

$$MRP = MFC$$

将两者的定义式代入,可得:

$$MP \cdot MR = MP \cdot MC$$

化简,得 $MR = MC$。

这与前面得出的当边际收益等于边际成本时厂商利润最大的结论是一致的。这一结果既说明了在前面章节分析产品市场的方法同样能够适用于要素市场,也说明了两个市场之间的密切联系,产品市场价格的变化会影响到要素市场,同样要素市场供求关系的变化也会影响到产品市场。

三、生产要素的供给

生产要素供给取决于要素所有者面对一定的要素价格愿意且能够向市场提供的要素数量问题。由于各种不同的生产要素具有不同的特点,详细的要素供给决策在第二节和第三节分析,这里只从一般理论的角度进行一些探讨。

生产要素供给与产品供给的决定是类似的,生产要素供给量与要素价格呈同方向变动关系,即随着生产要素价格提高,要素的供给量增加,要素供给曲线向右上方倾斜,如图 11.2 所示。

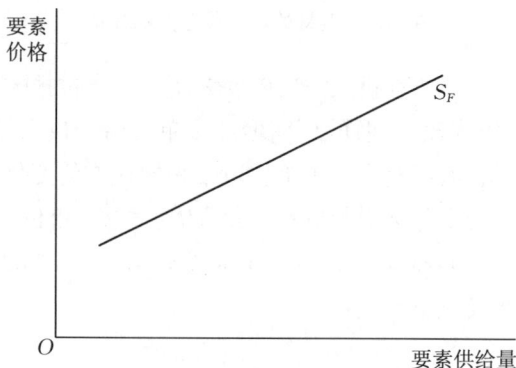

图 11.2　生产要素的供给曲线

　　从厂商的角度来考察要素供给,可以看到,生产要素的供给曲线就是要素的平均成本曲线(average factor cost,AFC),是厂商投入一定生产要素的平均要素成本。当生产要素市场是完全竞争的情况下,生产要素的价格是既定的,即厂商增加要素需求不会引起要素价格变化,这时平均要素成本曲线与边际要素成本曲线是重合的,如图 11.3 所示。

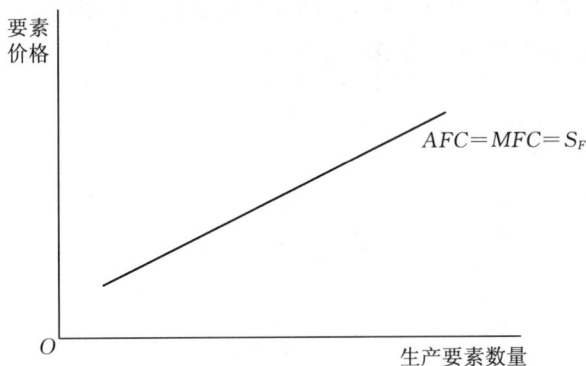

图 11.3　完全竞争要素市场中 *AFC* 曲线和 *MFC* 曲线

　　当生产要素市场为不完全竞争市场的情况下,厂商要想增加要素的使用量,必须支付更高的价格,这样势必抬高在此之前所有生产要素的价格,从而边际要素成本上升的速度更快,*MFC* 和 *AFC* 两条曲线是分离的,且 *MFC* 曲线位于 *AFC* 曲线的上方,如图 11.4 所示。

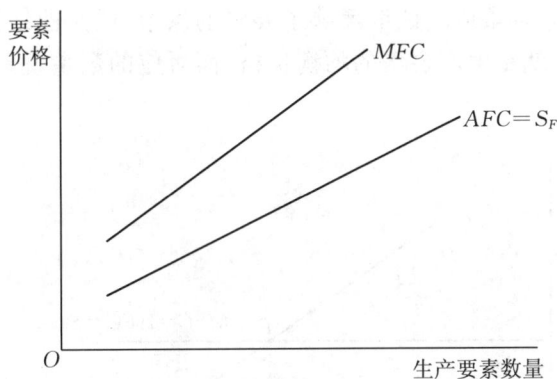

图 11.4　不完全竞争要素市场中 *AFC* 曲线和 *MFC* 曲线

四、不同市场结构下生产要素价格的决定

　　产品市场可以划分为完全竞争市场和不完全竞争市场(包括垄断竞争、寡头

垄断和完全垄断市场),而要素市场也可以划分为这两种类型。这样,两两组合可以形成 4 种形式,下面依次分析。

1. 产品市场和要素市场均为完全竞争市场

当产品市场为完全竞争市场时,单个厂商面对的市场价格是既定的,是价格的接受者,这时边际收益等于价格。一般定义要素的边际产量和价格乘积为边际产品价值,即 $VMP = MP \cdot P$。这样,完全竞争的产品市场中边际收益产品曲线与边际产品价值曲线重合,如图 11.5 所示。

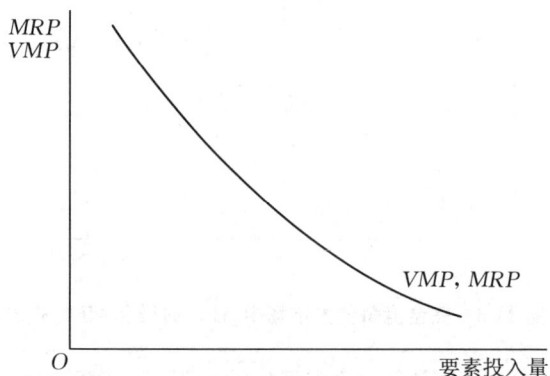

图 11.5 完全竞争产品市场中 *WMP* 曲线与 *MRP* 曲线

如图 11.6 所示,产品市场完全竞争时,要素的边际收益产品曲线、边际产品价值曲线反映了厂商对于生产要素的需求。要素市场完全竞争时,边际要素成本曲线、平均要素成本曲线反映了要素的供给,两条曲线相交于 E 点,E 点所对应的价格就是生产要素的均衡价格,而对应的数量就是均衡的生产要素使用量。

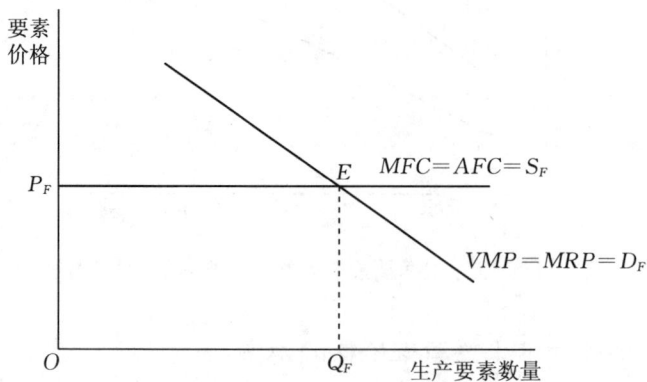

图 11.6 产品市场和要素市场均为完全竞争市场时要素价格的决定

2. 产品市场和要素市场均为不完全竞争市场

当产品市场为不完全竞争市场时,随着产量的增加,边际收益是递减的,这时边际收益产品曲线位于边际产品价值曲线下方,如图 11.7 所示。

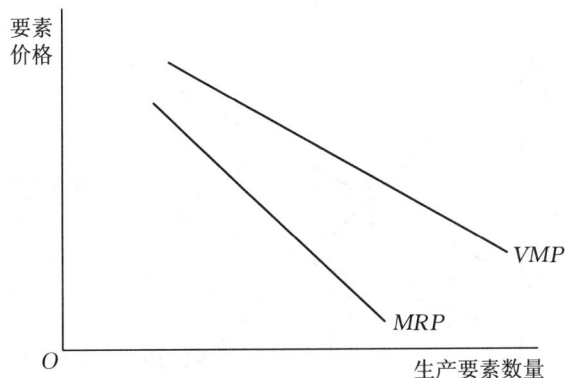

图 11.7　不完全竞争产品市场中 *WMP* 曲线与 *MRP* 曲线

当产品市场和要素均为不完全竞争市场时,边际要素成本曲线与边际收益产品曲线的交点决定了均衡的要素使用量,而在均衡要素使用量水平上,根据平均要素成本曲线即要素供给曲线决定了均衡的要素价格。如图 11.8 所示,MFC 与 MRP 相交于 F 点,F 点对应的要素量就是均衡的要素使用量 Q_F,在 Q_F 要素量对应的 AFC 曲线上,决定了均衡要素价格为 P_F。

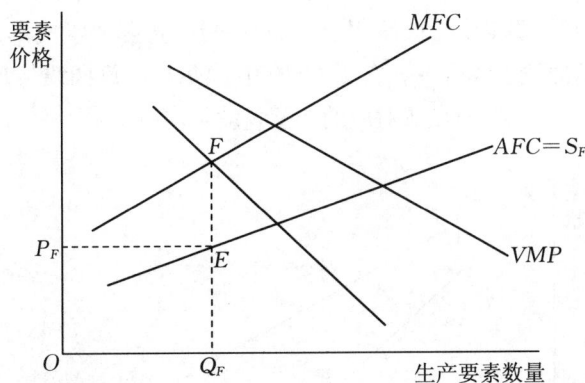

图 11.8　产品市场和要素市场均为不完全竞争市场时要素价格的决定

3. 产品市场完全竞争和要素市场不完全竞争

产品市场为完全竞争市场时,边际产品价值曲线与边际收益产品曲线重合,反映了在一定生产要素价格水平下厂商愿意且能够购买的生产要素数量,即

VMP、MRP 和要素需求曲线三线合一。而要素市场不完全竞争时,边际要素成本曲线与平均要素成本曲线(要素供给曲线)是分离的。如图 11.9 所示,$VMP=MRP=D$ 曲线与 MFC 相交于 F 点,那么,F 点对应的要素量就是均衡的要素使用量 Q_F,在 Q_F 要素量对应的 AFC 曲线上,决定了均衡要素价格为 P_F。

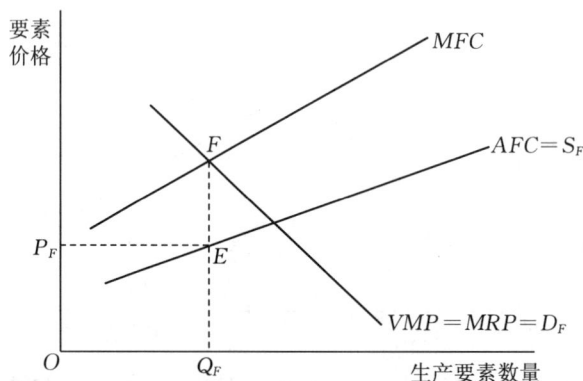

图 11.9　产品市场完全竞争和要素市场不完全竞争时要素价格的决定

4. 产品市场不完全竞争和要素市场完全竞争

从上述第二种情况可知,当产品市场为不完全竞争市场时,边际产品价值曲线与边际收益产品曲线是分离的,边际收益产品曲线代表了在一定生产价格水平下的要素需求量,由于边际收益和边际产量都随着要素投入量的增加而递减,边际收益产品曲线递减更为迅速,因此,MRP 曲线位于 VMP 曲线的下方。在这种情形下,单个厂商面对的要素供给曲线仍是一条水平线,边际要素成本、平均要素成本曲线与要素供给曲线三线合一。在图 11.10 中,$MRP=D$ 曲线与 $MFC=AFC=S_F$ 曲线相交于 E 点,则 E 点所对应的要素量就是均衡的要素使用量。

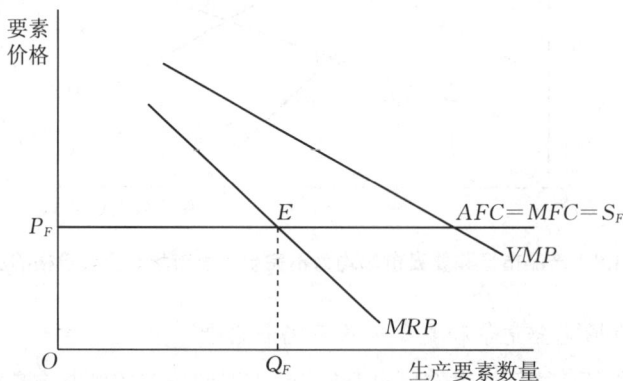

图 11.10　产品市场不完全竞争和要素市场完全竞争时要素价格的决定

第二节　劳动力价格的决定

一、厂商对劳动的需求

从上一节的分析中可知,在产品市场为完全竞争市场时,边际产品价值曲线就是厂商的要素需求曲线。如果我们将每一个要素价格水平下,所有厂商对要素的需求量水平加总起来就可以得到该要素的总的需求量,由此形成整个要素市场的需求曲线。这个一般性结论同样适用于劳动力市场。由于单个厂商的劳动力需求曲线是向右下方倾斜的,整个劳动需求曲线同样向右下方倾斜,反映了随着工资水平(劳动力价格)下降,厂商对劳动的需求量增加。

厂商对劳动的需求通常受以下几个因素的影响:

(1) 给定生产技术水平条件下,劳动与其他生产要素之间的配合状况。在生产理论一章中,我们对技术进行了说明,劳动与其他要素之间的配合关系反映在生产函数中。假如只有劳动和资本两种要素的情形下,这种配合状况就体现在二者之间的替代性的大小上。当资本对劳动的替代性较强时,资本价格提高,厂商会较大幅度地增加对劳动的需求,反之,替代性较弱时,资本价格水平提高不会使劳动的需求增加多少。例如,固定比例生产函数下,资本和劳动间完全不可替代,那么资本价格变化就不会影响对劳动需求。在线性生产函数下,资本和劳动间完全可以替代,那么,资本价格稍有提高就会使厂商完全使用劳动。在柯布—道格拉斯生产函数下,资本与劳动间存在不完全的替代性,资本价格变化对劳动需求的影响就取决于二者的替代程度的高低。

(2) 劳动边际产量变化的特点。劳动边际产量的变化与技术进步存在着密切的关系。当出现劳动节约型技术时,会使劳动的边际产量下降,从而厂商减少对劳动的需求。反之,当出现资本节约型技术时,会使劳动的边际产量提高,厂商会增加对劳动的需求。

(3) 劳动产品的需求特点。劳动产品的价格变化对劳动的需求会产生双重影响,一方面,当产品价格提高后,厂商的利润水平提高,会增加产品的供给,从而带来劳动需求增加;另一方面,产品价格提高后,消费者对产品的需求减少,会减少产品市场均衡产销量,从而减少对劳动的需求。最终,两种效应的净效应如何取决于劳动产品的需求价格弹性和供给价格弹性。当产品的需求价格弹性较大时,对劳动的需求会减少。当产品的供给价格弹性较大时,对劳动的需求会增加。

二、劳动供给的特性

劳动供给与其他生产要素供给间存在一个重要的差别,即劳动是一种最重要的生产要素,同时也是消费者收入的最大来源。消费者行为理论中研究了在收入水平给定的条件下,消费者如何在不同产品和劳务中分配自己的收入以寻求效用最大化。当我们考察了劳动力市场后,认识到消费者的收入是一个变动的量,受其劳动供给量和工资水平的影响,即一方面取决于消费者向要素市场提供的劳动数量,另一方面取决于单位劳动时间的工资率。

消费者对劳动供给的决策是要考虑自己的时间如何有效地分配。消费者的时间可以分为两部分:一部分时间用于劳动,通过从事生产活动获取收入,同时,劳动需要耗费体力和脑力,给消费者带来负效用。另一部分时间用于闲暇,用于恢复体力、娱乐、消费或从事其他个人感兴趣的活动。由于消费者每天的时间是固定的,当用于劳动的时间增加时,闲暇时间就会减少,反之,闲暇时间就会增加。消费者关于劳动供给的决策实际上就是要解决如何安排劳动时间和闲暇时间的问题。下面我们利用在消费者行为理论中运用的无差异曲线分析法分析消费者劳动和闲暇决策问题。

在图 11.11 中,横轴表示消费者用于闲暇的时间,用 J 表示,纵轴表示消费者劳动获得的收入,等于单位时间工资率(用 W 表示)乘以劳动时间(用 L 表示)。由于更多的收入和更多的闲暇是消费者更偏好的,即能给消费者带来更高的效用,因此,消费者关于收入和闲暇的无差异曲线向右下方倾斜凸向原点。因为消费者一天时间最长为 24 小时,从而可以得出如下的预算线:

$$\frac{I}{W} + J = 24$$

加以变形,可得:

$$I = 24W - W \cdot J$$

这样,预算线纵截距为 24 W,表明若消费者一天 24 小时全部用于劳动,可以获得的收入总额为 24 W。横截距为 24,表明如果消费者不劳动,所有时间全部用于闲暇最大量为 24 小时。该预算线的斜率为 $-W$,反映了当工资水平提高,预算线将变得更为陡直,消费者的预算可行集变大,而工资水平降低时,预算线则变得更为平坦,预算可行集变小。

在图 11.11 中,当消费者对收入和闲暇的偏好给定时,预算线与无差异曲线的切点 E 对应的时间就是均衡的闲暇时间量 J^*,对应的收入水平就是均衡的收入量 I^*。均衡的劳动供给量 L^*(劳动时间)可以由 24-J^* 计算得出,也可用均衡收入量除以工资率得出，即 $\dfrac{I^*}{W}$。

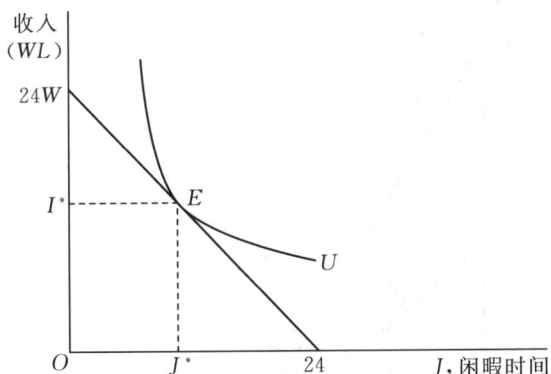

图 11.11　消费者劳动和闲暇时间的最优决策

　　下面我们分析当劳动力的价格（工资率）变化后对消费者均衡的影响。工资率变动与某种商品价格变动产生的效应相似，也存在替代效应和收入效应。当工资率提高后，意味着闲暇的代价（可理解为闲暇的价格）增加了，消费者会增加劳动以替代相对代价提高的闲暇，从而减少闲暇时间。这表明，工资率变动的替代效应倾向于增加劳动供给，减少闲暇。工资率变动的收入效应是指，当工资率提高后，消费者的收入增加，消费者更有能力享受更多的闲暇，或者说达到原来同样的收入水平消费者只需要更少的劳动，从而增加了闲暇时间。

　　总结上述分析可见，工资率变动的替代效应和收入效应的作用是相反的，前者倾向于增加劳动供给，而后者则倾向于减少劳动供给，总效应如何取决于二者的相对大小关系。一般而言，在工资率较低的情况下，替代效应大于收入效应，劳动供给增加。在工资率较高的情况下，收入效应大于替代效应，劳动供给减少。对于这一结论，我们运用图 11.12 和图 11.13 进行说明。

　　在图 11.12 中，当工资率从 W_1 提高到 W_2，预算线从 A_1B_1 旋转到 A_2B_1，消费者均衡点从 E_1 变化到 E_2，均衡的闲暇时间从 J_1 减少到 J_2，劳动供给量增加了 J_1-J_2，这时工资率变化的总效应。我们可以将总效应进行分解，作一条与变化后的预算线平行的辅助预算线 $A_2'B_1'$，它与原来的无差异曲线 U_1 相切于 E_3 点。那么，均衡点从 E_1 到 E_3 的变化反映了工资率变动的替代效应，闲暇时间从 J_1 减少到 J_3，减少量为 J_1-J_3，这也是劳动供给的增加量。均衡点从 E_3 到 E_2 的变化反映了工资率变动的收入效应，闲暇时间从 J_3 增加到 J_1，增加量为 J_2-J_3，这也是劳动供给的减少量。由图 11.12 可见，替代效应大于收入效应,劳动供给是增加的。

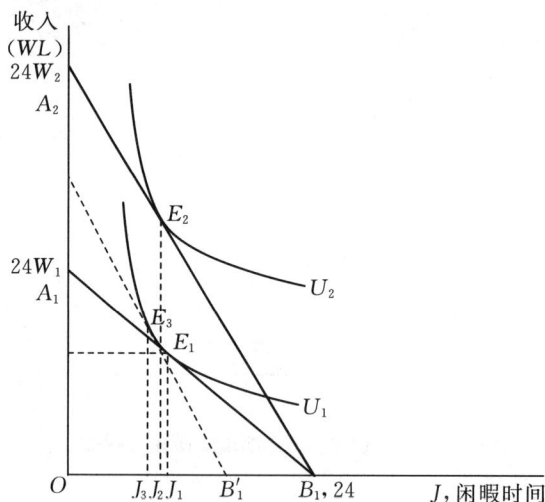

图 11.12 工资率变动的替代和收入效应:工资率较低情形下

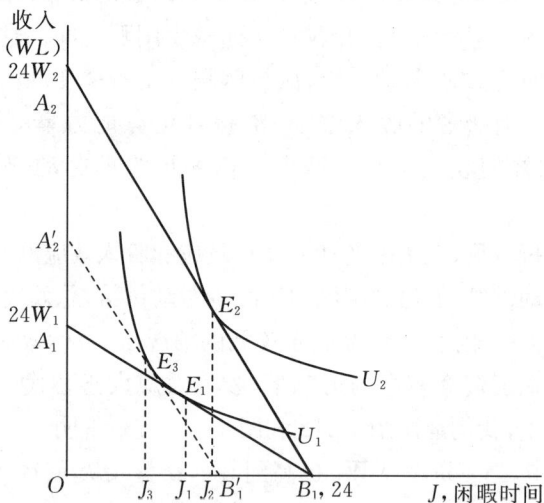

图 11.13 工资率变动的替代和收入效应:工资率较高情形下

同理,在图 11.13 中,当工资率从 W_1 提高到 W_2,预算线从 A_1B_1 旋转到 A_2B_1,消费者均衡点从 E_1 变化到 E_2,均衡的闲暇时间从 J_1 增加到 J_2,劳动供给量减少了 J_2-J_1,这时工资率变化的总效应。我们可以将总效应进行分解,作一条与变化后的预算线平行的辅助预算线 $A_2'B_1'$,它与原来的无差异曲线 U_1

相切于 E_3 点。那么,均衡点从 E_1 到 E_3 的变化反映了工资率变动的替代效应,闲暇时间从 J_1 减少到 J_3,减少量为 J_1-J_3,这也是劳动供给的增加量。均衡点从 E_3 到 E_2 的变化反映了工资率变动的收入效应,闲暇时间从 J_3 增加到 J_2,增加量为 J_2-J_3,这也是劳动供给的减少量。图 11.13 中反映了收入效应大于替代效应,随着工资率的提高,劳动供给反而减少了。

工资率变化产生的效应在工资率较低和较高情形下的不同关系,反映了劳动供给曲线的特殊性,即在一定的工资率水平以下,劳动供给曲线向右上方倾斜,而工资率提高到该水平以上时,劳动的供给曲线向右下方倾斜,一般称为"向后弯曲的劳动供给曲线"。在图 11.14 中,工资率低于 W_0 时,劳动供给曲线向右上方倾斜,有与一般供给曲线相似的形状。当工资率高于 W_0 时,劳动供给曲线则向右下方倾斜,随着工资率提高,劳动供给反而下降了。

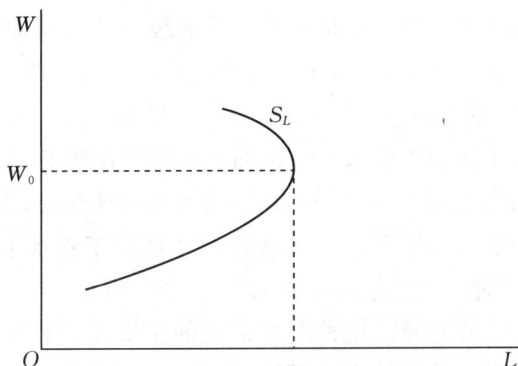

图 11.14　向后弯曲的劳动供给曲线

发达国家劳动供给变化的实证数据表明,随着工资率水平的提高,平均周工作时数出现了下降现象,一定程度上验证了向后弯曲的劳动供给曲线。不过,通常情况下,由于劳动是一个经济社会大多数人的主要收入来源,劳动供给曲线向右上方倾斜更为普遍。在后面的分析中,我们使用正斜率的劳动供给曲线。

三、均衡工资的决定和工资差别

上面分析了劳动的需求和供给,并得出劳动的需求曲线是一条向右下方倾斜的曲线,劳动的供给曲线向右上方倾斜,将两条曲线放置在同一个坐标系中就可以分析劳动力市场均衡的问题,见图 11.15。

图 11.15 中,劳动需求曲线 D_L 与劳动供给曲线 S_L 相交于 E 点,E 点对应

的工资水平 W^* 就是均衡工资,对应的劳动量 L^* 就是均衡劳动量。

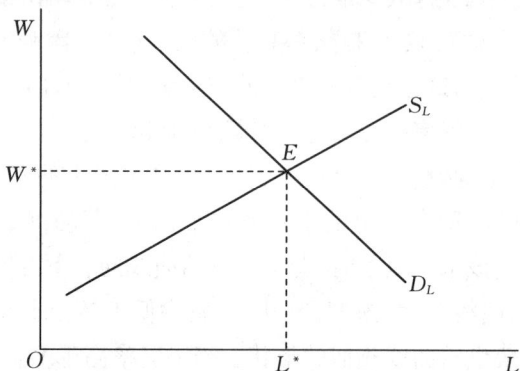

图 11.15　劳动市场均衡

　　上述分析中假定劳动力市场是一个匀质的统一的市场,这时劳动力市场的均衡工资就是唯一的。事实上,由于劳动者拥有不同的技能、健康状况、智力水平以及生活阅历,劳动力市场不可能统一的,而是存在许多分市场,每一个劳动力分市场都会形成不同的工资水平。再加上不同劳动种类的劳动强度、社会地位、心理压力等不同,政府对劳动力市场还有许多法律规章,工会对劳动力价格的制定也会产生影响,如此等等,在现实经济生活中工资水平会出现较大的差异。具体来看,主要体现在以下几个方面:

　　(1) 劳动者素质的差异。这种因素造成的工资差异称为非补偿性工资差异。主要由于劳动者接受的教育、习得的技能、生活阅历、职业经历等方面存在差异,造成劳动者的劳动效率不同,即在单位时间内提供的产品和劳务的数量和质量不同,由此工资水平出现差异,较高质量的劳动力获得较高的工资。这种差异是经济社会的必然现象,也是劳动力市场分层的结果。

　　(2) 劳动环境的差异。不同的工作岗位在安全度、舒适度、心理压力、社会地位、承担责任等方面存在较大的差异。对于社会中普遍不愿意接受的工作岗位,如果工资水平不提高到足够高的水平,就不会吸引人去从事这些工作,这类工资差异实际上是对从业者的一种补偿,称为补偿性工资差异。例如,远洋货轮上的船员在远航期间能够获得航海津贴,就是对远洋航运中承受的心理压力的补偿。再如,与其他接受过同等教育和培训的工作相比,教师工作一般工资较低,但其社会地位、工作时间、安全度方面较高,这种补偿使教师的"实际工资"并不低于其他工作。

　　(3) 劳动力市场进入壁垒。由于某些行政性规章、垄断、地域等造成劳动力无法进入某些行业或者某些地区时,限制进入行业和地区的工资水平一般要高一些。主要是因为这些限制降低了劳动力市场的竞争性,同时使这些行业和地区能够凭借其垄断地位获取较高的利润,从而抬高了工资水平。例如,许多国家的行政性垄断行业的工资水平普遍高于社会平均水平。又如,美国医务人员的工资较高,与其限制医学院的入学率有着直接关系。劳动力市场进入壁垒还体现在种族、性别和地域歧视方面,这些歧视使处于弱势的种族等的劳动者无法进入某些行业或地区,限制了劳动力市场的流动,从而高收入行业的工资水平得以维持。

第三节 资本价格和土地价格的决定

一、资本供求和均衡利率的决定

利息是厂商使用资本要素的价格,通常情况下资本的价格也可以用利息率(简称利率)来表示,即利息与资本量之比。经济学中分析的资本主要是指实物资本,其表现形态为机器、设备和厂房等。一般所说的金融资本实际上是一种媒介物,对应的是实物资本。

厂商对资本的需求同样取决于资本的边际收益产品,即增加 1 单位资本的使用量能够带来的收益的增加量。在资本成本既定的情况下,资本的边际收益产品高于资本成本时,厂商会增加资本的需求,直到资本成本等于资本边际收益产品为止。由于资本的边际产量随着资本量的增加呈递减趋势,而边际收益随着产量增加也逐渐递减,因此,资本的边际收益产品曲线是一条向右下方倾斜的曲线,反映了在一定的利息率情况下厂商对资本的需求,见图 11.16。

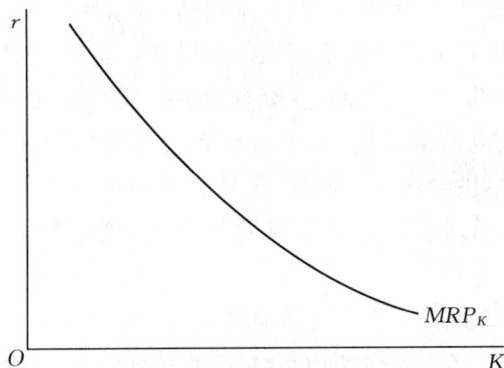

图 11.16 资本的需求曲线

厂商对资本的需求受预期收益、资本成本及风险和不确定性的影响。通常当预期收益水平较高时，资本的边际收益产品曲线向右上方平移，如图 11.17 所示，在每一利息率下，厂商对资本的需求都增加。

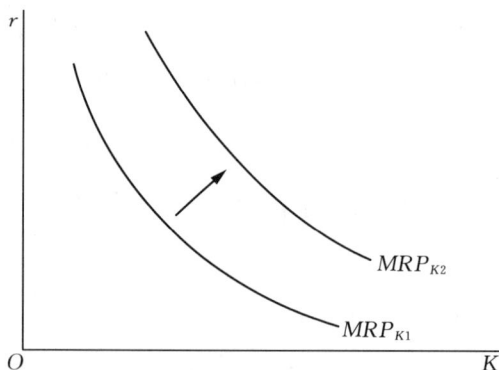

图 11.17　预期收益提高时资本需求曲线的变化

资本成本与资本需求则呈反方向变动，通常资本成本可以用利息率来表示，资本需求曲线向右下方倾斜就反映了二者之间的关系。风险和不确定性都是指未来的不可预测性，到底发生何种结果在事先是无法确定的。风险是指发生某种不利事件的可能性，当这种可能性越大时，意味着会有更大的概率遭受损失。当风险和不确定性程度较高时，厂商对资本的需求会减少，反之则会增加。

资本供给的一个来源是消费者所获得的收入中未进行现期消费的部分，一般也称为储蓄，另一个来源则是厂商所获得的利润的留存部分。一定时期内资本的供给量取决于提供资本能够获得的报酬、机会成本及风险和不确定性状况。其他条件给定的情况下，利息率越高，资本所有者越愿意向市场提供资本，反之则会减少资本的供给量。当机会成本较高时，资本所有者会选择能够获得最高收益的机会，可能会减少资本的供给量。例如，当现期消费能够给资本所有者带来较高的满足时，资本所有者会选择增加现期消费，减少储蓄量，从而降低了资本供给水平。同样，风险和不确定性也会影响资本的供给，除非能够获得更高的收益，否则当风险提高时，资本所有者会减少资本供给量。

在图 11.18 中，D_K 表示资本的需求曲线，S_K 表示资本的供给曲线，则两条曲线的交点 E 决定了资本市场的均衡，对应的利息率 r^* 为均衡利率，相应的资本量 K^* 为均衡资本量。

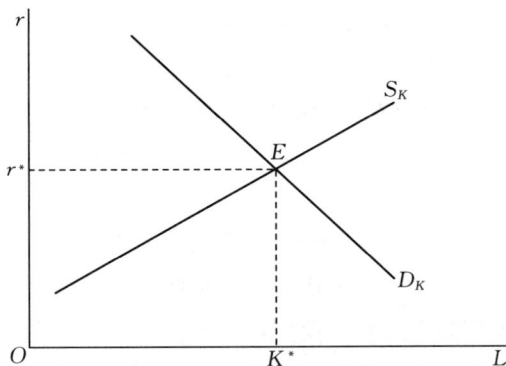

图 11.18　均衡利率的决定

通常,上述均衡利率是在资本市场匀质的情况下才能够成立,实际经济生活中往往由于时间期限、风险状况、资金用途存在较大的差异,利息率不尽相同。

二、土地供求和均衡地租的决定

前面已经指出,经济学中所称的土地是一个广义的概念,实质上是指所有非人造的自然资源的总和,包括地表、地表以下及地表以下的三维空间。地租是指在一定期限内使用土地的价格,它构成了土地所有者所获得的报酬。

与其他生产要素类似,土地的需求同样取决于其边际收益产品。根据边际收益递减规律,对土地的需求曲线也是一条向右下方倾斜的曲线,即随着地租水平降低,人们对土地的需求会增加。

土地的供给存在着一定的特殊性,如果从地球表面积或人类总生存空间的角度来看,土地存量是固定的,不会随着地租水平的变化而变化,因此,土地的供给曲线是一条垂直线。如图 11.19 所示,土地的总供给是一个定量,为 $\overline{Q}$,当对

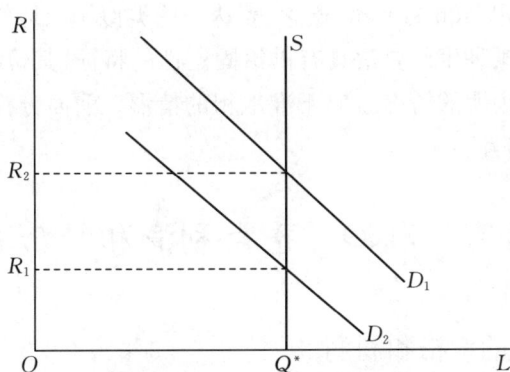

图 11.19　土地总供给和地租的决定

土地的需求曲线为 D_1 时,均衡地租水平为 R_1。如果对土地的需求增加,需求曲线移动到 D_2,则均衡地租会同步提高到 R_2。需求水平增加全部反映到地租增加上来。人们一般认为随着人口的增加,对土地的需求是持续上升的,因此,从长期来看,地租水平会逐步提高,土地有长期增值的趋势。其基本依据就在于土地总供给的固定性。

如果从某种用途的土地利用来看,该类土地的供给并不是固定的,其供给曲线同样向右上方倾斜。例如,住宅用地的供给曲线就是如此,当住宅用地的地租水平提高时,其他类型的土地会转换用途进入住宅用地市场,从而增加住宅用地供给。这时,土地的供给和需求同时对地租产生影响。如图 11.20 所示。当对某类土地的需求增加时,需求曲线从 D_1 移动到 D_2 时,均衡地租水平从 R_1 提高到 R_2,同时,均衡的土地量从 Q_1 增加到 Q_2。

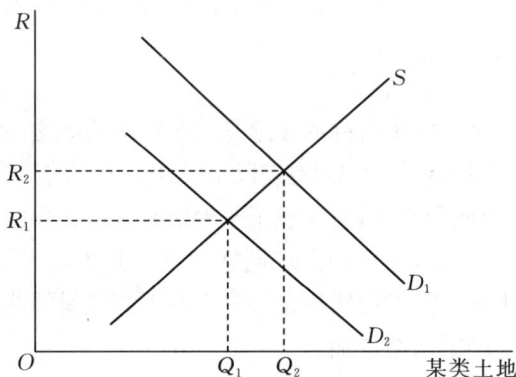

图 11.20　某类土地供给和地租的决定

目前,在经济学中对"租"、"租金"概念应用越来越广泛,结合地租概念,经济学家提出的"准地租"(quasi-rent)概念,表达一些类似于土地的生产要素价格的决定问题,即如果某种生产要素具有供给固定性的特征,其价格就是一种"准地租"。本章题记中说明的情况就属于准地租的情形。前面分析的短期情况下的资本也有类似的特性。

第四节　利润、正常利润和经济利润

一、企业家才能的价格和利润

在日常生活中,人们接触到的利润概念往往是会计意义上的,在微观经济学中利润是指经济利润（economic profit），与会计利润（accounting profit）有着显著的差异。前面已经指出会计利润是指厂商的总收益减去所有的显性成本或者会计成本以后的余额，显性成本是指厂商为获得生产所需要的各种生产要素而发生的实际支出，主要包括支付给员工的工资，生产中购买的各种原材料、零部件和燃料等。在经济分析中提到利润时，是指厂商获得的所有收益中扣除土地、劳动力、资本等所有生产要素的全部机会成本之后的剩余。机会成本是指厂商生产某种产品或提供某种服务时，所放弃掉的其他可以获得的最大收益的产品或服务的代价。在会计利润的计算中没有考虑隐性成本，也就是厂商使用的早已占有的并非购买亦非租用的要素进行生产而导致的机会成本，在会计记录中体现不出来，但经济分析中必须考虑这部分成本。除了经济利润，经济学中讲到利润时，还有一种称为正常利润（normal profit），它是企业家才能这种生产要素的报酬，微观经济学中正常利润被归入经济成本（隐性成本）之中。

归纳一下，可以得到如下几个等式，由此也可以清楚地看到几个概念的关系：

$$会计成本 = 显性成本$$
$$经济成本 = 显性成本 + 隐性成本$$
$$= 会计成本 + 隐性成本$$
$$= 会计成本 + 正常利润$$
$$会计利润 = 总收益 - 显性成本$$
$$= 经济利润 + 正常利润$$
$$= 经济利润 + 隐性成本$$
$$经济利润 = 总收益 - 经济成本$$
$$= 总收益 - (显性成本 + 隐性成本)$$
$$= 总收益 - (会计成本 + 隐性成本)$$
$$= 总收益 - (会计成本 + 正常利润)$$

因此，在会计核算中经常会对利润高估，虽然厂商没有直接支付使用自有资源的代价，但在经济分析中则必须考虑这项成本。

正常利润的决定类似于工资决定，它是由企业家才能这种生产要素的供给和需求决定的。前面生产理论中指出企业家才能是指企业家在一个厂商中发现市场机会，并安排生产要素进行生产以获利的才能。由于企业对于企业家才能这种要素的需求水平较高，而这种特殊才能的供给缺乏弹性，因此，其价格或正常利润水平高于一般工资水平。

二、经济利润产生的源泉

一般来说,产生经济利润的原因主要有三个方面:其一是风险。风险是指某种事件尤其是不利事件发生的可能性,当该事件发生的可能性越大,则风险越大。由于大多数人倾向于回避风险,在预期收益给定的情况下,人们比较愿意接受较为稳定的收益。在企业经营管理活动中,决策效果是充满风险的,因此为了促进人们愿意承担一定的风险,必须有一定的经济利润对之进行补偿。其二是创新。创新是指厂商提供新产品、引入新的生产方法和新工艺、采用新原料、开辟新市场、建立新的销售方式和组织等等,由此获得了经济利润。事实上正是人们追逐经济利润,才使得新产品等创新层出不穷,整个经济向前发展。其三是垄断或者不完全竞争。即一个市场上少数几家厂商独占了某种产品的生产和销售,这时垄断者就可以通过限制产量,提高价格,获得经济利润。此外,垄断者通过一定的手段限制新的进入者进入本行业以维持垄断地位,从而阻止经济利润流出本行业,或者阻止其他厂商进入本行业分享经济利润。

习题十一

1. 如果投入生产要素 X_1 和 X_2 生产 A 产品,那么生产要素 X_1 的边际产品就是(   )。

A. 投入 1 单位 X_1,同时按比例增加投入 X_2,这时 A 产出的增加量

B. 投入 X_2 保持不变,再生产 1 单位 A 所需的 X_1 的数量

C. 投入 X_2 保持不变,再增加 1 单位 X_1 所增加的 A 的数量

D. 投入 X_1 保持不变,再生产 1 单位 A 所需的 X_2 的数量

2. 用于生产 A 产品的投入 X_1 的边际收益产品为(   )。

A. X_1 的边际产品乘以 X_1 的价格

B. X_1 的边际产品乘以 A 的边际收益

C. X_1 的边际产品乘以 X_1 的边际收益

D. A 的边际产品乘以 A 的边际收益

3. 一个厂商使用投入 X 和 Y 生产,那么该厂商最优投入要素决定要满足(   )。

A. $\dfrac{MP_X}{P_X} = \dfrac{MP_Y}{P_Y}$　　　　　　　　B. $MP_X \cdot P_X = MP_Y \cdot P_Y$

C. $\dfrac{MU_X}{P_X} = \dfrac{MU_Y}{P_Y}$　　　　　　　　D. $MRP_X = MRP_Y$

4. 一个经济中对劳动力的市场需求曲线为（　　　）。

A. 单个厂商边际产品曲线的垂直加总

B. 单个企业边际收益产品曲线的水平加总

C. 单个企业边际成本曲线的水平加总

D. 边际收益曲线

5. 在完全竞争的要素市场上，某要素的边际收益产品曲线与（　　　）重合。

A. 边际产品价值曲线　　　　　　　B. 边际收益曲线

C. 边际成本曲线　　　　　　　　　D. 需求曲线

6. 生产要素需求曲线之所以向右下方倾斜，是因为（　　　）。

A. 要素的边际收益产品递减

B. 要素生产的产品的边际效用递减

C. 要素参加生产的规模报酬递减

D. 要素的边际收益下降

7. 工资率上升的替代效应是指（　　　）。

A. 工作同样长的时间可以得到更多的收入

B. 工作较短的时间也可以获得相同的收入

C. 工人宁愿工作更长的时间，用收入带来的效用替代闲暇的效用

D. 工人宁愿工作较短的时间，用闲暇带来的效用替代收入的效用

8. 正常利润是（　　　）。

A. 经济利润的一部分　　　　　　　B. 经济成本的一部分

C. 隐含成本的一部分　　　　　　　D. B 和 C 都对

9. 有人认为，由于工资差异较大，应当采取再分配的办法使人们的收入较为平均。根据工资差异产生的原因，你认为这种做法的潜在后果是什么？为什么？

10. 为什么说生产要素的需求是一种派生需求？生产要素市场与产品市场有什么关系？

▌第十二章▐
一般均衡和福利经济学

实事求是、客观,甚至是冷酷地面对社会中的各色人等,似乎这是经济学家的专利,这群人常常以"不讲道德"自居,冷酷地将经济学原理运用于婚姻、生育、亲情等领域。且慢,这只不过是经济学家的外表,内心中经济学家追求的是社会整体福利的最大化。

——题记

学 习 目 标

通过本章的学习,你应当能够:

1. 掌握一般均衡的基本含义;
2. 掌握交换、生产以及生产和交换达到一般均衡的基本条件;
3. 掌握帕累托最优的基本含义;
4. 了解完全竞争市场为什么符合帕累托最优的基本条件。

到目前为止,我们运用的基本方法就是孤立地考察单个产品市场或要素市场,假定某种产品、劳务及生产要素的需求函数和供给函数是关于价格的函数,在市场供给和需求的交互作用中假定其他产品和劳务的价格是给定的。不过,通常情况下,其他产品和劳务的价格与我们研究的某种产品和劳务之间存在着密切的联系。一方面,某种产品和劳务的替代品和互补品会影响该商品的需求,另一方面,各种产品和劳务都通过生产要素市场联结起来,尤其是影响到劳动力市场的需求,进而引起人们收入的变化。本章分为两个相互联系的部分,其一研究一般均衡理论,分析当所有市场同时达到均衡时的价格决定问题;其二研究竞争均衡的福利效果,即福利经济学的基本问题。

第一节 一般均衡理论

一、一般均衡的含义和存在性

本书第一章中曾简单介绍了局部均衡和一般均衡的含义,在日常分析中我们运用局部均衡分析方法可以理解大多数市场行为,虽然粗略一些,但对我们预测消费者、生产者的市场行为有很强的指导意义。不过,这种简化毕竟存在着一定的局限性,有时可能会忽略掉对市场行为至关重要的相互联系,这样就需要从产品和劳务之间的相互作用入手分析市场的一般均衡问题。一般均衡强调了市场之间的相互联系,研究所有市场达到均衡时的价格和数量。当一般均衡存在时,意味着存在一组价格,能够使得所有的市场都处于均衡状态,需求等于供给,所有市场处于出清(market clear)状态。在这一组价格下,每个消费者向市场提供自己拥有的生产要素,并在各自的预算约束下购买产品和劳动以寻求自身效用最大化,而每个厂商则在给定价格下决定每种产品和劳务的产量,并决定对不同生产要素的需求,以寻求自身利润最大化。这时,市场处于一般均衡状态,这组价格称为一般均衡价格。

研究一般均衡状态的存在性问题有着重要的理论和实践意义。从实际经济生活来看,消费者和生产者都是独立决策,每个消费者寻求效用最大化,而每个生产者寻求利润最大化,这样,每个人追求自己的利益最大化会不会引起社会的冲突?社会分散化的决策能否趋近于资源配置的最优?最终达到一种富有效率的稳定状态呢?从经济学理论的发展过程来看,亚当·斯密关于"看不见的手"的原理实际上是对一般均衡状态的直觉式说明。

现代一般均衡理论的创始人是里昂·瓦尔拉斯(Leon Walras)。瓦尔拉斯运用严格的数学方法对市场达到一般均衡进行了描述,提出了一般均衡存在性、唯一性和收敛性等问题。20世纪30年代,英国经济学家希克斯(J.Hicks)对瓦尔拉斯的理论进行了重新梳理,使一般均衡理论的各种命题更为具体化,其后在经济学中得到广泛应用。此后的许多经济学家致力于寻求市场经济在何种条件下会实现一般均衡。20世纪50年代末,美国经济学家阿罗(K.Arrow)和德布鲁(Debreu)运用数学方法严格证明了一般均衡的存在性条件。

二、交换的一般均衡

下面我们首先分析一个"纯交换"的理论模型,市场中只有拥有一定产品和劳务的消费者,消费者为了达到满足程度最大化而进行产品交换。在劳动分工的情况下,交换能够改善消费资源的配置,使交换方的满足水平(或称效用)同时得到提高。例如,消费者都喜欢多样化消费,既喜欢吃大米,也喜欢吃肉,这样假如 A 消费者拥有大米,而没有肉,B 消费者拥有肉,而没有大米,通过交换可以使两个消费者都能消费大米和肉,比单纯消费一种产品满足程度更高。因此,在纯交换的情形下,交换不能带来产品总量增加,但能够改善每个消费者的效用水平。交换的另一方面利益来自于可以促进劳动分工和专业化,即每个人专业化于生产少数几种产品,从而提高劳动生产率,使整个社会的产品总量增加。

为了直观表达分析过程,通常使用埃奇沃斯盒形图(Edgeworth box)分析一般均衡问题,这一分析方法是用英国经济学家埃奇沃斯(Edgeworth)命名的。假如只有两个消费者 A 和 B,两种产品 X 和 Y,A 消费者的禀赋为 (X_A,Y_A),B 消费者的禀赋为 (X_B,Y_B),那么这个社会 X 产品的总量就是 $X=X_A+X_B$,Y 产品的总量就是 $Y=Y_A+Y_B$。如图 12.1 所示,横轴表示 X 产品的禀赋总量,纵轴表示 Y 产品的禀赋总量,O_A 和 O_B 分别表示消费者 A 和 B 的原点,A 消费者的消费组合从 O_A 方向度量,B 消费者的消费组合从 O_B 度量,图中的 W 点就是社会的初始禀赋点。该盒形图(包括边界)中的任意一点都是可行分配,即 A 和 B 可以选择的消费组合。图中同时绘出了表达两个消费者偏好的几条代表性无差异曲线,各消费者的无差异曲线向各自的原点凸出,这些无差异曲线的性质与前面消费者行为理论分析的相同。

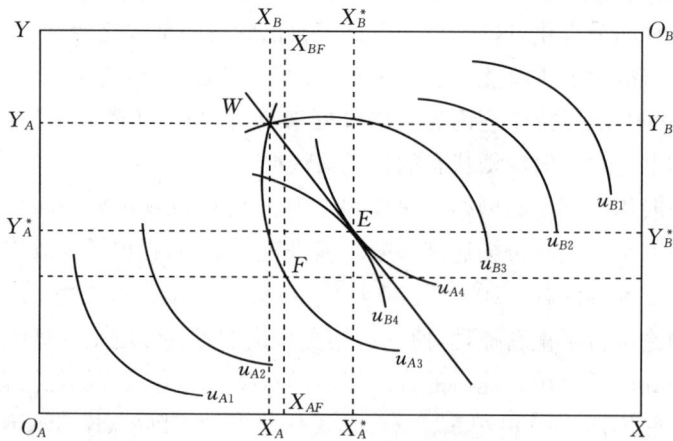

图 12.1 埃奇沃斯盒形图

从图 12.1 中可见,W 点位于 A 消费者的无差异曲线 u_{A3} 和 B 消费者的无差异曲线 u_{B3} 的交点。该点不是使 A 和 B 满足最大的消费组合点,这是因为,如果沿着 u_{A3} 线移动,比如移动到 F 点,A 消费者用 Y_A-Y_{AF} 数量的 Y 产品交换 B

消费者的 $X_B - X_{BF}$ 单位的 X 产品，A 消费者的效用水平没有变化，但 B 消费者移到了效用水平更高的无差异曲线上，这意味着交换还能带来效用水平的提高。同样，如果沿着 u_{B3} 线移动，也能在不减少 B 消费者效用水平的情况下提高 A 消费者的满足程度。

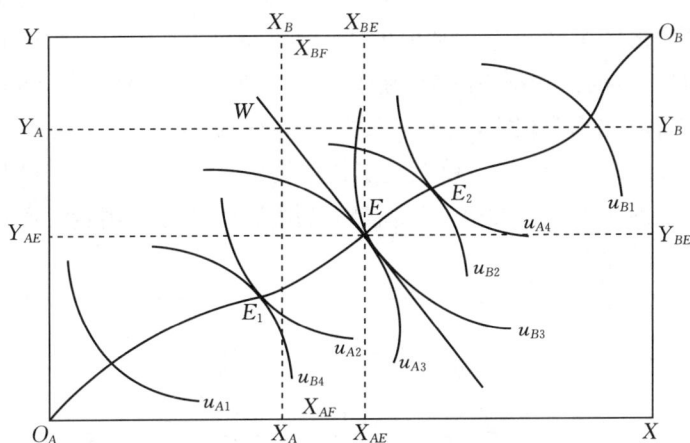

图 12.2　交换的一般均衡

由图 12.2 所示，如果 A 沿着无差异曲线从 W 点向 E_1 点移动，用 Y 向 B 交换 X 产品，可以在不减少 B 的效用的情况下使自己的效用最大化。同样，如果 B 沿着无差异曲线从 W 点向 E_2 点移动，用 X 向 A 交换 Y 产品，也可以在不减少 A 的效用的情况下使自己的效用最大化。这两种情形下，A 和 B 的无差异曲线相切，两个消费者对 X 和 Y 产品的边际替代率相等，即 $MRS_{XY}^A = MRS_{XY}^B$。交换最终在 E_1 点还是 E_2 点进行取决于 A 和 B 的相对讨价还价能力，如果 A 的讨价还价能力较强，均衡点接近 E_2 点；反之，若 B 的讨价还价能力较强，均衡点接近 E_1 点。实际交换中均衡点可能位于 E_1 和 E_2 点之间的任意一点，这时，A 和 B 的效用水平都有所增加，而且都满足两个消费者的无差异曲线相切，即边际替代率相等的条件。因此，纯交换情形下，消费者均衡的条件是两者的边际替代率相等。

进一步，当我们把像 E、E_1、E_2 等两个消费者无差异曲线的切点连接起来时，形成一条从 O_A 点到 O_B 点的曲线，称为交换的契约曲线（contract curve）。这条线是纯交换的最优曲线，即在该线上的任何一点两个消费者对两种产品的边际替代率相等，如果要增加一个消费者的效用必须减少另一个消费者的效用，不可能在不减少一个消费者效用的情况下增加另一个消费者的效用，交换的利益已经全部实现。

　　在纯交换的一般均衡中还需要确定一组价格,这组价格能够在消费者效用最大化的基础上实现一般均衡,即市场的供求相等。根据前面消费者行为理论的分析,当给定一组价格时,可以绘出该消费者的预算线,该消费者达到均衡时其无差异曲线与预算线相切。在一般均衡情况下,这组价格是交换双方都要面对的价格,同时还要实现双方的效用最大化。能够实现这一均衡价格的预算线,在埃奇沃斯盒形图中就是从禀赋点出发且同时与 A 和 B 消费者各自无差异曲线相切的直线,这时的均衡点称为"瓦尔拉斯均衡点",在该点,每个消费者的边际替代率与价格比率都相等,实现了消费者的效用最大化,同时又满足市场的供求相等。如图 12.3 所示,E 点就是瓦尔拉斯均衡点,两个消费者分别按 WE 预算线所示的相对价格进行交换,即 B 消费者用 X 产品向 A 消费者换入 Y 产品。

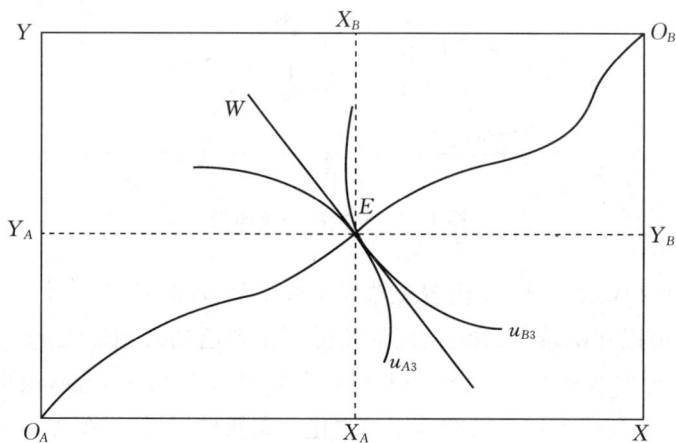

图 12.3　瓦尔拉斯均衡点

　　上述分析还可以扩展推广到 n 个消费者 m 种产品和劳务的情形,即任意两个消费者消费任意两种产品的边际替代率都相等。只要存在不相等的情形,意味着通过交换至少能够提高其中一个消费者的效用水平,交换的利益没有得到全部实现。

　　我们可以将上述契约曲线中反映的效用变化关系用效用可能性边界(utility possibility frontier, UPF)表达出来。在契约曲线上的任何一点反映了两个消费者最终获得的效用水平。在图 12.2 中,E_1 点表示 A 获得的效用水平为 u_{A2},B 获得的效用水平为 u_{B4},同理,在 E_2 点表示 A 获得的效用水平为 u_{A4},B 获得的效用水平为 u_{B2}。从 E_1 点到 E_2 点的变动可知,A 消费者的效用在增加,同时 B 消费者的效用在减少。如果用横轴表示 A 消费者的效用,纵轴表示 B 消费者的效用水平,可以得到 UPF 曲线,即效用可能性边界,反映了在其他条件不变的情况下,两个消费者能够得到的最大效用水平的组合,见图 12.4。

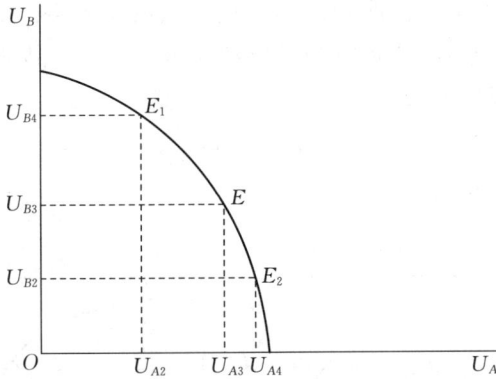

图 12.4 效用可能性边界

三、生产的一般均衡

运用与交换的一般均衡同样的方法,我们进一步研究生产的一般均衡问题,即研究生产者投入和产出的一般均衡状态的基本条件。为了简化分析,假定只生产两种产品 X 和 Y,只有两种生产要素劳动(L)和资本(K),同样可以运用埃奇沃斯盒形图来分析生产的一般均衡问题。

如图 12.5 所示,横轴表示劳动要素总量,纵轴表示资本要素总量,O_X 和 O_Y 分别表示产品 X 和 Y 生产的原点,X 产品生产的要素组合从 O_X 方向度量,Y 产品生产的要素组合从 O_Y 度量,图中的 F 点表示初始的要素组合,即分配于生产 X 和 Y 产品的要素数量。图 12.5 中同时绘出了表达两个生产技术的代表性等产量曲线,两种产品的等产量曲线凸向各自的原点,这些等产量曲线的性质与前面生产理论中得出的性质相同。

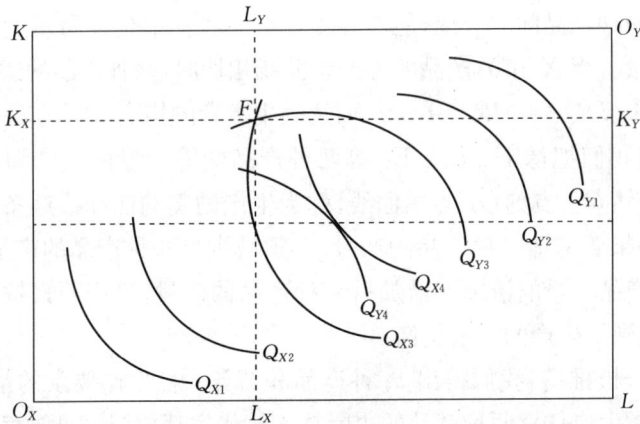

图 12.5 生产的埃奇沃斯盒形图

从图 12.6 中可见,F 点位于 X 产品的等产量曲线 Q_{X2} 和 Y 产品的等产量曲线 Q_{Y2} 的交点。该点不是使两种产品产量最大的组合点。如果沿着 Q_{X2} 线移动,比如移动到 E_1 点,X 产品的产量保持不变,但 Y 产品的产量可以提高到 Q_{Y4};与之类似,如果沿着 Q_{Y2} 线移动,也能在不减少 Y 产品产量的情况下提高 X 产品的产量。如果移动到 E_1 和 E_2 间的一点上,两种产品的产量都能够得到增加,而不需要增加要素的投入。

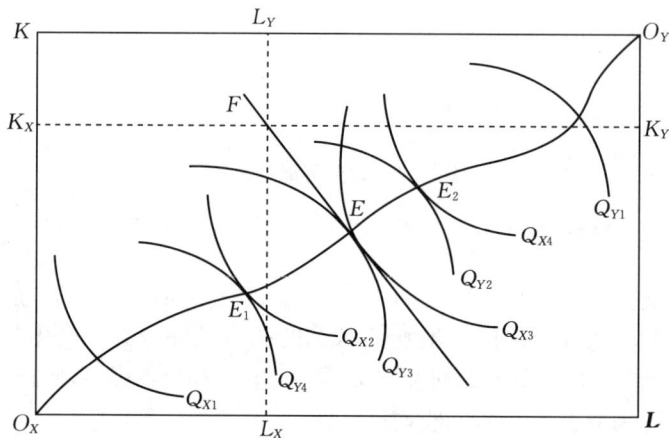

图 12.6　生产的一般均衡

在图 12.6 中,运用生产理论中的概念可知,F 点两种产品的边际技术替代率不相等(过 F 点作关于两种产品的等产量曲线的斜率,斜率的负值就是边际技术替代率,也是两种要素的边际产量之比,即 $MRTS_{LK} = \dfrac{MP_L}{MP_K}$)。通过调整两种要素在两种产品间的分配,能够在不减少一种产品的产量情况下增加另一种产品的产量。当 X 和 Y 产品的等产量曲线相切时,两种产品的边际技术替代率相等,即 $MRTS_{LK}^X = MRTS_{LK}^Y$,从而达到生产者的均衡。

同样,当我们把像 E、E_1、E_2 等两种产品的等产量曲线的切点连接起来时,形成一条从 O_X 点到 O_Y 点的曲线,称为生产的契约曲线。这条线是生产的最优曲线,如果要增加一种产品的产量,必须减少另一种产品的产量,不可能在不减少一种产品产量的情况下增加另一种产品的产量,生产要素按契约曲线进行配置时,达到了生产的一般均衡。

将上述分析推广,我们得出 m 种产品和劳务 s 种生产要素的情形,即任意两种生产要素生产任意两种产品的边际技术替代率都相等。只要存在不相等的情形,意味着通过调整生产要素的配置至少能够提高其中一种产品的产量。

生产的契约曲线上的每一点实际上都对应着两种产品最大产量组合,如果将这种关系描绘到以两种产品产量为坐标轴的图形中,可以得出生产可能性边界(production possibility frontier,PPF)。在图 12.6 中,将各等产量曲线切点对应的 X 和 Y 产品的产量描绘在图 12.7 中,那么向外凸出的曲线就是生产可能性边界。

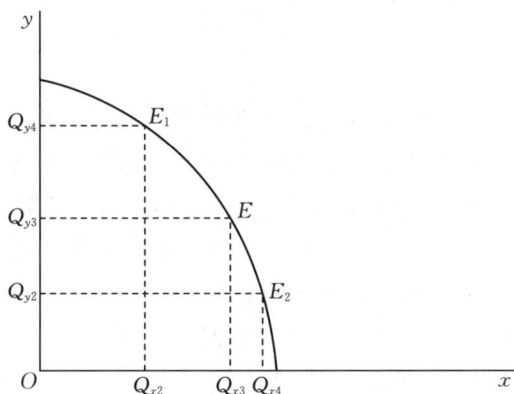

图 12.7 生产可能性边界

生产可能性边界是一条向右下方倾斜的曲线,在生产要素总量给定的情况下,反映了沿着生产可能性曲线移动时,要想增加 X 产品的产量必须减少 Y 产品的产量才能释放出生产要素来,两种产品的产量呈反方向变动关系。生产可能性曲线由原点向外凸出,说明了曲线的斜率的绝对值是递增的。由于生产可能性曲线的斜率的绝对值反映了改变某种产品的产量时另一种产品产量的变化,一般将其定义为产品边际转换率(marginal rate of transformation,MRT),即:

$$MRT_{XY} = -\frac{\Delta Y}{\Delta X}$$

也可以将其定义为,当 ΔX 趋向于零时的极限,则有:

$$MRT_{XY} = \lim_{\Delta X \to 0} -\frac{\Delta Y}{\Delta X} = -\frac{dY}{dX}$$

边际转换率实际上两种产品的边际成本之比。结合前面分析的生产理论和成本理论,假设总成本函数为 $TC = f(X, Y)$,其中,X 和 Y 表示两种产品的产量,那么有:

$$dTC = \frac{\partial TC}{\partial X} \cdot dX + \frac{\partial TC}{\partial Y} \cdot dY$$

在生产可能性曲线上,生产要素总量是既定的,因此以要素数量表示的总成本是一个常数,有 $dTC = 0$,上式可以写成

$$\frac{\partial TC}{\partial X} \cdot dX = -\frac{\partial TC}{\partial Y} \cdot dY$$

$$MRT_{XY} = -\frac{dY}{dX} = \frac{\dfrac{\partial TC}{\partial X}}{\dfrac{\partial TC}{\partial Y}} = \frac{MC_X}{MC_Y}$$

边际转换率递增的主要原因在于,当生产要素从原来生产比如 Y 产品转而用于生产 X 产品时,首先转移出来的生产要素一定是生产 X 产品相对效率较高,而生产 Y 产品相对效率较低的部分,因此开始时增加等量 X 产品,只需要从生产 Y 产品的要素中转移出较少的数量。随着转换继续进行,其后从 Y 产品中转移出来的要素生产 Y 产品的相对效率较高,而生产 X 产品的相对效率较低,那么,要增加等量 X 产品,需要从生产 Y 产品的要素中转移出较多的要素,从而减少的 Y 产品产量也越来越大。当然,这是从生产要素的效率不同角度分析的,如果生产要素对于生产 X 和 Y 产品的效率没有差异,是同质的,那么生产可能性曲线就会变成一条直线,这时的边际转换率就是一个常数。

生产可能性边界将整个坐标空间划分为三个区域:生产可能性曲线上的部分、生产可能性曲线与两条轴围成的区域以及曲线以外的部分。生产可能性曲线以外的部分实际上是生产不可能性部分,意味着现在的生产要素量不足以生产出这种组合来,如图 12.8 所示,在 G 点代表生产 X_G 单位 X 产品和 Y_G 单位 Y 产品,当生产 X_G 单位 X 产品时,根据生产可能性曲线,剩下的生产要素只能生产出 Y_G' 单位的 Y 产品,不可能生产出 Y_G 数量来。生产可能性曲线以内的部

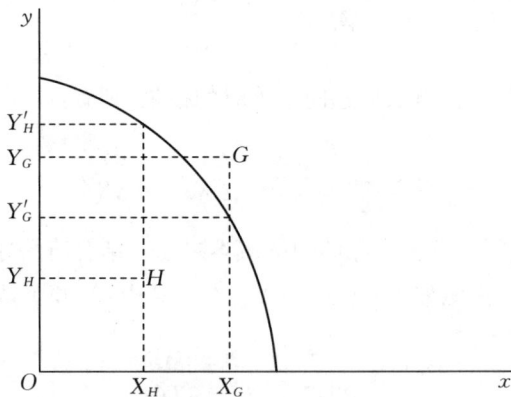

图 12.8　生产可能性边界的三个区域

分反映了这时生产要素的利用率较低,存在着资源的闲置或浪费,如图 12.8 中 H 点,生产 X_H 单位 X 产品和 Y_H 单位 Y 产品,当生产 X_H 单位 X 产品时,根据生产可能性曲线,剩下的生产要素本来应当能够生产出 Y'_H 单位的 Y 产品,而现在只生产出 Y_H 单位来,资源利用不足。因此,位于生产可能性曲线上的点意味着两种产品的最大产量组合形成的轨迹,是有效率的区域。

上述生产可能性边界是在生产要素总量既定、技术水平给定下的最大产量组合,当生产要素总量增加、技术水平提高时,生产可能性边界会向外移动。如图 12.9 所示,当技术水平提高时,同等数量的生产要素在生产了同等数量的 X 产品的情况下,还能生产更多的 Y 产品,生产可能性边界向外扩展了。当然,当出现某种自然灾害导致生产要素总量减少的情况下,生产可能性边界也会向内收缩。

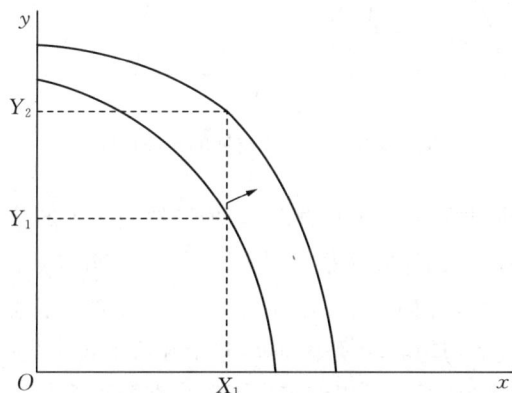

图 12.9　生产可能性边界的移动

四、生产和交换的一般均衡

以上分析了不存在生产的纯交换一般均衡以及不存在交换的纯生产一般均衡问题,实际上生产和交换是相互交织在一起的,人们一方面是某些产品的需求者,另一方面又是某些产品的供给者,同时也是生产要素的提供者。只有在作为生产者运用生产要素生产出来的产品组合,满足其作为消费者所要求的效用最大化的消费组合时,整个经济才会达到一般均衡,从而实现资源的最佳配置。

在生产的一般均衡满足时,生产要素在两种产品间的分配要使产品组合位于生产可能性边界上,如图 12.10 所示的 O_B 点,这时 X 产品的产量为 X^*,Y 产品的产量为 Y^*。当产量组合给定时,消费者的消费和交换只能在给定的产量组合下进行,则矩形 $O_A X^* O_B Y^*$ 构成了分析交换的埃奇沃斯盒形图。

在交换达到一般均衡时,产品 X^* 和 Y^* 在消费者 A 和 B 间进行分配,从而使经济社会的消费者的总效用达到最大化,按交换的一般均衡原理,分配应当沿着契约曲线进行。

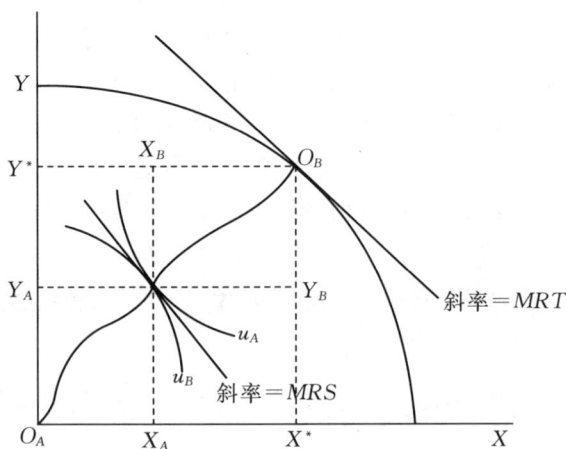

图 12.10 生产和交换的一般均衡

在交换和生产同时达到一般均衡时,交换契约曲线上的分配点上,产品的边际替代率等于两种产品的边际转换率,即 $MRS_{XY} = MRT_{XY}$。在图 12.10 中表现为两个消费者的无差异曲线的切点的斜率等于生产可能性曲线在 O_B 的斜率,产品的边际替代率与边际转换率相等,整个经济实现了生产和交换的一般均衡。当这一条件不满足时,总可以调整生产要素在两种产品生产中的分配,或者调整两种产品在消费者间的分配,使得社会总效用得以增加。例如,$MRS_{XY} >$ MRT_{XY},意味着,这时减少 1 单位 Y 产品的产量,同时减少 A 消费者 1 单位 Y 产品的消费量,只需要给 A 增加 $\dfrac{1}{MRS_{XY}}$ 单位的 X 产品就可以使 A 的效用水平不变,从减少的 1 单位 Y 产品生产中转移出来的生产要素能够生产出大于 $\dfrac{1}{MRS_{XY}}$ 单位的 X 产品,因此,扣除保证 A 效用水平不变的 X 产品数量后 X 产品还有剩余,这一部分剩余在 A 和 B 间进行分配,能够提高两个消费者的效用。同理,当 $MRS_{XY} < MRT_{XY}$ 时,这时减少 1 单位 X 产品的产量,同时减少 A 消费者 1 单位 X 产品的消费量,也可以通过调整生产要素在两种产品间的分配及产品在消费者间的分配使社会总效用水平提高。最终,只有在 $MRS_{XY} = MRT_{XY}$ 时,才能达到生产和交换的全面均衡。

对于生产要素组合以生产 X^* 和 Y^* 产品的 O_B 点的决定,还需要进行一些解释。当经济社会是只有一个消费者的"鲁宾逊经济"时,该消费者的无差异曲

线与生产可能性曲线相切点决定了在现有生产要素总量的条件下生产能够提供
的最高的效用水平。如图 12.11 所示，单个消费者的无差异曲线 u_2 与生产可能
性曲线相切于 E 点，E 点所对应的产品组合 X_1 和 Y_1 是一般均衡的组合，即这
时既处于生产可能性曲线上，是现有生产要素条件下两种产品的最大产量组合，
又是该消费者能够达到的最高效用水平，实现了生产和消费的一般均衡。

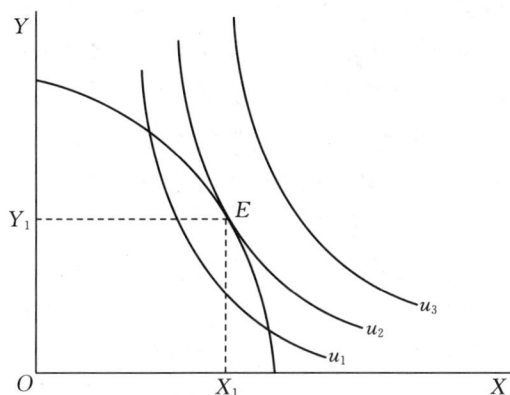

图 12.11　鲁宾逊经济中的生产和消费的一般均衡

当经济社会有多个消费者时，可以推导出一条社会无差异曲线，那么社会无
差异曲线与生产可能性边界相切的切点，是社会整体在既定生产要素条件下最
佳的产量组合。这一产量组合在社会成员间进行分配，当分配关系处于消费者
的契约曲线上，满足产品的边际替代率与边际转换率相等条件时，整个经济社会
达到了生产和交换的一般均衡，见图 12.12。

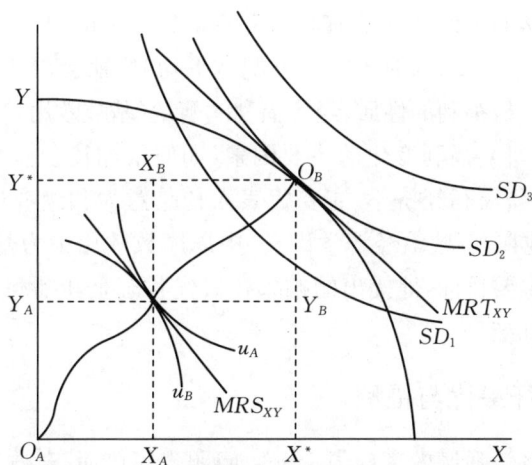

图 12.12　社会无差异曲线与生产和交换的一般均衡

第二节　福利经济学

一、概述

前面的分析思路主要是对经济现象进行描述,根据相关条件的变化预测和分析各种经济行为主体行为的变化,属于实证经济学的范畴。实证经济学考察经济现象"是什么"的问题,没有考虑这种现象或结果对社会来说是否是合意的。本节主要介绍福利经济学的相关内容,福利经济学属于规范经济学的范畴,在涉及经济现象合意性的分析时,必然要涉及价值判断问题,当价值判断标准不同时,最终的分析结论可能会大相径庭。

简单来说,福利经济学是在一定价值判断准则的基础上确定社会福利目标,以此来评价经济运行和资源配置状况的福利效果的经济学分支体系。福利经济学要回答下面几个问题:在人们可以对自己的福利状况进行判断的条件下,社会如何判断整体的福利状况? 社会的整体福利状况的含义是什么? 是哪些人的最大福利? 个人目标与社会目标是否存在冲突? 如果存在冲突会造成哪些经济后果?

福利经济学建立在个人主义的基础上,认为个人是其福利状况的唯一判断者,即个人满足水平的大小只能由个人的主观判断为基础,如果我们将社会中每个人的福利水平加总就能够得出社会福利水平。

福利经济学的发展大致可以划分为两个相互联系又相互区别的阶段,一般称为旧福利经济学和新福利经济学。前者以英国经济学家庇古(Arthur C.Pigou)为代表,他在其 1920 年出版的《福利经济学》一书中建立了福利经济学的理论体系。旧福利经济学的理论基础是前面分析的基数效用论,庇古认为收入总量越大,则社会福利水平越高,同时当收入分配越平均时,社会福利水平也越高。旧福利经济学主要分析福利的性质、经济福利的衡量(基数效用)、福利水平高低的判断准则,同时还研究福利变化的主要因素,如何增加社会福利等问题。20 世纪 30 年代出现了新福利经济学,主要代表人物是意大利经济学家帕累托(Vilfredo Pareto)。他在其《政治经济学讲义》中以序数效用论为基础,把效率作为经济福利状况的主要目标,他提出的帕累托最优状态是新福利经济学判断社会福利水平的基本标准。

二、效率、帕累托最优与福利

现代福利经济学强调效率(efficiency)问题。简单而言,效率就是指投入与产出的关系,当我们说以较少的投入获得最大的产出(这种产出对人们是有用的,可以带来人们的满足)时,称为经济活动是有效率的。经济学意义上的效率更为强调这样一种状态:当资源配置达到这种一种境况,无论进行何种调整都不可能同时使一部分人得益而其余的人不受损,经济达到了最高效率水平,这时如果要改善一些人的境况,至少使一个人的境况会变差。当资源配置达到这种效率状态时,称为达到了帕累托效率(Pareto efficiency)或称帕累托最优(Pareto optimum)。

具体而言,帕累托最优是指不可能通过资源的重新配置使得经济社会在不损害其他成员境况的条件下改善某些人的境况。由帕累托最优概念还可以引申出帕累托改进(Pareto superior)概念,是指如果重新配置资源前后,至少使社会中的一个人境况变好,同时没有一个人因此境况变坏,整体社会资源配置效率提高。当某种资源配置方式不存在任何帕累托改进的可能性时,那么就达到了帕累托最优的资源配置状态。

福利经济学中运用帕累托最优概念分析社会福利状况的合意性问题,虽然经济效率概念隐含的价值判断最少,但仍然是一个包含着价值判断,这是因为帕累托最优概念中分析消费者的效用问题,效用是消费者消费产品和劳务的主观的满足程度,不可能不带有个人价值判断的成分。此外,在实际经济生活中,资源配置重新调整可能会使一部分人得益而另一部分人受损,福利状况出现相反方向的变化。对此,经济学家认为如果调整的结果使社会获得的总福利水平超过总受损量,那么从社会整体角度来说,净效应是增加了社会福利,是社会可以接受的。反之,如果净效应是减少了社会福利,那么这种资源配置调整就是不可取的。

那么,一个经济社会在何种条件下才会达到帕累托最优呢?福利经济学认为必须满足三个条件,即消费的帕累托最优、生产的帕累托最优以及生产和消费的帕累托最优。从上述条件的表述中可见,经济达到帕累托最优的条件与上一节介绍的一般均衡联系在一起,实际上这正是一般均衡理论在福利经济学领域的应用。下面具体分析这三个条件。

1. 消费的帕累托最优条件

这一条件是指:任意两个消费者消费任意两种产品的边际替代率相等。当这个条件得到满足时,产品在消费者之间的配置达到了帕累托最优。这时,我们不可能通过产品的重新配置提高一个人的效用水平,同时又不会使另一个的效用水平降低。对于任意消费者 i 和 j,任意产品 s 和 t 来说,这一条件可以表示为:

$$MRS^i_{s,\,t} = MRS^j_{s,\,t}$$

当上式不相等时,调整产品在不同消费者间的配置会使一方的效用水平增加,而另一方的效用水平不变,或者能够使双方的效用水平同时增加。实际上这正是第一节中交换的一般均衡的基本结论。例如,假定两个消费者 A 和 B 消费两种产品 X 和 Y,如果 A 对 X 和 Y 的边际替代率大于 B 对 X 和 Y 和边际替代率,即 $MRS^A_{X,Y} > MRS^B_{X,Y}$,也可以表示为 $\dfrac{MU_{AX}}{MU_{AY}} > \dfrac{MU_{BX}}{MU_{BY}}$,意味着对于 A 消费者来增加 1 单位 X 产品带来的满足大于 B 增加 1 单位 X 产品带来的效用,反过来说,就是 A 消费者减少 1 单位 Y 产品减少的满足小于 B 减少 1 单位 Y 产品带来的效用。这时,如果 A 消费者用 1 单位 Y 产品向 B 交换 1 单位 X 产品能够使两个消费者的效用都得到增加。同理,当 $MRS^A_{X,Y} < MRS^B_{X,Y}$ 时,也可以通过调整产品在不同消费者间的配置会使效用水平同时增加。只有在 $MRS^A_{X,Y} = MRS^B_{X,Y}$ 满足时,消费才会达到帕累托最优。

2. 生产的帕累托最优条件

这一条件是指:任意两种生产要素生产任意两种产品的边际技术替代率相等。当这个条件满足时,生产要素在不同产品的配置达到最优。如果这时重新调整生产要素的配置使一些产品的产量增加时,必然使某些产品的产量减少。对于任意生产要素 f 和 g,任意产品 s 和 t 来说,满足:

$$MRTS^s_{f,g} = MRTS^t_{f,g}$$

例如,两个生产利用劳动力(L)和资本(K)生产两种产品 X 和 Y,如果两种要素生产任意两种产品的边际技术替代率不相等,即 $MRTS^X_{L,K} > MRTS^Y_{L,K}$ 或 $MRTS^X_{L,K} < MRTS^Y_{L,K}$,那么通过调整 L 和 K 在 X 和 Y 中的配置状态,就可以在不减少 X 产量的情况下提高 Y 的产量,或者在不减少 Y 产量的情况下提高 X 的产量,或者能够提高两种产品的产量水平。当 $MRTS^X_{L,K} > MRTS^Y_{L,K}$ 时,可以表示为 $\dfrac{MP_{XL}}{MP_{XK}} > \dfrac{MP_{YL}}{MP_{YK}}$,即假如将原来用于生产 Y 产品的劳动力要素转而投入到生产 X 产品,而生产 X 产品的资本要素转而投入到生产 Y 产品中去,能够同时增加两种产品的产量。由于要素的边际产量是递减的,随着要素的重新配置,两种产品的边际技术替代率会逐渐趋向于相等,从而实现生产的帕累托最优。

3. 生产和消费同时达到帕累托最优的条件

这一条件是指:对于任意两个消费者消费任意两种产品的边际替代率等于任意两种生产要素生产任意两种产品的边际转换率。也就是说,同时实现所有消费者消费所有产品的边际替代率相等,所有生产要素生产所有产品的边际技术替代率相等,产品生产的边际转换率等于产品生产的边际替代率。由此,达到了生产和消费的全面的帕累托最优,任何生产和消费方面的重新配置都不可能使一部分人得益的同时又不使另一部分人受损。其用公式可以表示为：

$$MRS_{s,t} = MRT_{s,t}$$

当全面考虑生产和消费的帕累托最优状态时，如果上式不相等，例如边际替代率大于边际转换率，$MRS_{s,t} = 2 > MRT_{s,t} = 1$，那么在生产要素总量给定的条件下，减少 1 单位 s 产品的生产，可以增加 1 单位 t 产品，而边际替代率大于边际转换率时，增加 1 单位 t 产品会使获得该产品的消费者的福利增加，但不减少其他人的福利，整个社会福利水平增加。反之，当边际替代率小于边际转换率时，如 $MRS_{s,t} = 1 < MRT_{s,t} = 2$，减少 1 单位 s 产品的生产，可以增加 2 单位 t 产品，而边际替代率等于 1 时，增加 2 单位 t 产品会使获得该产品的消费者的福利增加，但不减少其他人的福利，整个社会福利水平也会增加。因此，只有当边际替代率等于边际转换率时，生产和消费达到全面的帕累托最优。

三、完全竞争市场与帕累托最优

上面分析了经济达到全面帕累托最优的三个边际条件，那么什么样的经济体制下能够满足这三个条件，从而实现帕累托最优？微观经济学理论表明，完全竞争市场符合帕累托最优的三个条件。当然从理论上来说，除了市场机制也可能实现帕累托最优，只要这种机制（如计划机制）满足帕累托最优的三个基本条件，当中央计划者具有完全的信息，了解所有消费者的偏好，了解所有生产的技术和要素配置方式，那么也可以实现帕累托最优，只是满足这些条件异常困难，甚至是不可能的。现有情况下来看，市场机制是实现帕累托最优的最好方式。

下面依次说明完全竞争市场为什么能够满足帕累托最优条件。

消费的帕累托最优边际条件表明，任意两种产品之间的边际替代率对于任意两个消费者都相等。根据前面分析消费者行为理论的结论，可知达到消费者均衡时，即效用最大化时，消费者消费任意两种产品的边际替代率之比等于两种产品价格之比，而边际替代率之比又等于两种产品的边际效用之比。在完全竞争市场条件下，所有的消费者都是价格的接受者，因此消费者面对的价格是相同的。因此，可以得出如下关系：

$$MRS_{s,t} = \frac{P_s}{P_t}$$

$$MRS_{s,t} = \frac{MU_s}{MU_t}$$

$$MRS_{s,t} = \frac{MU_s}{MU_t} = \frac{P_s}{P_t}$$

生产的帕累托最优条件表明,任意两种生产要素生产任意两种产品的边际技术替代率都相等。生产理论的结论表明,厂商追求利润最大化,实现生产者均衡时,任意两种生产要素的边际技术替代率等于要素价格之比,而边际技术替代率又等于生产要素的边际产量之比。在完全竞争市场条件下,生产者是要素市场的价格接受者,面对的是同样的要素价格。因此,有如下关系:

$$MRTS_{f,\,g} = \frac{P_f}{P_g}$$

$$MRTS_{f,\,g} = \frac{MP_f}{MP_g}$$

$$MRTS_{f,\,g} = \frac{MP_f}{MP_g} = \frac{P_f}{P_g}$$

生产和消费的帕累托最优条件表明,任意两种产品的边际替代率等于任意两种产品的边际转换率。由前分析可知,产品的边际转换率可以表示为两种产品的边际成本之比,而边际替代率是两种产品对消费者的边际效用之比。消费者均衡时边际效用之比和产品价格之比相等,生产者实现利润最大化要满足边际收益等于边际成本。在完全竞争市场条件下,我们有 $MR = MC = P$,而且所有生产者和消费者都是价格的接受者,因此,存在下面关系:

$$MPT_{s,\,t} = \frac{MC_s}{MC_t}$$

$$MRS_{s,\,t} = \frac{MU_s}{MU_t}$$

$$\frac{MC_s}{MC_t} = \frac{MU_s}{MU_t} = \frac{P_s}{P_t}$$

综合所述,完全竞争市场满足帕累托最优的三个边际条件,完全竞争均衡是帕累托最优的,这一结论也称为福利经济学第一定理(the first fundamental theorem of welfare economics)。这一定理说明了达到帕累托最优的竞争性市场机制的有效性。这一定理也证明了亚当·斯密关于"看不见的手"的原理,即在市场经济中每个人追求自身利益的最大化,均衡的结果却是促进了社会目标,实现了经济的最高效率。该定理的逆定理同样成立,一般称为福利经济学第二定理(the second fundamental theorem of welfare economics),是指在相同的前提条件下,每一种帕累托最优的资源配置方式都可以通过适当地选定的收入分配方案,由竞争性市场机制加以实现。

习题十二

1. 如果一个经济社会增加了要素投入量,或者发明了新的生产技术,那么生产可能性曲线会(   )。

A. 保持不变

B. 向里向左移动

C. 向外向右移动

D. 以上均不正确

2. 下列哪一种陈述可以用来解释一国生产可能性曲线向外移动? (   )。

A. 技术的提高

B. 人口增加

C. 资本投入增加

D. 以上所有选项

3. 与一般均衡分析不同,局部均衡分析(   )。

A. 集中考虑市场和市场参与者相互依赖的实质

B. 在经济中其他因素不变的情况下,考虑单个市场、消费者和厂商的行为

C. 分析所有消费者、厂商和市场的同时相互作用

D. 生产要素市场与产品市场的关系

4. 亚当·斯密关于"看不见的手"的原理描述了(   )。

A. 只有在政府通过税收政策引导资源流向时经济才能正常运转

B. 个人趋利的动机会造成全社会的损失

C. 市场竞争将导致资源浪费

D. 人们追求自身的最大利益将有效地增进公众福利

5. 生产和消费的帕累托最优条件是(   )。

A. $MRTS_{s,t} = MRS_{s,t}$

B. $MC_s = MC_t$

C. $MPT_{s,t} = MRS_{s,t}$

D. $MU_s = MU_t$

6. 生产的契约曲线上的点表示生产者(   )。

A. 获得了最大利润

B. 支出了最小成本

C. 达到了产量均衡

D. 通过生产要素的重新配置提高了总产量

7. 产品转换曲线是由(   )导出的。

A. 交换契约曲线

B. 生产契约曲线

C. 效用可能性曲线

D. 生产可能性曲线

8. 为什么完全竞争可以实现帕累托最优所需具备的三个条件?

9. 局部均衡和一般均衡的联系和区别是什么?

10. 如何理解"凡自愿的交易都是双赢的"的这一观点? 其理论和现实依据是什么?

▌第十三章▐
微观经济政策

　　正像数字"13"在西方人看来是不吉利的,凡是强调市场机制的人往往被指责为忘掉了市场也会失灵。实际上,大多数经济学家承认市场可能会失灵,确定存在着市场机制无法有效调节的领域,也存在一些领域不存在市场的问题,但是在市场失灵和政府干预之间并不存在必然的逻辑通道,即不能说市场失灵,政府干预一定是有效的,政府也会失灵,而且真正为政府作出决策的人与你我没有多大的差异,其智力水平和信息来源并不比普通人高到哪里去。因此,微观经济政策仍然存在着巨大的缺陷,并不是万能的。

——题记

学 习 目 标

通过本章的学习,你应当能够:

1. 掌握市场失灵的主要表现形式;
2. 理解外部性的含义;
3. 掌握应对外部性的基本对策;
4. 掌握公共物品和私人物品的区分性特性;
5. 了解公共物品需求曲线与私人物品需求曲线的差异;
6. 了解造成不完全信息的主要原因;
7. 理解道德风险的含义及其与信息不对称的关系;
8. 理解逆向选择的含义及其与信息不对称的关系。

　　在完全竞争市场条件下,市场机制的自发作用可以使得资源的配置达到帕累托最优。然而,要达到竞争的完全性标准需要具备相当强的条件,主要是不存在垄断、没有外部性、都是私人物品以及不存在信息不完全性。事实上,这些条件在现实经济生活中无一能得到满足,当存在垄断、公共物品、外部性和信息不完全的情形下,人们的行为会发生扭曲,从而限制了资源配置达到帕累托最优。前面章节分析了垄断及其造成的效率损失,本章主要介绍公共物品、外部性和信息不完全问题,在此基础上分析政府在解决这些问题中可以采取的微观经济政策。

第一节 外 部 性

一、外部性的含义

在人们的实际经济生活中,各种生产和消费行为往往会对环境产生某些超过行为主体承受范围的外溢影响。例如,随着工业化,污染问题日益严重,在许多工业活动集中的地区,每天生产过程中排放出大量的废水、废气,相邻地区人们的身心健康受到极大的损害。再如,城市化过程中人口大量集中,城市交通堵塞日益严重,人们包围在各种交通工具排放的废气之中,许多时间浪费在等待过程中。人口集中的另一个影响就是某人无法在深夜一展歌喉,受到邻里关系的制约,或者各种商业设施对邻近居民区造成严重的光污染、噪声污染。所有这些现象都对社会经济资源的配置产生负面效应,也成为经济学研究的重点领域。这种效应在经济学中称为外部性(externality)。所谓外部性是指某人或某个组织在生产或消费过程中,对无关的第三方产生了有益的影响或有害的影响,对于所产生的有益影响,施加影响方无法获得报酬;对他人所产生有害影响,施加影响方也不需要进行补偿,这时称为在生产或消费过程中产生了外部性。其中,如果是对无关的第三方产生了有益的影响,称为正的外部性,或者外部经济;如果是对无关的第三方产生了有害的影响,称为负的外部性,或者外部不经济。外部性也可以定义为经济活动所产生的、没有得到市场承认的损害或利益。由于交易成本较高,也不存在污染等的市场,承受外部性的一方无法确定应当收到多少报酬或进行多高的赔偿。

对于外部性可以从私人成本和私人收益与社会成本和社会收益的比较中得到说明。当私人成本小于社会成本时,就出现了负的外部性。例如,化工厂生产过程中的各种原材料成本、机器设备、运输、仓储、劳动力、管理等方面的支出都属于私人成本,是生产方为了生产必须承担的成本部分。但是还有一部分成本是化工厂自身没有承担或少承担的部分,例如,化工厂生产过程中排放的废水和废气对其他人的损害所产生的成本,这部分成本可以分为两部分,一部分是直接社会成本,比如化工厂排放的污水造成下游鱼塘的鱼死亡的直接损失,另一部分是间接社会成本,比如化工厂周围居民因污染患病的医疗开支等。

　　当私人成本小于社会成本,或私人收益大于社会收益时,意味着生产成本中的一部分是其他人承担的,这样会使产品的生产高于社会合意的水平。如图 13.1 所示,MC_p 表示生产的私人边际成本,MC_s 表示生产的社会边际成本,图中可见,需求曲线为 D,向右下方倾斜。当市场是完全竞争时,厂商的边际成本曲线就是其短期供给曲线,则 MC_p 与需求曲线的交点 E_1 就是竞争性均衡点,均衡产量为 Q_p。MC_s 与需求曲线的交点 E_2 是社会合意的均衡点,均衡产量为 Q_s。由于 $Q_p > Q_s$,可见,存在负的外部性时,产量会趋向于过多,超过社会合意的水平。

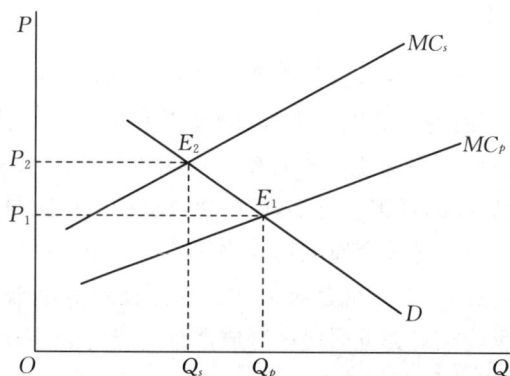

图 13.1　负的外部性和产量决定

　　同理,当私人收益小于社会收益,或私人成本大于社会成本时,意味着生产或消费活动中产生的收益是被其他人获得的,这样会使产品的生产和消费小于社会合意的水平。如图 13.2 所示,MC_p 同样表示生产的私人边际成本,MC_s 表示生产的社会边际成本,D 为向右下方倾斜的需求曲线。这时,与上图不同,$Q_p < Q_s$,可见,存在正的外部性时,产量会趋向于过少,小于社会合意的水平。

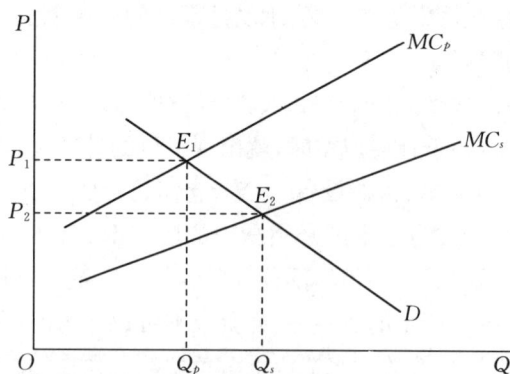

图 13.2　正的外部性和产量决定

二、应对外部性的对策

从上面的分析可见，外部性导致资源配置无法达到最优，或者小于最优水平，或者大于最优水平。因此，减少或者消除外部性对经济的负面效应成为一个重要的经济学问题。对此，经济学界有两种观点，其一是主张政府干预的观点，认为当存在外部性时，市场会失灵，市场机制无法发挥资源配置的效果，需要政府出面进行干预，以使外部性的影响消失或减弱。其二是主张市场调节的观点，认为市场机制本身能够自发地产生一些机制或制度来矫正外部性问题，不需要政府进行干预，政府所要做的只是维护市场制度的有效运作，让市场自发地起作用。

应对外部性的对策，主要有以下几个方面：

1. 税收和补贴

前面分析指出，存在外部性时私人边际成本与社会边际成本、私人边际收益和社会边际收益存在差异，运用税收和补贴的方法矫正外部性的基本思路就是，通过这些方法使私人成本和社会成本、私人收益和社会收益趋于一致，从而使产量达到帕累托最优水平。

如图 13.3 所示，在存在负的外部性的情况下，竞争性均衡产量为 Q_p，超过了社会合意的水平，这时如果政府征收一个比例为 t 的污染税，那么，私人边际成本曲线向上移动到 MC_s，即与社会边际成本相同的水平，那么，均衡产量就是 Q_s，达到社会合意的水平。

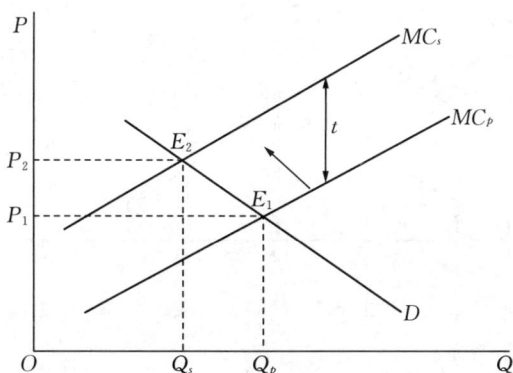

图 13.3　污染税和负外部性

这种方法在理论上是有效的，关键在于政府如何确定污染税的税率，也就是要解决如何确定私人成本和社会成本之间的差异，哪些社会成本应当计入，如何计入等问题，回答这些问题可能存在极大的困难。不过，在征收污染税的情况下，尽管可能不能达到最优的产量水平，只要税收小于等于社会边际成本和私人边际成本间的差额,通过税收方式可以减少外部性的负面影响,使产量趋近于社会最优水平,这是一种次优的选择。

对于产生正外部性的经济活动,政府可以通过补贴的办法使这种活动增加,从而趋近于社会合意的水平。例如教育就是一种会产生正外部性的经济活动。教育会使个人累积人力资本,提高其技能水平,获得较高的报酬,对个人而言价值很高。但教育还会产生正的外部性,增加教育会使整个社会的风气趋好、人与人易于合作、间接提高劳动生产率、减少犯罪等。因此,教育的私人收益小于社会收益,这种活动趋向于过少,那么政府可以通过补贴的办法鼓励这种活动。如图 13.4 所示,MC_p 和 MC_s 分别表示教育的私人边际成本和社会边际成本,MR_p 和 MR_s 分别表示教育的私人边际收益和社会边际收益。在没有补贴的情况下,私人边际成本和私人边际收益的交点为 E_p,对应的教育量为 Q_p。从社会的角度看,合意水平应当是社会边际收益曲线 MR_s 与私人边际成本 MC_p 的交点 E_s,对应的教育量为 Q_s。可见,Q_p 小于 Q_s,即小于社会合意的水平。这时,如果政府对教育进行补贴,会使私人边际成本曲线向下移动到 MC_d,它与社会边际收益的交点为 E_d,从而使教育水平提高到 Q_d 水平。当然如果补贴较为适当,可以使补贴后的教育量正好等于社会合意水平。

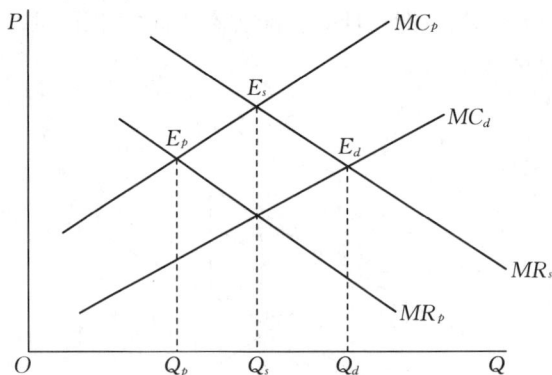

图 13.4 补贴和正外部性

2. 管制和惩罚性标准

对于负的外部性进行矫正的另一种常用方法就是进行管制,设定一定的惩罚性标准,规定生产者或消费者产生负的外部性的数量,当实际产生的数量超过规定标准时,对生产者或消费者征收相应的罚款,以此来抑制负的外部性。例如,政府可以规定企业生产中的污染标准,超过者要支付巨额的罚款。又如,规定消费者生活垃圾要分类,未按规定分类者处以一定的罚款等。这种方法的缺陷在于信息成本和监督成本很高,政府需要了解企业实际的生产情况,同时需要测算企业造成的污染程度,同时还要监督生产者和消费者,以及时发现违反规定的事实。有时可能会因为这类成本太高而无法运用这种方法。

3.许可证市场

税收、补贴、管制及惩罚性标准等方法的主要缺陷在于政府与相关生产者和消费者间信息是不对称的,政府要控制外部性会产生极大的交易和监督成本,不少经济学家提议采取市场机制的办法来矫正外部性,主要是通过创造相关的市场,由生产者和消费者的个人分散决策来确定"最优的外部性水平"。其中最为典型的是排污许可证市场,即通过市场交易方式进行排污许可证的自由买卖,从而实现生产者的"对号入座",自发决策以减少污染。举一例子来说明这个问题。

假如存在甲乙两家化工厂,每家工厂每天会向外界排放 10 单位的污染物(如 10 吨废水或排放的二氧化硫等)。假定政府准备减少一半的污染,这样,甲乙两家化工厂每个厂需要减少 5 单位的污染。假设甲化工厂每单位治理污染的成本为 1 000 元,乙化工厂为 2 000 元,那么,总的治理污染成本就是 15 000 元(15 000=1 000×5+2 000×5)。 现在假定政府向两家化工厂发放排污许可证,每张许可证允许排放 1 单位污染物,而且允许许可证自由交易。在这样一种情况下,甲化工厂有动机将自己的一部分许可证出售给乙化工厂,出售价格介于 1 000 元和 2 000 元之间,比如出售价格为 1 500 元。那么,对于甲化工厂来说,可以按 1 500 元出售 2 张排污许可证,收入为 3 000 元,然后花费 7 000 元治理污染(其中 5 单位为自己应当治理的部分,2 单位为向乙企业出售许可证后应当多治理的部分),实际支出治理污染的成本为 4 000 元。而乙化工厂购买 2 张许可证,只需要治理 3 单位的污染,总的成本支出为 6 000 元,这样,乙如果治理 5 单位污染物要花费 10 000 元成本,现在购买 2 单位许可证花费 3 000 元,总的治理污染成本为 9 000 元,净成本节约为 1 000 元。因此,这种交易对于甲乙化工厂都是较优的选择。从政府角度来看,平均每个化工厂的污染都减少了一半,而整个社会的治理污染成本只有 4 000+9 000=13 000 元,比不允许交易时社会治理成本低 2 000 元。当然实际排污许可证的交易价格依赖于市场的供求关系以及各不同企业的治理污染成本的差异。

4.合并所有权

合并所有权以把外部性内部化也是矫正外部性的一种方法。在存在外部性的情况下,市场机制难以将所有外部性纳入到经济主体的决策之中,其主要原因就在于市场经济中各个主体分散决策,各自考虑自身的利益最大化,分立的所有权使得每个人决策时都不会考虑对其他人的外溢影响。存在负外部性情形下,生产者没有将对社会造成的成本纳入到目标函数之中,这种行为趋向于过多;而存在正外部性情形下,经济主体的私人收益小于社会收益,没有考虑到这种行为还会对其他人产生有益的影响,这种行为又会趋向于过少。因此,如果采取某种机制将无关的第三方纳入到产生外部性的经济主体决策之中,外部性就会被内部化。具体而言,外部性内部化就是通过将分散化决策集中起来,合并产生外部性的分立所有权。例如,化工厂排放污水造成下游鱼塘中的鱼死亡,主要原因在于化工厂决策中并不会考虑鱼塘的利益。这样,如果将化工厂和鱼塘合并在同一个所有权之下,属于同一个所有者,那么化工厂在考虑排放污水之时就要权衡污染的"度",即既要考虑化工厂本身的利润水平,也要考虑鱼塘的利润,要追求化工厂和鱼塘两者合并的利润最大化。

三、外部性和科斯定理

上述通过合并所有权的办法实现外部性内部化,一方面需要政府设立相关的市场和规则,另一方面则要求涉及外部性各方的自愿合作。这时,能否合作成功取决于涉及各方从中能够得到多大的利益以及达到协议的交易成本的高低。美国著名新制度主义经济学家科斯(R.Coase)指出,外部性之所以会造成资源配置低效率,主要原因在于产权不明确,由于产权的模糊性使得发生外部性后无法确定谁应当为此付费或者谁应当从中得到利益。科斯的相关思想被称为科斯定理,是指如果不存在交易成本,如拟定契约、监督契约,以及讨价还价的成本,产权是明确的,那么不管产权归属于哪一方,交易双方总能通过协商达到帕累托最优的资源配置状态。

事实上,科斯定理的反面即表明,实践中交易成本为正,有时交易成本可能高到使任何协商都是不可能的,而且实际生活中产权也并不总是明确的。这样,由于外部性的影响,资源配置没有达到帕累托最优状态。

科斯定理提供了一种矫正外部性影响的方法,即只要交易成本允许,在明确了产权的情况下,交易双方通过协调方式能够将外部性内部化。在前面化工厂和鱼塘的例子中,在产权不明确的情况下,化工厂排放的废水会污染鱼塘,从而造成鱼的死亡,给鱼塘带来损失。在交易成本为零的情况下,这种外部性可以通过确定化工厂或鱼塘的产权得以消除。假如产权赋予鱼塘,即鱼塘享有不受污染的权利,在化工厂造成污染后,鱼塘有权要求化工厂进行赔偿,化工厂在进行相关生产和排污决策时就必须考虑这种成本。同样,产权也可以赋予化工厂,即化工厂享有污染的权利,那么鱼塘有动机向化工厂支付一定的费用以减少污染,只要支付的费用小于鱼死亡带来的损失即可。

但是在交易成本不为零的情况下,上述产权归属会对资源配置效率产生重大影响。例如,下游有许多鱼塘,所有鱼塘联合起来与化工厂进行谈判的交易成本相当高,显然将产权归属于化工厂的效率较低。而化工厂控制污染以减少外部性的成本相对要低一些。因此,从效率角度来看,将产权归属于鱼塘对社会整体为较佳的选择。这说明,产权的界定本身也有一个效率问题,通常情况下,产权应当能够最小化负外部性对社会造成的损失,在此,即使交易各方由于交易成本较高不能达成协议时,社会也只承受较小的损失。例如,以噪声污染为例,一个住宅小区周边开设了一家歌舞厅,当歌舞厅营业时产生巨大的噪声,那么从效率的角度看,将不受噪声污染的权利划归居民的效率是较高的,现实中一般对歌舞厅营业时间和噪声都有一定的限制就体现了产权界定的效率原则。

第二节　公　共　物　品

一、公共物品和私人物品

前面章节的分析中隐含着一个假定就是,所有的产品和劳务都是私人物品(private goods),而没有分析另一类特殊的产品和劳务,即公共物品(public goods)。公共物品是这样一种商品,它能够向一部分消费者提供,但是一旦该商品向一部分消费者提供时,很难阻止其他未付费者也消费它,在一定的范围内增加一个人的消费的边际成本为零。例如,小区道路边的路灯,很难排除本小区以外的居民进入小区时享受照明的服务,同时在一定范围内小区内增加几个人不会使路灯的边际成本增加。

具体来看,私人物品和公共物品在两个方面存在差异,一是在消费上的排他性问题,二是在生产上的竞争性问题。如表 13.1 所示,位于表格左上角区域的产品和劳务属于私人物品,即在消费上具有排他性,当某人在消费该产品或劳务时,其他人无法同时消费同一产品或劳务。例如,某人消费了一个面包,其他人就不可能同时消费这个面包。私人物品在生产上还具备竞争性,能够阻止不付费者或不满足某个条件者享受该私人物品,提供这种物品的生产者能够获得由此产生的全部利益。例如,某手机生产者在你不付费的情况下就不会把手机给你,手机生产者获得了由手机产生的全部利益。

表 13.1　公共物品和私人物品的特点

		排他性	
		是	否
竞争性	是	汽车、饮料、面包	有线电视、公园、电影院
	否	新鲜空气、公海捕捞	国防、监狱、法庭、路灯、道路

而公共物品则不具备上述两个特点或一个特点。在消费上不具备排他性,例如,我享受国防带来的安全感,无法排斥你也享受,我的消费不会减少你在消费中得到的满足。在一定范围内,道路上多开一辆车不会对其他人产生影响。在生产上不具备竞争性是指在公共物品的消费增加时,其成本并不增加,即多增加一个单位公共物品的使用的边际成本为零。根据效率原则,当边际成本为零时,帕累托最优的资源配置原则要求公共物品应当免费提供给需要它的任何人。因此,生产上私人如果不能排除不付费者享用该物品,他就不愿意提供这种产品。

如果某种产品和劳务同时具有非排他性和非竞争性的特征,一般称为纯粹公共物品,在表 13.1 中位于右下方区域,主要例子有国防、监狱、无线广播等。如果某种产品和劳务只具有非排他性或非竞争性一个特征,通常称为准公共物品,在表 13.1 中位于左下方和右上方区域。例如,公海捕捞只具备排他性但不具备竞争性。比如,你在公海捕捞量增加会减少其他人的捕捞量,但你没有办法禁止其他人也在公海进行捕捞作业。对于公园在一定范围内,不具备排他性但具备竞争性,即进入公园享受绿色并不排斥其他人从中得到的效用,但是公园可以阻止不付费者进入,因此具有竞争性。

二、公共物品最优数量的决定

由于公共物品具有非排他性或非竞争性的特点,市场机制可能无法协调这类产品和劳务的生产活动。当某人提供了公共物品之后,其他不付费者也可以消费这一物品,例如未纳税者同纳税者一样能够享受国防带来的安全服务。由此就会产生"搭便车"(free-rider)问题,由于非排他性特点,使提供公共物品者发现没有任何其他人愿意为该公共物品付费,但只要提供了公共物品,其他人都会从中获益。因此,私人生产者如果提供公共物品自身要承担所有成本,但只能享受到其中的一部分利益,最终的结果是无人提供公共物品。

在这种情况下,市场机制无法有效地协调公共物品的生产。因此,公共物品只能由政府或某种集体组织来提供,由政府依靠强制性税收筹集提供公共物品的资金,或者由受益群体来分摊相关公共物品的成本。例如,国防、警察、监狱、法庭等通常通过税收方式筹集资金来提供。住宅小区的路灯、楼道灯、小区内的保洁服务等通常由小区居民统一分摊相关费用。

那么,公共物品的最优数量如何确定呢?同样,公共物品的最优数量由公共物品的需求和供给共同决定,只不过由于公共物品所具有的特殊性,其需求决定与私人物品不同。根据前面关于需求的基本原理,私人物品的需求是每个消费者在每一给定价格下需求量的水平加总,如图 13.5 所示,假如有三个消费者 1、2、3,在价格为 10 元的情况下,需求量分为 10、20 和 30,那么整个市场的需求

就是 $10+20+30=60$，如果把消费者在每一个价格水平下的需求量水平加总，就可以得出一条向右下方倾斜的市场需求曲线 D。在市场供给曲线为 S 时，两条线相交于 E 点，对应的均衡产量为 Q^*。

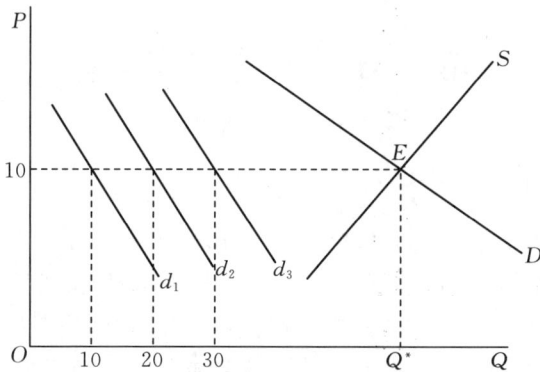

图 13.5　私人物品的市场需求曲线和均衡产量的决定

但是，公共物品的需求不能像私人物品一样将每一个价格水平下的需求量水平加总。在公共物品的情况下，虽然消费者从同一单位公共物品中得到的效用不同，即愿意为一单位公共物品支付的价格不同，消费者消费的是同一单位的公共物品，不管消费者愿意不愿意，一旦公共物品提供出来，每个消费者消费量都是相同的。因此，对于一定数量的公共物品，消费者整体愿意支付的价格是各个消费者愿意支付价格的总和，公共物品的需求曲线是由所有消费者的个别需求曲线纵向加总形成的，如图 13.6 所示，图中对于既定的 Q_1 数量公共物品，消费者 1、2、3 愿意支付的价格分别为 P_1、P_2 和 P_3，那么整个消费者群体对于

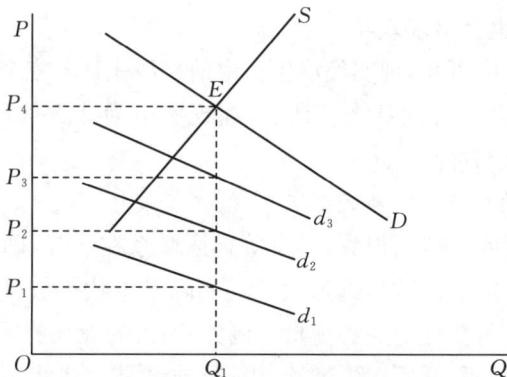

图 13.6　公共物品的需求曲线和最优数量的决定

Q_1 单位公共物品愿意支付的价格就是 $P_1 + P_2 + P_3 = P_4$。同理,将每一给定的公共物品量下每个消费者愿意支付的价格纵向加总,就可以得出一条向右下方倾斜的需求曲线。当市场供给曲线为 S 时,两条线的交点决定了均衡的公共物品量 Q^*。

第三节 不 完 全 信 息

一、含义和原因

市场经济调整社会资源有效配置的一个基础,就在于参与经济活动的各类主体,包括消费者、生产者、政府等,拥有与自身决策相关的信息。前面章节的分析中实际上隐含着市场完全的假定。在这种情况下,消费者根据所有产品和劳务的价格信息、质量信息、功能信息等寻求能够使自己效用最大化的所得分配。生产者根据产品和劳务的价格信息、生产要素价格信息、生产中各种适用技术状况信息等寻求能够使自己利润最大化的产量水平。

信息完全包含两层含义。其一意味着各经济活动主体拥有与自身决策相关的所有的充分信息。例如,某消费者要购买一台电视机,信息充分表明他拥有市场上所有生产商、零售商的产品价格、质量、功能等信息,从中选择一个最佳产品。其二意味着各经济交易方的信息地位是对称的,即一方拥有的信息量与另一方是相同的。例如,假如甲拥有 A 信息,乙拥有 B 信息,信息对称是指甲知道乙拥有 B 信息,乙知道甲拥有 A 信息,而且甲知道"乙知道甲拥有 A 信息"的信息,乙知道"甲知道乙拥有 B 信息"的信息,如此等等,一直循环下去。可见,达到信息对称是相当困难的,比如,甲乙两人打牌,甲知道乙有红桃 K,乙知道甲有方块 Q,但是如果甲不知道"乙知道甲有方块 Q"这个信息,甲出牌的策略就会不同,输赢的可能性也会出现差异。

从上面的分析中可知,现实经济生活中信息往往是不完全的,不可能达到充分,也不会达到完全对称的状态。那么,在现实中为什么信息不完全? 究其原因,可能有以下几个方面:

1. 经济环境的风险和不确定性

风险常常与冒险、危险、损失、亏本等词语联系在一起,确切地说,风险是对一种未来事件的可能状态数目远远大于其实际发生状态数目的表述,以及对最终达到某种状态的可能性的一种衡量。例如,明天的天气情况可能有多种状态,即晴朗、多云、阴、阵雨、暴雨、雪、寒冷、温暖,或者是这些状态的某种组合,可是到明天天气状态只可能是其中一种或某种组合,有些组合是不可能的,如晴和阴就不会同时发生,当然不能排除由阴转晴,或由晴转阴的情形,如果再加上组合的时间顺序的差异,未来天气的可能状态就更多了,但是具体发生的状态只能是其中的某一种状态。当我们在夏天时,明天的可能状态中下雪的可能性就接近于零,可以说"明天下雪的风险是较小的"。风险可以定义为指某种事件尤其是不利事件发生的可能性。当某种事件或不利事件发生的可能性较大时,称为风险较大;反之,当其发生的可能较小时,称为风险较小。不确定性与风险的区别在于,不确定性是指决策者无法获得某种事件所有的可能结果,或者对每一种可能结果发生的概率是无法得到的。

通常可以将不确定性分为两种类型。第一种称为事件状态不确定性,是因为对当前所采取的经济决策起决定性作用的某些未来事件是未知的或不可知的。例如,人们对于当前生产什么产品、生产多少产品在很大程度上依赖于该产品在未来可以获得的收益水平,而这种收益水平往往要涉及未来的价格和消费者需求状况及其变化。第二种不确定性称为市场不确定性,这是一种信息不对称状态造成的,即由于关于未来的某些状态为市场中的一部分人控制,而不为经济活动中所有相关者所知而产生的不确定性。

由于日常经济决策都是面向未来的,产品市场上生产者无法准确地预测市场上各种产品需求、供给和价格的变动情况,消费者也无法准确了解产品的质量、功能和价格情况,劳动力市场上生产者无法确定所雇用的人员是否具有必需的技能。因此,各经济主体决策中无法得到所需的信息,信息也是一种稀缺的经济资源。

2. 专业化分工日益深化

造成信息不完全的另一个重要原因是,随着经济的发展,劳动分工日益深化,每个人局限于一个较为狭窄的行业,知识是高度专业化的,在决策中如果要了解其他行业、专业的信息变得异常困难。日常生活中"隔行如隔山"的说法,反映了专业化分工使得人们获取相关信息变得困难起来。

3. 信息成本限制

在某种意义上说,如果我们付出足够高的代价,有些信息是可以达到一定的充分程度的。例如,可能花费100万元能够了解到上海所有销售某种型号圆珠笔的价格信息。但是就一个消费者购买一支圆珠笔的决策而言,获取这种信息的成本太高,消费者不会耗费巨大的代价去寻求一支最便宜的圆珠笔。消费者搜寻信息的次数与信息成本和信息收益的相互关系联系在一起,消费者不会无限制地搜寻下去,只有当进行下一次搜寻预期能够获得的收益大于信息搜寻成本时,消费者才会进一步搜寻,当搜寻的边际收益等于边际成本时,这时信息搜寻达到最优。搜寻的收益可能表现为能够找到更便宜的商品,或者在价格一定的情况下能够找到质量更高、功能更多的商品等。搜寻的边际收益是搜寻次数的减函数,即随着搜寻次数增加,边际收益是递减的。而搜寻的成本表现为在搜寻中耗费的时间、精力和金钱(如交通费)等。搜寻的边际成本则是搜寻次数的增函数,随着搜寻次数增加,边际成本递增。

4.信息产品特殊性

信息是对某种事物或某种状态的描述,其特征是人们在没有获得信息前,我们无法判断其价值,但一旦我们得到这个信息,就无需为此付费。因此,信息产品往往需要以长期的信誉累积为基础,即以信息提供方过去提供信息的价值来判断当前信息的价值。所以,在交易过程中交易方无法充分地了解信息的状况,由此造成了信息的不完全性。

5.交易方的趋利动机

由于市场中不同交易主体的信息地位不同,一方交易者就可能利用自己的信息优势地位寻求自身利益最大化,因而存在着隐藏信息和隐藏行动的动机。在隐藏信息的情形下会出现市场的逆向选择(也称为逆淘汰),而在隐藏行动的情形下会出现道德风险的问题。这两个问题在下面专门说明。

二、道德风险和隐藏行动

道德风险(moral hazard)是指市场中的一方无法获得另一方行动信息,或者由于信息成本过高而不能监督对方的行为时,其中一方利用信息优势地位寻求自身利益最大化,从而对另一方的利益受到损失的情形。

关于道德风险的典型例子来自保险市场,说明了人们投保以后行为的改变而对保险公司的利益造成损害。如果保险公司和投保人事先都知道保险事项发生的概率以及由此带来的损失,当交易双方都无法操纵或者改变风险的性质时,道德风险的现象不会发生。也就是说,投保人在保险前后的行为不会变化,或者即使变化也不会影响保险事项发生的概率及损失状态,那么这种信息不对称情形下不会对保险市场造成伤害。事实上,风险的性质与人们的行为有着密切的关系。例如,当人们投保财产险前,可能相当谨慎,安装较为牢固的防盗门,出门前仔细检查门窗是否关紧等,这些行为降低了失窃的概率。但是,人们投保后可能变得粗心大意,不安装防盗门或者安装不太牢固的防盗门,离家前也不去仔细检查,这样,粗心大意使得失窃的概率提高了。因此,如果保险公司按人们投保前的失窃概率收取保险费,而投保后失窃概率提高,保险公司必然会承受亏损。

假如不存在信息不对称,即如果保险公司能够确切地知道投保人是否是粗心大意的人,或者离家前是否锁好门等行为信息,那么就可以投保人的状态单独决定保险费,或者干脆拒保、拒赔。但是,保险公司不可能全面地了解投保人的行为信息,也不可能派人跟踪了解投保人的行为状态,即使这样做成本也会高到不可承受。所以,隐藏行动的信息不对称性使市场中存在道德风险的可能性,市场不能有效地发挥调节资源配置的作用。不过,需要注意的是,道德风险与日常生活中所讲的"道德规范"不是同义词,交易一方并不必然是有意损害另一方的利益,经济学中的道德风险主要强调了当环境条件变化后,人们的行为会发生变化,行为变化又导致其他经济变量变化,从而导致另一交易方的利益受损,这里并不涉及行为人的道德品质问题。

三、逆向选择和隐藏信息

逆向选择(adverse selection)是指市场交易的一方拥有信息优势地位寻求自身利益最大化,从而导致市场将优良的产品排挤出去的情形。逆向选择是与正向选择对称的说法,所谓正向选择就是日常所称的"优胜劣汰",那么逆向选择就是"劣胜优汰",优良的产品反而会被驱逐出市场,最终市场趋于消失。

下面运用美国经济学家阿克洛夫(Akerlof)的柠檬市场(market of lemons)的分析来说明逆向选择问题。"柠檬"在美国俚语中指次品、二手货或者不中用的东西,经济学中常常指在信息不对称情形下的次品市场。假定某二手车市场存在两种类型的二手汽车,一种是"好"的二手车,即质量较高、缺陷较少的二手车,另一种是"差"的二手车。如果信息是充分且对称的,按二手车质量高低会形成两个分市场,在各自的分市场中分别有自己的需求和供给曲线,由此决定市场的均衡价格和均衡的交易量。但实际生活中,信息是不充分且不对称的,一般卖主对自己汽车的质量信息较多,买主则只能凭观察了解二手车的质量,二手车的真正质量如何,买主是无法确切了解的。

在这种情况下,假定整个二手车市场中好的和差的二手车各占市场50%,其中好的二手车的真实价值为10万元,差的二手车的真实价值为5万元。对于一个买主来说,由于信息不对称,他有50%的可能性买到一辆真实价值只有5万元的差二手车,当然也有50%的可能性买到一辆真实价值为10万元二手车,假如该买主是风险中性者,那么他购买二手车只会按二手车市场的期望价值出价,即最多出7.5万元($10 \times 50\% + 5 \times 50\% = 7.5$)。这时,好的二手车的卖方由于买方的出价低于其真实价值而不愿意出售,好的二手车会退出市场。由此,二手车市场的整体质量下降。进一步,差的二手车中还可以分为两类,一类是较好的二手车,另一类是较差的二手车,各自的真实价值假定分别为6万元和4万元,也各占市场总量的50%,那么买方愿意支付的价格就是5万元($6 \times 50\% + 4 \times 50\% = 5$),于是,真实价值为6万元的较好的二手车又会退出市场。这一过程持续进行下去,最终的结果是整个二手车市场消失。

当然,在市场竞争中也发展出一些方法来抑制逆向选择的负面影响。柠檬市场的卖方可以采取"信号显示"的方法,让潜在的买方了解并相信其所出售产品的质量。例如,在二手车市场中,好的二手车的卖方可以向购买者提供质量保证,即如果买方买到差的二手车,在一定的时间内可以退货或得到补偿,而差的二手车的卖方则无法做出这种承诺,从而将好的和差的二手车分离开来。好的二手车的卖方也可以让专业的中立的权威的检验机构提供检验报告,以保证自己产品的质量。

不掌握信息的交易一方也可以以一定的成本收集与隐藏信息相关的信息以改善自己的信息地位,一般称之为筛选,通过筛选缓解信息不对称的负面影响。例如,保险公司通常会要求投保人较为详细的信息,投保人身保险还要经过体检等程序来剔除掉高风险的投保者。又如,我国的保险公司规定,购买车辆保险时,要根据驾车人以往的违章情况、事故记录调整保费。再如,公司招聘人员时还要经过面试、笔试、试用等程序。这些手段都是筛选,通过筛选减少了信息不对称对信息劣势方的负面影响。

习题十三

1. 存在正的外部性时,(　　　)。

A. 私人市场产量不足　　　　　　B. 私人市场产量过多

C. 市场价格反映了生产成本　　　D. 市场价格低于成本

2. 某一活动存在外部经济是指该活动的(　　　)。

A. 私人收益大于社会收益　　　　B. 私人成本大于社会成本

C. 私人收益小于社会收益　　　　D. 私人成本小于社会成本

3. 当市场不能发挥促进资源有效配置的作用时,称为(　　　)。

A. 看不见的手　　　　　　　　　B. 看得见的手

C. 政府干预过度　　　　　　　　D. 市场失灵

4. 搜寻的边际成本(　　　)。

A. 随着花费在搜寻上的时间的增加而上升

B. 随着花费在搜寻上的时间的增加而下降

C. 如果价格波动大,则上升

D. 如果价格波动小,则上升

5. 公共物品的市场需求曲线是消费者个别需求曲线的(　　　)。

A. 水平相加　　　　　　　　　　B. 垂直相加

C. 算术平均数　　　　　　　　　D. 加权平均数

6. 市场失灵有哪些表现？是否在市场失灵的情况下政府干预总是有效的？如何才能保证政府干预的有效性？

7. 公共物品有何特点？试举例加以说明。

8. 当存在信息不对称情况时，经济主体的行为会发生什么变化？会产生什么影响？

参 考 文 献

［美］N.格利高利·曼昆著,梁小民、梁砾译:《经济学原理》(第 5 版):《微观经济学分册》,北京大学出版社 2009 年 4 月版。

［美］埃德温·曼斯菲尔德著,王志伟等译:《应用微观经济学》,经济科学出版社 1999 年 11 月版。

［美］保罗·萨缪尔森、威廉·诺德豪斯著,萧琛译:《微观经济学》(第 19 版),人民邮电出版社 2012 年 1 月版。

［美］彼得·蒙德尔、丹尼·迈尔斯、南希·沃尔、罗杰·勒鲁瓦·米勒著,胡代光等译:《经济学解说》,经济科学出版社 2000 年 7 月版。

［美］戴维·弗里德曼著:《弗里德曼的生活经济学》,中信出版社、辽宁教育出版社 2003 年 9 月版。

［美］丹尼斯·卡尔顿、杰弗里·佩罗夫著,林利军等译:《现代产业组织》,上海三联书店、上海人民出版社 1998 年 9 月版。

［美］哈尔·R.范里安著,费方域译:《微观经济学:现代观点》(第 8 版),格致出版社、上海三联书店、上海人民出版社 2011 年 2 月版。

［美］罗伯特·S.平狄克、丹尼尔·L.鲁宾费尔德著,高远、朱海洋译:《微观经济学》(第 7 版),中国人民大学出版社 2009 年 9 月版

［美］乔治·施蒂格勒著:《价格理论》,北京经济学院出版社 1992 年 2 月版。

高鸿业著:《西方经济学(微观部分)》(第 5 版),中国人民大学出版社 2011 年 1 月版。

黄亚钧、郁义鸿著:《微观经济学》,高等教育出版社 2000 年 7 月版。

茅于轼著:《择优分配原理——经济学和它的数理基础》,商务印书馆 1998 年 2 月版。

宋承先著:《现代西方经济学(微观经济学)》,复旦大学出版社 1994 年 11 月版。

尹伯成著:《西方经济学简明教程》(第 4 版),上海人民出版社 2003 年 7 月版。

周惠中著:《微观经济学》(第 3 版),格致出版社 2012 年 4 月版。

图书在版编目（ＣＩＰ）数据

微观经济学/ 孙斌艺著.—上海：上海人民出版
社,2014
ISBN 978 - 7 - 208 - 11959 - 8

Ⅰ. ①微… Ⅱ. ①孙… Ⅲ. ①微观经济学—高等学校
—教材 Ⅳ. ①F016

中国版本图书馆 CIP 数据核字（2013）第 290199 号

责任编辑　周　峥　李　莹
封面设计　陈　楠

微观经济学

孙斌艺　著

出　　版　上海人民出版社
　　　　　（200001　上海福建中路 193 号）
发　　行　上海人民出版社发行中心
印　　刷　上海商务联西印刷有限公司
开　　本　720×1000　1/16
印　　张　17.5
插　　页　2
字　　数　312,000
版　　次　2014 年 2 月第 1 版
印　　次　2020 年 8 月第 3 次印刷
ISBN 978 - 7 - 208 - 11959 - 8/F · 2205
定　　价　55.00 元